Inhalt

Vorwort —————————————————— 5

Einführung ————————————————— 8
Die äußerste Herausforderung 10
Ein sehr persönlicher Weg 11

Mentale Stärke ———————————————— 15
Die letzte Grenze im Sport 15
Keiner hat mir das jemals erklärt! 16
Mentale Stärke und Konsistenz 17
Die Auseinandersetzung mit sich selbst 21
AET – was ist das? 25

Das AET-Modell ——————————————— 26
Der Ursprung der Trainingsmethode für sportliche
Höchstleistung 26
Der ideale Leistungszustand 29
Druck, Last, Leistungszwang 39
Die richtige Energie 48
Die richtige Einstellung 66
Der richtige Fokus 81

Die primären AET-Schritte ————————— 89
Steuerung Ihres idealen Leistungszustandes 89
Zusammenfassung der Prinzipien mentaler Stärke 106

Weiterentwicklung Ihrer Fähigkeiten ———— 108
Visualisierungstraining 108
Selbstmotivation 113
Training zur Muskelentspannung 122

Umgang mit negativer Energie 127
Meditation als Trainingsstrategie für mentale Stärke 132
Training der Atemkontrolle 135
Aktivierungstraining 138
Zentrieren und dynamische Energie 140
Das Leistungstief 144
Vorbereitung auf den großen Tag 149
Aufbau von Harmonie in der Mannschaft 152

Einschätzung und Überprüfung der mentalen Stärken und Schwächen ——— 159

Darstellung Ihrer mentalen Fertigkeiten 159
Weitere Methoden der Selbstbeobachtung 182
Die Formel für mentale Stärke 188
Ein Kreis schließt sich 190

Literaturverzeichnis ——————————— 192

»Auf dem Höhepunkt gewaltiger und siegverheißender Leistung... während das Blut in deinem Kopf hämmert, wird es ganz plötzlich still in dir. Alles erscheint klarer und lichter als jemals zuvor, als wären große Scheinwerfer eingeschaltet worden. In diesem Augenblick bist du überzeugt, daß alle Kräfte dieser Welt in dir stecken, daß du zu allem fähig bist und daß du Flügel besitzt. Es gibt keinen kostbareren Moment im Leben als diesen, jenen lichten Augenblick, und man wird jahrelang hart dafür arbeiten, nur um ihn nochmals zu erleben.«

Juri Wlassow
Russischer Gewichtheber

Dr. James E. Loehr

Persönliche Bestform durch

MENTAL-TRAINING

für Sport, Beruf und Ausbildung

BLV Verlagsgesellschaft
München Wien Zürich

Für meinen Vater, der mit seinem
gütigen Verständnis und seiner Geduld
nie zu glauben aufhörte…

CIP-Titelaufnahme der Deutschen Bibliothek

Loehr, James E.:
Persönliche Bestform durch Mentaltraining
für Sport, Beruf und Ausbildung/James E. Loehr.
[Übers.: Edith Ch. Kiel]. – München; Wien; Zürich:
BLV Verlagsgesellschaft 1988
    Einheitssacht.: Mental toughness training
    for sports <dt.>
    ISBN 3-405-13594-X

Titelfoto: Hans Rauchensteiner
Computergrafik: Polytext GmbH, München

Übersetzung: Edith Ch. Kiel

Titel der amerikanischen Originalausgabe:
Mental Toughness Training for Sports –
Achieving Athletic Excellence
© James E. Loehr, 1982
© Einführung: Arthur Ashe, Jr., 1986
erschienen 1986 bei The Stephen Greene Press, Inc.,
Lexington, Massachusetts/USA

© der deutschsprachigen Ausgabe:
1988 BLV Verlagsgesellschaft mbH, München
8000 München 40

Satz: Typodata, München
Druck und Bindung: Pustet, Regensburg

Printed in Germany   ISBN 3-405-13594-X

Vorwort

Als ich im Wimbledon-Endspiel des Jahres 1975 gegen Jimmy Connors antrat, konnte man mich, während ich zwischen den Spielen ausruhte, gelegentlich mit geschlossenen Augen sehen. Sofort nach dem Match tauchte die Frage auf: »Haben Sie meditiert?« Meine Antwort lautete stets: »Ja und nein.« »Ja« in dem Sinne, daß es eine formalisierte Technik geistig-seelischer und körperlicher Entspannung war; »nein« in dem Sinne, daß ich in diesen 90 Sekunden keine bestimmten Wörter oder Mantras aufsagte. Im Alter von 33 Jahren hatte ich ganz einfach den Punkt erreicht, wo ich glaubte, daß meine Leistungen besser waren, wenn ich physisch in guter Verfassung war, einen festen Plan über den Spielverlauf in meinem Kopf hatte, völlig konzentriert auf die Begegnung selbst war und die Kontrolle über meine Aktionen behielt.

Diese Vorstellung von Selbstkontrolle war von Anfang an ein unerläßlicher Bestandteil meines Tennistrainings – jedoch aus einem ungewöhnlichen Beweggrund heraus. Als Mitglied der ersten Gruppe schwarzer Jugendlicher im Süden, deren Bestreben es war, sich zu Tennisgrößen zu entwickeln, wurde ich ermahnt, daß meine künftige Teilnahme im wesentlichen von meiner Fähigkeit abhing, einen außerordentlichen Grad an Selbstkontrolle an den Tag zu legen. Einige der Turnierleiter in den fünfziger Jahren, so dachte man, würden sich jegliche Entschuldigung zunutze machen, um meine Nennung zurückzuweisen. Meine Umgangsformen mußten deshalb ohne jeglichen Tadel sein.

Mein Tennismentor, Dr. R. Walter Johnson, hatte folglich ein für alle sichtbares Schild an der Wand aufgehängt, auf dem folgender Satz zu lesen war: WEN DIE GÖTTER VERNICHTEN WOLLEN, DEN MACHEN SIE ZUERST ZORNIG. Auf dieses Schild blickte ich acht Sommer lang. Wenn ich anfangs dieses Gebot beherzigt habe, weil man mir befahl, es zu tun, so glaubte ich bald wahrhaftig daran, angesichts Dutzender von Eltern meiner jüngeren Gegner, die an Dr. Johnson herantraten und über die Selbstkontrolle seiner Schüler staunten.

Bald sah ich selbst, welche Wirkung meine völlig regungslose Spielermiene auf meine Gegner hatte, wenn es kritisch wurde. Ich zeigte wenig oder keine Emotion, ganz gleich, wie das Spiel stand. Völlig aufgelöst und fluchend warf mein Gegenüber regelmäßig seinen Tennisschläger von sich. Lange nach jener Zeit, als ich rassische Ressentiments befürchtete, fuhr ich fort, während der Wettkämpfe eine regungslose und auf die anderen verwirrend wirkende Miene anzunehmen. Nicht nur brachte es weiterhin den Gegenüberstehenden durcheinander, dieses »Spiel« ermöglichte es mir auch, jene als verloren geltende Zeit gering zu halten, wo ich versuchte, meine alles andere als förderlichen Frustrationen im Zaum zu halten.

In den frühen sechziger Jahren begann ich, ein wachsendes Interesse an dieser mentalen Seite des Sports zu erkennen. Großaufnahmen im Fernsehen brachten die Anstrengungen und Belastungen, wie sie bei Wettkämpfen von Weltklasseformat zu erleben sind, in unsere Wohnzimmer, und der Sportfan sah eine recht breite Palette menschlicher Emotionen. Doug Sanders verfehlte einen 20-cm-Putt, was ihn die British Open kostete. Gewichtheber durchliefen bestimmte, sie innerlich stark machende Rituale – Handlungen, die man mit Geisteskranken assoziierte. Tommy Bolt warf seine Golfschläger weg. Was Muhammad Ali jedesmal als Vorkampfgewicht auf die Waage brachte, wurde zur Fallstudie für Studenten der Psychiatrie. Ein Mann aber wurde in den USA (und anderswo) zur Kultfigur und zum Vorbild dafür, wozu der Geist fähig ist, um die sportliche Leistung zu steigern: Bruce Lee.

Bruce Lee, von chinesischer Herkunft, faszinierte die Bewohner im Westen mit seinem überragenden Können in asiatischen Kampfsportarten. Sein Film »Enter the Dragon« (hierzulande unter dem Titel »Der Mann mit der Todeskralle« bekannt geworden) fesselte Scharen von Zuschauern und zeigte, trotz der typischen Hollywoodeffekte, in anschaulicher Weise die Macht, die dem völlig konzentrierten Geist innewohnt. Berufssportler wie der Basketballspieler Kareem Abdul-Jabbar wurden Anhänger dieser Methode. Ende der späten sechziger Jahre nahmen Eigentümer professioneller Mannschaften Berater in ihre Dienste, die ihren Spielern durch Schwächeperioden helfen und ihre Leistung verbessern sollten. In den frühen Siebzigern begannen Amateur- und Profisportler, sich in Kursen einzuschreiben, deren Ziel es war, die Konzentration zu steigern. Transzendentale Meditation und EST-Sitzungen wurden recht populär.

Der Stellenwert mentaler Disziplin im Sport hat sich kontinuierlich entwickelt. Heute in den achtziger Jahren haben wir schließlich einen detaillierten Leitfaden vorliegen – ein Handbuch, das nicht nur der Frage nach dem Warum auf den Grund geht, sondern auch nach dem Wie, und dem Leser sagt, welche Methodik er anwenden kann, um die gesamten Kräfte des Geistes im sportlichen Wettkampf zum Einsatz zu bringen. James E. Loehr hat im wesentlichen den jüngsten Beiträgen östlicher Einflüsse auf gültige westliche Praktiken in leicht zu verstehender Sprache eine konkrete Form gegeben. Obgleich sich sein Schwerpunkt auf den Sport bezieht, so wird es bei der Lektüre des ersten Kapitels doch offensichtlich, daß sein Rat ebenso für das Alltagsleben von Bedeutung ist.

Der Autor entmystifiziert bestimmte mentale Zustände, die zu sportlichem Erfolg führen. Er macht klar, daß, ausgestattet mit dem rohen Talent, die mentale und emotionale Kontrolle, welche notwendig ist, um dieses bestimmte Maß an Leistung herauszuholen, eine *erlernte* und keine angeborene Eigenschaft ist. Die professionellen Athleten, die in der westlichen Zivilisation in einer Art und Weise belohnt werden, wie es nur Rockstars zuteil wird, haben diese geistige Disziplin gelernt. Diese »Superstars des Sports«, die manchmal die Verkörperung unserer Phantasiegebilde von Heldentum und Anmut darstellen, haben Lektionen gemeistert, die jeder lernen kann.

Loehr's Lektionen sind für alle Athleten jeder Altersgruppe und Leistungsstufe anwendbar und können als Lehrbuch für Trainer und Sportfunktionäre dienen. Junge halbwüchsige Sportler zum Beispiel können sich dem Einfluß der Sofortbefriedigung in einer Gesellschaft des Anspruchsdenkens nur schwer entziehen. Der Mannschaftssport bietet ausgezeichnete Gegenmittel für einige dieser neuen irregeleiteten Vorstellungen über das Ich. Es ist kein Zufall, daß die siebziger Jahre als das »Ich-Jahrzehnt« bekannt waren. Die ausgedehnten Trainingsperioden, welche für den beständigen Mannschaftserfolg notwendig sind, widersprechen klar der Überzeugung unter einigen der Kinder unserer Nation, daß Erfolg über Nacht kommt.

Junge Erwachsene werden die Parallelen zwischen ihren eigenen beruflichen Belastungen und dem, was Loehr *Ideal Performance State for Athletes* (Idealer Leistungszustand für Sportler) nennt, sofort erkennen. Der Werbetexter, der gelegentlich Zeiten erhöhter kreativer Ausdrucksform erfährt, und der Produktionsleiter, der hin und wieder seine gesamte Arbeitskraft sowie seine Materialien perfekt synchronisiert, arbeiten aus diesem inneren Zustand heraus. Dieser Geisteszustand – wenn alle positiven Elemente auf einmal zusammenlaufen, um »übermenschliche« Ergebnisse hervorzubringen – ist es, nach welchem Athleten und Mannschaften streben. Jedoch sind die Ergebnisse alles andere als übermenschlich. Das Potential, die Energie, waren schon immer vorhanden – diese innere Kraft wartete nur darauf, bis jemand käme, um die Teile zusammenzufügen.

James E. Loehr hat ein wissenschaftliches Werk erarbeitet, das buchstäblich »athletische Nahrung für das Denkvermögen« ist. Lesen Sie es. Setzen Sie sich damit auseinander. Versuchen Sie es. *Fangen Sie an.*

Arthur Ashe

7

Einführung

In diesem Buch geht es um die mentale Kraft, die innere Stärke. Die meisten Sportler – und ich bin einer von ihnen – wissen sehr wohl, wie man körperlich trainiert. Wir wissen, wie wir vorgehen müssen, um unsere Fitness, unsere Kraft sowie unsere physischen Fähigkeiten und Geschicklichkeiten zu steigern. Aber auf welche Art und Weise trainieren wir, um bessere Wettkämpfer zu werden, oder um unsere mentale Stärke zu verbessern?

Nahezu alle Trainer und Athleten stimmen damit überein, daß mindestens 50% eines guten Spielablaufs geistiger Natur sind. Sind Sie jedoch wie die meisten Sportler, so wenden Sie kaum 5% Ihrer gesamten Trainingszeit dafür auf, um Ihre mentalen Fähigkeiten zu kultivieren. Die naheliegende Frage ist *wieso?* Wenn wir als Trainer und Athleten die entscheidende Bedeutung des mentalen Moments anerkennen – wieso arbeiten wir dann nicht daran? Die Antwort lautet: Wir wissen nicht wie. Der gesamte Bereich des mentalen Trainings kann verworren erscheinen, hoffnungslos vielschichtig, und manchmal sogar widersprüchlich. Die Methode des *Athletic Excellence Trainings (AET)* schließt diese Lücke.[1])

Kapitel 1 »Mentale Stärke« liefert wichtige Hintergrundinformationen zum Thema Sportpsychologie und zum Ursprung des *Athletic Excellence Trainings*. Des weiteren spricht es das maximale Maß an mentaler Stärke an, die ein Sportler besitzen kann, und beschreibt die hartnäckigsten Gegner, denen ein Athlet je bei der Ausführung seines Sports gegenüberstehen wird.

Kapitel 2 »Das AET-Modell« nennt den entscheidenden Zusammenhang zwischen der mentalen Stärke und der Kontrolle über ein ganz bestimmtes Gefüge von Gefühlszuständen, was mit *Ideal Performance State (IPS)*[2]) oder vielmehr *Idealer Leistungszustand (ILZ)* bezeichnet wird. Die Rolle, die unsere Emotionen während der Höchstleistung spielen, wird in diesem Kapitel angesprochen, ebenso, welche Emotionen für den Erfolg in jeglichem Wettbewerb sich als die kritischsten erweisen. Der Zusammenhang von innerer oder mentaler Stärke – der

Fähigkeit, im Verlauf des Wettkampfs durchweg den eigenen ILZ auf-rechtzuerhalten, ungeachtet irgendwelcher Widrigkeiten – und einer bestimmten Art der Energie, der Denkweise und des geistigen Fokus[3]) ist dort ebenfalls erklärt.

Die wichtigsten Verfahren zu einer rascheren Entwicklung der Kon-trollfähigkeit über den idealen Leistungszustand stellen den Kern von *Kapitel 3* »Die primären AET-Schritte« dar. Wie in diesem Kapitel dargelegt, sind ILZ-Kontrolle und Erfolg im Wettkampf nahezu gleich-bedeutend.

Spezielle Bereiche des mentalen Trainings, die genutzt werden sollten, um die Steuerfähigkeit der persönlichen Idealform zu steigern und weiterhin zu kultivieren, sind in *Kapitel 4* »Weiterentwicklung Ihrer Fähigkeiten« beschrieben. Gegenstand der Diskussion sind Themen wie Visualisieren[4]), Selbstmotivation, Muskelentspannung, das Handhaben negativer Energie, Meditation, Atemkontrolle, Aktivierung und Zentrie-rung (Einmitten). Desgleichen sind Strategien enthalten, um mit Lei-stungstiefs fertigzuwerden, Trainingsprogramme zur Vorbereitung auf einen Wettkampf sowie Wege, wie man zum Mannschaftsspieler wird.

Kapitel 5 »Einschätzung und Überprüfung der mentalen Stärken und Schwächen« stellt das Instrumentarium zur Verfügung, um zu lernen, seine eigenen Fähigkeiten der mentalen Stärke einzuschätzen. Des weiteren liefert es das Handwerkszeug, um eine Reihe physischer Leistungsfaktoren zu überprüfen, die potentielle Aussagen über die Kontrolle der eigenen Stimmungslage während eines Wettkampfs er-möglichen.

---

[1]) *Athletic Excellence Training (AET):* Eine vom Autor entwickelte Trainingsmethode, die die »Exzellenz«, d. h. die mentale Stärke des Sportlers in höchstem Maße steigert. Im Verlauf des Buches wird, wie im Originaltext, die Abkürzung AET verwendet.

[2]) *Ideal Performance State (IPS)* = Idealer Leistungszustand: Die ideale Konstellation von Gefühlen und Emotionen für eine Höchstleistung im Wettkampf. Diesen (persönli-chen) Idealzustand gilt es herauszufinden und beizubehalten. Für »Idealer Leistungszu-stand« wird die Abkürzung ILZ verwendet.

[3]) *Fokus:* In der Physik Bezeichnung für jenen Punkt, in dem durch eine Linse geleitete Parallelstrahlen konvergieren. Im übertragenen Sinn auch Bezeichnung für jenen Ausschnitt oder Gegenstand des Wahrnehmungsfeldes, der mit höchster Aufmerksam-keit betrachtet und dadurch in den »Brennpunkt der Aufmerksamkeit« gerückt wird. *fokussieren:* Das Interesse wie ein Strahlenbündel auf einen Punkt lenken; sich konzen-trieren.

[4]) *Visualisieren:* In der Vorstellung ein Bild von einem in der Zukunft liegenden Hand-lungsablauf entwickeln; ein »Finalbild« schöpfen. Im Zusammenhang mit mentalem Training ist es wichtig, beim Visualisieren möglichst alle Sinne mit einzubeziehen: sehen, hören, fühlen, schmecken, riechen.
Visualisierung: wörtlich: Vergegenwärtigung. Aktives, selbst geschöpftes gedankliches Vorstellungsbild, die bildhafte Vorstellung eines erreichten Zieles.

Die äußerste Herausforderung

Der sportliche Wettkampf enthält viel von der Dramatik des Lebens; in vielerlei Hinsicht ist er ein Mikrokosmos des Lebens. Frustration, Freude, Unsicherheit, Schmerz und Kampf – alle diese Elemente sind vorhanden. Menschen, die den Schauplatz der sportlichen Auseinandersetzung betreten, merken sehr bald, daß es beim sportlichen Wettstreit mehr auf sich hat, als lediglich körperliche Geschicklichkeiten zu erlernen. Ein Gesichtspunkt ist es, körperliche Fähigkeiten zu besitzen, und ein anderer, in der Lage zu sein, sie zu nutzen, wenn es darauf ankommt. Und darin liegt die Herausforderung – die äußerste Herausforderung der Selbstkontrolle. Letzten Endes ist jeder sportliche Wettstreit ein Wettstreit der Selbstkontrolle, nämlich der Kontrolle über die schwierige Beziehung von Geist und Körper. Auf dem Boden des sportlichen Wettkampfes offenbart sich die Verbindung zwischen unserem Geist und unserem Körper auf besonders dramatische Weise.

Die äußerste Grenze unserer körperlichen Fähigkeiten und unseres Talentes zu erreichen, scheint uns oft gerade dann zu überfordern, wenn wir es am meisten wollen. Dieser Kampf konfrontiert uns mit uns selbst, mit unseren Unsicherheiten, unseren Zweifeln, unseren Unzulänglichkeiten und unseren Ängsten. Erfolg im Wettkampf verlangt, daß wir uns jenseits dieses Kampfes bewegen und die Herrschaft über unser Selbst erlangen. Den wettkampfmäßigen Sport zu beherrschen wird somit zu einem fortwährenden Prozeß der Selbsttransformation, des Wandels und der Wiedergeburt. Eine solche Beherrschung ist verbunden mit Mut, Engagement und Disziplin. Kurz gesagt: Es ist der Kampf eines jeden einzelnen gegen sich selbst.

Ebenso wie die physische Fitness und Kraft ist für die sportliche Leistung auch die mentale Fitness von zentraler Bedeutung. Um in der Hitze der kämpferischen Auseinandersetzung beständig in Höchstform zu sein, ist *mentale Stärke und Kraft* erforderlich, eine Kraft, die sich im wesentlichen in einer Reihe bestimmter *erworbener* Fähigkeiten darstellt. Diese Fähigkeiten umfassen Eigenschaften wie Konzentration, Kontrolle der Einstellungen, Umgang mit moralischem Druck, richtiges Denken, Lenken der Energie, ausdauernde Motivation und die Kunst des Visualisierens. Und darum geht es bei der AET-Methode, welche die Leistungsfähigkeit des Sportlers in höchstem Maße steigert: sich der größten Herausforderung zu stellen und mentale Stärke aufzubauen. Sie handelt von der herausragenden Leistung, der Freude, der Erfüllung und dem Kampf. Es ist ein schrittweiser Weg, der dahin führt, jene undefinierbare, aber entscheidende Verknüpfung von Geist und Körper zu verstehen und zu kontrollieren.

Ein sehr persönlicher Weg

Der Weg zur mentalen Stärke, ein anscheinend subtiler und immaterieller Weg, ist in dem folgenden Abschnitt eingefangen:
Das Spiel fängt gleich an. In weniger als einer Stunde werde ich mich beweisen müssen. Meine gesamte Vorbereitung, die harte Arbeit, alles was ich getan habe, meine ganze Mühe gehören plötzlich der Vergangenheit an. Es gibt nur das Hier und Jetzt.
Irgendwie jedoch liegen diesmal die Dinge anders. Das neue Wissen und die Erkenntnisse haben mich verändert. Innerlich fühle ich mich noch immer ein wenig unsicher, meine Hände sind feucht, und ich bin ein bißchen nervös. Das ist das gleiche, aber da gibt es Unterschiede. Ich freue mich in einer Art und Weise darauf, meine Leistung unter Beweis zu stellen, wie ich es nie zuvor getan habe. Ich komme mir wieder vor wie ein Kind – ich bin richtig aufgeregt. Ich habe das Glück, daß ich tun kann, was ich gerade tun will. Nie zuvor habe ich Ähnliches empfunden. Früher war da immer ein Gefühl in mir, das aus einer Mischung von Schuld, Erwartung, Verpflichtung und Angst zu bestehen schien.
Natürlich kann ich nicht behaupten, daß es niemals Spaß für mich bedeutet oder daß ich mich nicht darauf gefreut hätte. Aber es war nicht so wie jetzt. Früher war ich zu sehr darum bemüht, eine gute Leistung zu zeigen; dabei kam die Freude am Sport zu kurz. Ich war zu sehr damit beschäftigt, mich nicht zu blamieren, oder ich versuchte, irgendeinen neuen Rekord zu brechen. Brach ich dann den Rekord, dann war ich über die Maßen glücklich. War mein Auftritt jedoch miserabel und die Leistung ebenso, dann fühlte ich mich auch miserabel. Während der sportlichen Darbietung wurde ich immer wieder von dem Gedanken eingeholt, was es wohl werden würde – ein neuer Rekord oder eine weitere Katastrophe. Ich haßte es zu verlieren. Das hat sich nicht geändert, aber der Fokus hat sich gewandelt.
Ich spiele nicht mehr bloß mit dem Gedanken, »nicht zu verlieren«. Ich will wie immer mein Bestes im Sport geben, den neuen Rekord brechen, siegreich davonschreiten, aber etwas Wichtiges hat sich zusätzlich geändert. Mein Fokus, meine gesamte Konzentration richtet sich jetzt auf den AUGENBLICK. Nachdem ich endlich überzeugt war und nach vielem Experimentieren habe ich letztendlich etwas in die Tat umgesetzt, das mich in einen leistungsstarken Menschen verwandelt hat. Das Ergebnis ist für mich eine ebenso große Überraschung wie für alle anderen – ich kann kämpfen, meine Aufgabe erfüllen! Und die Veränderungen in mir, die für diese Transformation verantwortlich sind, scheinen fast unmerklich und unerheblich; die Änderungen sind beinahe zu einfach, um sie in Worte zu kleiden.

11

Ich habe gelernt, mich auf den AUGENBLICK zu konzentrieren. Ich *genieße* den Augenblick, koste ihn voll aus. Jeder Moment einer jeden Leistung ist etwas, das man intensiv erfahren und woran man sich uneingeschränkt erfreuen soll. Ich nehme jeden Augenblick für das, was er ist, und wann immer ich das tue, erlebe ich ein unmittelbares Gefühl der Ruhe, der Stärke und der Kraft. Es ist, als erglühte ich von innen heraus.

Koste ich den Augenblick aus, so wird eine neue und mächtige Kraftquelle in mir freigesetzt. Unverzüglich fühle ich mich positiver und habe mich mehr unter Kontrolle. Die Dinge fangen an, automatisch zu fließen. Da ist keine Spannung, keine Unruhe, keine Angst. Sobald ich jedoch diesen Augenblick verliere, sobald ich anfange, über Sieg und Niederlage nachzudenken, was ich hätte tun sollen oder was geschehen könnte, holen mich alle negativen Gedanken wieder ein.

Viele Male wurde mir gesagt und habe ich gelesen, daß ich »in der Gegenwart« spielen und »im Jetzt« meine Aufgabe erfüllen sollte, aber das ergab keinen Sinn für mich. Es wirkte zu sehr wie eine Philosophie auf mich – es fehlte der Bezug zu meinem alltäglichen Bemühen. Ich bin ein Vollblutsportler (was immer das bedeutet), und ich sträube mich gegen einen verstandesmäßigen und philosophischen Wortschwall. Ich bin ein Mensch der Tat, und ich mag es, die Dinge anzupacken und zu erledigen. Sobald dieses »Leben im Augenblick« für mich zu einer Realität wurde, begann sich meine Leistung dramatisch zum Besseren zu wandeln.

Die grundlegende Erkenntnis, welche den Unterschied ausmachte, ist, daß meine Leistung am besten ist, wenn ich den Augenblick genieße, wenn ich ganz im Hier und Jetzt bin und jede einzelne Minute wirklich mag. Solange das, was ich körperlich in diesem Augenblick mache, sich mit dem deckt, was ich geistig in jenem Augenblick tue, ergibt sich alles wie selbstverständlich. Ich muß nicht *den Versuch machen,* mich einzustimmen, mich zu konzentrieren oder eine gute Leistung zu zeigen. Ich tue es ganz einfach. Wenn ich mich im Jetzt befinde, kann ich außerdem aus einem Übermaß an Energie schöpfen und bin innerlich auf dem richtigen Weg. Geist und Körper scheinen übereinzustimmen. Ich kämpfe nicht mehr länger gegen mich. Ich verstehe, was mit der Aussage »mit dem Strom schwimmen« gemeint ist, anstatt gegen ihn zu schwimmen.

Der Preis, den ich bezahlt habe, um diesen Punkt zu erreichen, war hoch. Ich frage mich, ob das alles wirklich nötig war. Wenn ich zurückblicke auf die Jahre des Kampfes, der Frustrationen, des Zweifels, der Selbstverurteilung, der Seelenpein zu wissen, was ich dagegen hätte tun können und was ich tatsächlich tat, so empfinde ich eine aufrichtige Traurigkeit. Vollblutsportler oder nicht – Tränen steigen in mir auf, wenn ich all die Jahre Revue passieren lasse. Der Preis war beträchtlich. Wieso war es so mühsam? Was machte die ganze Sache so verdammt schwierig?

So schmerzlich es sein mag, die Antwort ist eindeutig: *Ich* war es! Permanent kam ich mir selbst ins Gehege. Ich war fest dazu entschlossen, erfolgreich zu sein, und ich wollte um jeden Preis gewinnen. Nichts konnte mir im Wege stehen. Ich wollte mir selbst und jedem anderen beweisen, daß ich dazu in der Lage sei. Meine Antwort war einfach: *Bemühe dich härter* und sei *energischer.* Keiner hatte mir jemals gesagt, daß der Schlüssel lauten könnte, es *weicher* zu versuchen und nicht härter, oder daß innere Gelassenheit Kraft bringen würde. Der Unwille, die Frustration, der Zweifel und die Enttäuschung rührten nicht so sehr vom Verlieren her als vielmehr von der Erkenntnis, daß mein Leistungsniveau beträchtlich unterhalb dessen lag, wozu ich in Wirklichkeit fähig war. Wenn ich es am meisten wollte, dann war ich unfähig, gut zu spielen. Der Grund hierfür ist jetzt klar – ich bemühte mich zu sehr, *zu intensiv;* ich wollte es erzwingen.

Gut zu spielen oder zu sein, eine gute Leistung zu bringen, so habe ich erkannt, geschieht von allein oder überhaupt nicht. Für mich verschlechterte sich die Lage, wenn ich mich *anstrengte,* besser zu spielen, wenn ich mich *bemühte,* nicht ärgerlich zu werden, wenn ich *mit aller Kraft* versuchte, mich zu konzentrieren, oder wenn ich *krampfhaft bemüht* war, nicht nervös zu sein. Ich kämpfte eher gegen den Strom, als daß ich mit ihm schwamm. Ich habe den Unterschied erkannt, was es heißt, es härter zu versuchen oder 100% seines Potentials zu geben. Ich gebe noch immer 100% Leistung, und ich mag es noch immer nicht zu verlieren, aber etwas ist entscheidend anders: Ich bin mir selbst nicht mehr so im Wege wie zuvor.

Früher machte ich mir Gedanken über den Typ auf der anderen Seite. Heute sehe ich ein, daß es ich bin, nicht er, um den ich mich kümmern sollte. Im Vergleich zu mir habe ich mit ihm ein leichtes Spiel. Ich war stets mein eigener härtester Gegner, und ich glaube, daß dies immer so sein wird. Die Chancen stehen heute jedoch viel besser. Daß ich den Augenblick genießen kann, läßt mich die Situation in den Griff bekommen. Zwei Dinge geschehen dadurch: Erstens bringt es mich zu dem zurück, was ich gerade tue, und zweitens macht es plötzlich wieder Spaß. Offenbar bin ich immer dann am besten, wenn sich ein ganz bestimmter Vorgang in mir abspielt. Ich fühle mich voller Energie, positiv, sicher und unbesiegbar. Es war schwierig für mich, diese Empfindungen über eine längere Zeit hinweg beizubehalten. Es mußte nur irgend etwas geschehen, und war es noch so unbedeutend – schon waren sie wie weggeflogen. Alles, was mir blieb, war, es intensiver, d.h. mit mehr Kraftaufwand zu versuchen, und so tat ich es auch. Bleibe ich jedoch in der Gegenwart, dann ist es viel leichter, diesen Gefühlszustand beizubehalten, und wenn ich ihn verliere, so kann ich diese Empfindungen auf die gleiche Art und Weise zurückgewinnen.

Verstehen Sie mich nicht falsch. Es gelingt mir nicht immer, diese Gefühle in mir zu erwecken, und noch immer kann ich sie so manches Mal verlieren und nicht wieder zurückerlangen. Immer noch bin ich mein eigener härtester Gegner, aber heute gewinne ich diesen Kampf in den meisten Fällen. Und manchmal wollen sich diese Gefühle einfach nicht einstellen. Selbst wenn ich mich auf den Augenblick konzentriere, verhalten sie sich ein bißchen störrisch. Um ihnen auf die Sprünge zu helfen, fange ich an, so zu tun, »als ob« sie da wären. Oft genügt das, um die Gefühle erneut in Gang zu setzen. Sobald dies geschieht, wird aus mir wieder ein leistungsfähiger Wettkämpfer.

Früher habe ich geglaubt, daß eine solche gefühlsmäßige Haltung nur aufkäme, wenn ich gut spielte. Aber ich machte die umgekehrte Erfahrung: Ich spielte gut, *weil* ich diese innere Haltung hatte, und das ist ein großer Unterschied. Wenn ich das richtige Gefühl habe, spiele ich gut; fehlt es dagegen, spiele ich entsprechend – ganz gleich, wie hart ich mich bemühe. Die rechten Gefühle stellen sich ein, wenn ich in jedem Augenblick lebe, wenn ich jeden Moment liebe und genieße – wenn ich im JETZT bin.

Ich weiß nicht, wie oder weshalb ich dem Sport so lange treu geblieben bin. Hunderte Male wollte ich damit aufhören. Was immer es gewesen sein mochte, so bin ich ihm dankbar, war es doch ein wirklich persönlicher Triumph – ein Triumph, der den Lohn viel wertvoller machte als den Einsatz. Ich glaube, daß der Preis notwendig für mich war, aber ich mußte ihn nur zahlen, weil ich nichts verstand. Wenn es mir nur gelänge, daß andere es verstehen… Oder könnte es sein, daß die Worte verhallen, nur weil man – wie einst ich – deren Bedeutung nicht erkennt? Möglicherweise nicht…

Mentale Stärke

Die letzte Grenze im Sport

Die Fortschritte, die wir in den vergangenen zwanzig Jahren in der Sportwissenschaft gemacht haben, sind bemerkenswert. Was die physische Fitness, die Ernährung, die Biomechanik sowie die Humanphysiologie und deren Bezug zu sportlicher Leistung betrifft, so befinden wir uns heute auf einem hohen Wissensstand. Wir können sehr klar umschriebene Trainingsprogramme aufstellen und durchführen, die unmittelbar zu den gewünschten Veränderungen der aeroben Kapazität, der Form und Technik, der Kraft und Beweglichkeit, des Gewichts, des Körperfetts sowie anderer Leistungsfaktoren führen. Das jüngste Wiederaufleben des Interesses an der Sportmedizin bringt es mit sich, daß wir bedeutsame Fortschritte in der Behandlung, Verhütung und Rehabilitation sportbedingter Verletzungen machen. Wir sind dabei, die Wissenslücke in diesen Bereichen recht rasch zu schließen.
Aber wie steht es um den mentalen Aspekt des Sports? Wie wichtig ist er, und was kann getan werden, um die innere Stärke eines Athleten systematisch zu verbessern? Über fast zweieinhalb Jahre hinweg führte ich Interviews mit Spitzenathleten und Trainern der Vereinigten Staaten, von Kanada und Japan, in denen diese Fragen gestellt wurden. Die Athleten wie auch die Trainer räumten selbst ein, daß mindestens 50% des Ablaufs eines guten Spieles das Ergebnis mentaler oder psychologischer Faktoren sei. Viele meinten, eine gute sportliche Leistung sei zu 70 bis 90% geistig-seelischen Ursprungs. Fragte man sie jedoch, wieviel ihrer gesamten Trainingszeit sie darauf verwendeten, diese geistigen Fähigkeiten zu verstärken, so berichteten sie, daß die Quote wohl bei maximal 5 bis 10% läge. Wenn die geistigen Fähigkeiten, wie sie selbst einräumten, mindestens 50% des Prozesses ausmachen, dann stellt sich die Frage, weshalb Trainer und Sportler lediglich 5 bis 10% ihrer Zeit dazu aufwenden, um an diesen Fähigkeiten zu arbeiten. Die Antwort: Sie wissen nicht, was oder wie sie trainieren sollen. Bislang hat kein psychologisches Trainingsmodell zur Verfügung gestanden, welches sie hätten befolgen können.

In den USA hat der Bereich der Sportpsychologie seit den späten sechziger Jahren beträchtlich an Boden gewonnen. Im Vergleich jedoch hinkt die Sportpsychologie weit hinter den meisten anderen sportverwandten Wissenschaften zurück; sie steckt noch immer in den Kinderschuhen. Die langsame Entwicklung dieses Bereiches liegt keineswegs an einem Mangel an Interesse oder Engagement. Vielmehr liegt das Problem in dessen Vielschichtigkeit, können die Dimensionen und der Umfang des menschlichen Geistes einen doch schnell sprachlos machen. Wendet man die gleichen systematischen Vorgehensweisen an, die in den meisten anderen Wissenschaften zweckmäßig sind, so sehen sich die Forscher in ihrer Absicht, ein neues Verständnis und eine neue Kenntnis bezüglich des Geistes und dessen Beziehung zum Sport zu formen, vor überwältigende Aufgaben gestellt.

Mein ehemaliger Psychologieprofessor beschrieb das Dilemma wohl recht gut, wenn er zu Beginn seines Kurses über Forschungsmethoden in der Psychologie folgendes an die Tafel schrieb:

> »*Bei dem Versuch, sich selbst zu verstehen, sieht sich der Geist einer Situation gegenübergestellt, in welcher das zu verstehende Objekt von gleicher Komplexität ist wie derjenige (Geist), der dies zu verstehen versucht.*«

Die Herausforderung der 80er und 90er Jahre wird sein, das Tor dieses letzten Grenzbereichs im Sport erfolgreich zu öffnen. Tatsächlich prophezeie ich, daß innerhalb dieses Zeitabschnittes die dominierenden Themen im Sport das Verstehen, Lehren und Kontrollieren der Ausmaße der mentalen Stärke sein werden.

Das AET-Modell, welches hier vorgestellt wird, ist ein Schritt in Richtung dieses Prozesses.

Keiner hat mir das jemals erklärt!

Viele Jahre lang dachte ich, daß ich anders sei. Ich war davon überzeugt, daß es in mir ein *Missing link*[1]) gab. Ich wußte, was ich als Athlet tun konnte, aber ich war nie fähig, dieses Wissen zu integrieren, wenn es darauf ankam. Ich liebte das Spiel, aber ich haßte mich. Wieso war ich in

---

[1]) *Missing link:* »fehlendes Bindeglied«; beim Darwinismus die fehlende Übergangsform zwischen Tier und Mensch.

Wettbewerben so wenig erfolgreich? Was war los mit mir? Als junger Spieler war ich übermannt von Frustration, Wut und Selbstzweifel. Hunderte von Malen schwor ich mir, den Sport aufzugeben. Wenn ich zurückblicke, dann erkenne ich, daß ich mich auf jedem Zentimeter des Weges selbst bekämpft habe.

Während eines Wettkampfes bestand meine innere Welt aus einer schrecklichen Mischung von Panik und Wut. Die Panik war an eine endlos scheinende Kette von Ängsten geknüpft: Angst davor, ein schlechtes Bild abzugeben; Angst davor, gegen jemanden zu verlieren, gegen den ich nicht verlieren dürfte; Angst vor plötzlichem Unvermögen; Angst zu gewinnen usw. usf. Die Wut reflektierte die Frustration und die Enttäuschung, welche ich in mir spürte. Diese Emotionen bauten sich in mir auf, bis ich dachte, ich würde bersten. Und das Ergebnis war immer wieder das gleiche – Fehler auf Fehler und Mißerfolg auf Mißerfolg. Die einzige Antwort, die ich kannte, war, mich härter anzustrengen. Wenn mich jemand zu diesem Zeitpunkt gefragt hätte, ob meine Muskeln sich zunehmend verspannten oder ob ich geistig in Panik geraten bin und übererregt war, dann hätte ich ganz sicher mit einem raschen »Nein« geantwortet.

Entspanntheit, Gelassenheit und Ruhe waren ohne Bedeutung für mich als Wettkämpfer. Aber es hatte mir auch niemals jemand gesagt, daß diese Elemente wichtig wären. Entsprechend der Ansicht meiner Trainer genügte es, die Grundprinzipien zu beherrschen und eine gute, stabile Kondition zu haben. Und das war es, woran ich mich hielt – Jahr auf Jahr, Turnier auf Turnier. Ich war beinahe 30 Jahre alt, als ich lernte, daß es einen leichteren Weg gab. Dieser »leichtere Weg» ist es, was ich »Athletic Excellence Training« (AET) nenne.

Mentale Stärke und Konsistenz

Wieso spielt man an einem Tag gut und am nächsten schlecht? Sportler haben oft das Gefühl, als ähnelte ihre Leistung einer Achterbahn: An einem Tag geht es hinauf und an anderen hinunter, einen Augenblick lang ist man an der Spitze und im nächsten ganz unten. Ein Konkurrent drückte es einmal so aus: »Ich habe bei jedem meiner Auftritte das Gefühl, als spielte ich Russisches Roulette mit mir. Wenn ich den Sportplatz betrete, dann weiß ich nie, ob ich schwach spiele und davongejagt werde, oder ob ich gut spiele und verschont bleibe. Das alles scheint auf merkwürdige Weise außerhalb meiner Kontrolle zu liegen.«

Es gibt nur wenige Dinge im Sport, die frustrierender sind, als sich genau darüber im klaren zu sein, daß man selten sein volles Leistungspotential ausschöpft, wenn es darauf ankommt. Dieses Dilemma kann sich als ein mächtiger Auslöser von Schuld, Selbstzweifel, Wut und Selbstkritik erweisen. Jeder ernsthafte Wettkämpfer stößt mehr als einmal an seine nicht greifbare Grenze, und manchen gelingt es nie, sie je zu überschreiten. Ist dies der Fall, dann fangen die Menschen an, sich zurückzuziehen, weil der Preis zu hoch ist – die Frustration und die Seelenqual sind den Triumph nicht wert. Jene, denen es mißlingt, diese Sackgasse zu überwinden, sind die Opfer des Wettkampfsports. Junge, sich noch entfaltende Athleten neigen ganz besonders zu diesem Schicksal, jedoch geschieht dies auf allen Könnensstufen und in allen Altersgruppen. Wie erreicht man Konsistenz, d. h. Beständigkeit in seiner Leistung? Wie ist der Ablauf, was muß man lernen, das einen in die Lage versetzt, durchweg an seine gesamte Leistungsfähigkeit heranzukommen? Dieses Potential zu erreichen und auf diesem Niveau zu bleiben – das ist der zentrale Punkt des gesamten mentalen Trainings. Es überrascht nicht, wenn Beständigkeit den entscheidenden Faktor für die innere Stärke eines Sportlers darstellt; Konsistenz ist auch das Merkmal eines Spitzenathleten.

Um Tag für Tag und Jahr für Jahr im oberen Bereich seines Talents und Könnens zu spielen oder sein Leistungsvermögen unter Beweis zu stellen, sind zwei Dinge erforderlich. Einmal ist dies eine gute Technik und eine ebensolche Form. Viele Leistungsschwankungen im Sport sind das Ergebnis schlechter biomechanischer Abläufe. Ist Ihre Technik schlecht, ganz gleich, wie konditionsstark Sie im mentalen Bereich sind, werden solche Leistungsschwankungen anhalten.

Die zweite Grundlage für eine Leistungsbeständigkeit sind gute mentale Fähigkeiten. Der innerlich starke Wettkämpfer ist konsistent in seiner Leistung, weil er psychologisch konsistent ist. Leistungshochs und -tiefs sind häufig direkt auf psychologische Hochs und Tiefs zurückzuführen. Sie werden sehen, daß die Tatsache, gut zu spielen bzw. eine gute Leistung zu zeigen, das Ergebnis davon ist, in sich selbst eine besondere Stimmungslage zu schaffen. Einfach gesagt: Sportlern, denen es gelingt, beständig diese spezielle Stimmung oder Atmosphäre in sich selbst zu erzeugen, sind auch in ihrer Leistung beständig.

Klarstellung

Eines möchte ich gerne klarstellen: Ganz gleich, was Sie gehört haben, wo Sie es gehört haben oder von wem Sie es gehört haben – Tatsache ist:

MENTALE STÄRKE IST ERLERNT, NICHT ERERBT. Zugegeben, wir verarbeiten unsere Fehlschläge leichter, wenn wir glauben, daß wir in diese Welt hineingeboren wurden und bedauerlicherweise einige entscheidende Gene der inneren Stärke oder den Naturinstinkt hierfür nicht mitbekommen haben. Das ist ein recht verlockender Standpunkt, denn schaffen wir etwas nicht, dann sind wir frei von jeglicher Verantwortung. Ein sehr talentierter, aber höchst frustrierter Athlet kleidete dies in folgende Worte, bevor er sich vom Wettkampfsport zurückzog: »Ich bin mir darüber im klaren, daß ich wirklich das Talent und das Können habe, aber unglücklicherweise wurden mir die notwendigen Instinkte, die den Wettkämpfer ausmachen, nicht in die Wiege gelegt.« Ebenso hat die Art der allgemeinen Persönlichkeit nichts mit mentaler Stärke zu tun. Die Tatsache, ob Sie introvertiert oder extravertiert sind, ruhig oder prahlerisch, dynamisch oder zurückhaltend, hat wenig Einfluß auf Ihren Erfolg als Wettkämpfer. Es ist nicht notwendig, daß Sie sich von Ihrer eigenen normalen und für Sie angenehmen Art loslösen, um einen hohen Grad an innerer Stärke zu erlangen.

Es gibt jedoch eine Konstellation mentaler Fähigkeiten, von denen *alle erlernt sind;* sie sind charakteristisch für innerlich starke, ausdauernde Wettkämpfer. Ein solcher Sportler ist:

Selbst-motiviert und selbst-bestimmt.
Sie haben es nicht nötig, von außen angestoßen, angeschoben oder gedrängt zu werden. Ihre Weisungen kommen von innen. Sie sind interessiert und engagiert, weil Sie es wollen, weil es Ihre Sache ist und nicht die irgendeines anderen.

Positiv, aber realistisch.
Sie sind keiner, der sich beklagt, kritisiert oder herumnörgelt. Sie sind ein Erbauer, kein Zerstörer. Ihr Kennzeichen ist eine Mischung aus Realismus und Optimismus. Ihr Blick richtet sich stets auf den Erfolg, auf das, was geschehen *kann* und was möglich ist – nicht auf deren Gegenpole.

Kontrolle über Gefühlszustände.
Jeder Spieler oder Wettkämpfer kennt nur allzu gut die unseligen Leistungskonsequenzen, zu denen es bei mangelhafter emotionaler Kontrolle kommt. Unbefriedigende Schiedsrichterentscheidungen, dumme Fehler, unliebsame Gegner, schlechte Spielbedingungen etc. – dies alles sind mächtige Auslöser negativer Emotionen. Emotionen wie Zorn, Frustration und Angst müssen von Ihnen selbst kontrolliert werden, sonst unterliegen Sie deren Einfluß. Der starke Wettkämpfer hält diese innere Gefahr im Zaum.

Ruhig und entspannt auch unter Druck.

Sie gehen Druck nicht aus dem Wege; vielmehr fühlen Sie sich durch ihn herausgefordert. Sie sind am besten, wenn Sie unter Druck stehen und die Chancen sich gegen Sie richten. Auf die Probe gestellt zu werden bedeutet für Sie keine Bedrohung. Vielmehr stellt dies eine weitere Gelegenheit dar, die äußeren Grenzen Ihres Potentials zu erforschen.

Energiegeladen und handlungsbereit.

Sie sind fähig, sich selbst voller Energie zu laden, um im Spiel Ihr Bestes zu geben, ganz gleich, wie Sie sich fühlen oder wie schlecht oder sinnlos die Situation ist. Trotz Erschöpfung, persönlicher Probleme oder Pech können Sie sich immer wieder selbst motivieren.

Entschlossen.

Ihre enorme Willenskraft, erfolgreich in dem zu sein, was Sie begonnen haben, übersteigt das Verständnis jener, die nicht dieselbe Vision teilen. In Ihrem Streben nach Ihren Zielen sind Sie unbarmherzig. Rückschläge werden spielend überwunden, während Sie sich Schritt für Schritt weiter nach vorn bewegen.

Mental hellwach und fokussiert.

Sie sind in der Lage, sich über eine lange Zeitspanne hinweg vollständig zu konzentrieren. Sie sind fähig, sich auf das einzustimmen, was wichtig ist, und das abzuschalten, was unwichtig ist, egal, ob Sie unter Druck stehen oder nicht. Kurz, Sie wissen Ihre Aufmerksamkeit zu kontrollieren.

Unerschütterliches Selbstbewußtsein.

Sie lassen ein nahezu unerschütterliches Gefühl von Selbstbewußtsein erkennen sowie Glaube an sich selbst und in Ihre Fähigkeit, eine gute Leistung zu erbringen. Selten werden Sie Opfer von selbstzerstörerischen Gedanken oder Ideen – seien es eigene oder die anderer. Folglich ist es nicht leicht, Sie einzuschüchtern. Im Gegenteil: Weil Sie eine solch selbstbewußte Erscheinung sind, sind Sie derjenige, der häufig andere einschüchtert.

Verantwortungsbereit.

Für Ihre eigenen Handlungsweisen übernehmen Sie die volle Verantwortung. Es gibt keine Rechtfertigungen. Entweder haben Sie etwas getan oder Sie haben es nicht getan. Schließlich beginnt und endet alles mit Ihnen, und Sie fühlen sich wohl dabei. Sie sind sich dessen voll bewußt, daß Ihr Schicksal als Athlet in Ihrer Hand liegt. Sie sind der Schöpfer Ihrer eigenen Zukunft.

Athleten, die dieser Beschreibung am besten entsprechen, dominieren die Welt des Sports. Sie alle legen jedesmal, wenn sie ihre Leistung unter Beweis stellen, Zeugnis ab vom tatsächlichen Vorhandensein dieser inneren Stärke.

Alle großen Sportstars verkörpern diese besondere Art der mentalen Kraft und Stärke, eine Kraft, die sehr wohl über die Grenzen ihrer natürlichen Anlage und ihres natürlichen Könnens hinausreicht. Es ist die feine Grenzlinie, welche die wenigen, die es schaffen, von den Tausenden trennt, die es nicht schaffen. Der entscheidende Faktor ist immer der gleiche: Ihre INNERE STÄRKE macht den entscheidenden Unterschied aus.

Die Auseinandersetzung mit sich selbst

Der größte Kampf

Die Spitzenathleten auf dieser Erde stimmen in einem Punkt nahezu alle überein: *Jeder ist sich selbst der härteste Gegner.*

Solange man sich nicht *selbst* bezwingt, solange läßt sich gegen einen Widersacher nur wenig ausrichten. Das größte Hindernis zwischen Ihnen und Ihrem Ziel sind SIE selbst! Haben Sie erst einmal gelernt, sich zu kontrollieren, wird der Wettstreit mit der äußeren Welt oder Ihrem Gegner ein leichtes für Sie sein. Die Erfahrung hat gezeigt, daß Sie Ihre gesamte Aufmerksamkeit auf einen Punkt konzentrieren sollten, wenn Sie Höchstleistungen erzielen wollen: nämlich *das Beste zu geben, dessen Sie fähig sind.*

Richtet man seine Aufmerksamkeit zu häufig auf das Gewinnen und Verlieren eines Wettstreits, so führt dies dazu, daß man in seiner Leistung wie gelähmt ist. Furcht vor Sieg und Niederlage führt rasch zu Muskelverspannung, übermäßiger Angst und mangelhafter Konzentration. Lenkt man sein Augenmerk darauf, wirklich »das Beste zu geben«, und darauf, »die Auseinandersetzung mit sich selbst zu gewinnen«, so führt dies nur selten zu solchen Leistungsproblemen.

Im folgenden ist aufgeführt, wie man den Wettstreit mit sich selbst gewinnt. Wenn Sie die untenstehenden drei Aussagen am Ende eines Spiels oder Trainings mit »Ja« beantworten können, dann haben Sie die wichtigste Auseinandersetzung gewonnen:

1. Ich habe mir in jedem Augenblick die größte Mühe gegeben. Ich habe mich hundertprozentig eingesetzt.

2. Ich habe mir selbst gegenüber eine überwiegend positive, gesunde und optimistische Haltung bewahrt.
3. Ich habe heute die volle Verantwortung für mich übernommen und zwar dafür, was ich tat, und dafür, was ich nicht tat (weder habe ich die Schuld den Eltern, dem Wetter, der schlechten Ausrüstung, dem mogelnden Gegner noch irgend etwas anderem gegeben).

Den Kampf mit sich selbst zu gewinnen bedeutet harte Arbeit und stellt die *höchste Herausforderung* dar. Man muß sich jedoch im klaren darüber sein, daß einem dieser Sieg *jeden Tag* gelingen kann. Auf diese Art und Weise schafft man das, was einen wohl von allem am meisten befriedigt und erfüllt, den Erfolg – und den Sieg über das eigene Ich. Sie werden Ihren Gegnern gegenüber viel häufiger als Sieger hervorgehen, als es Ihre physischen Talente und Ihr Können gestatten, wenn Sie den inneren Wettstreit mit sich selbst konsequent gewinnen. Dieser Lernabschnitt wird zum Fundament der MENTALEN STÄRKE.
Die folgende Passage, von einem Wettläufer geschrieben als Antwort auf die Frage »Wieso laufen Sie?«, fängt die Wesenheit der Selbstherausforderung so ein:

> *»Wieso ich laufe?*
> *Jene, die es nicht tun, können das nicht verstehen.*
> *Der Schmerz ist jeden Tag da.*
> *Ist es jetzt leichter? Nicht wirklich –*
> *Es ist der gleiche Schmerz, den ich am ersten Tag verspürte,*
> *als ich begann.*
> *Es ist nur leichter geworden, größere Entfernungen in*
> *kürzeren Zeitabschnitten zu schaffen.*
> *Der Schmerz ist der gleiche, und ich glaube, daß es immer*
> *so sein wird.*
> *Ich fürchte ihn, und in gewissem Sinne sehne ich mich*
> *nach ihm.*
> *Wieso ich laufe?*
> *Um in Form zu bleiben, meine Gesundheit aufrechtzuerhalten, um mich besser zu fühlen – alles untergeordnete*
> *Gründe, nehme ich an.*
> *Der wirkliche Grund ist die Bestätigung – die Bestätigung,*
> *daß ich mich selbst kontrollieren kann.*
> *Jeden Tag muß ich eine Wahl treffen – eine Wahl, Schmerz*
> *zu erfahren und Unbehagen, um so ein höheres Ziel zu*
> *erreichen, oder dem Drängen des Körpers nachzugeben,*
> *etwas zu tun, das ermutigender und wohltuender ist.*
> *Wer hat die Kontrolle? Mein Körper oder ich?*

Jedesmal, wenn ich laufe, bestätige ich mir, daß ich der
Lenkende bin und daß ich Herr meines eigenen Schicksals
sein kann.
Das ist es im Grunde, weshalb ich laufe.
Ich fühle mich schuldig, wenn ich nicht laufe –
wenn der Körper gewinnt.
Laufen ist ein Test meiner Stärke –
nicht nur meiner körperlichen, sondern meiner geistigen
Stärke.
Laufen ist eine Herausforderung meines »Willens« –
meines Geistes über die Sache, über mich selbst.
Laufen ist neben dem körperlichen ein geistiger Kondi-
tionierungsprozeß.
Es stellt eine Therapie des »Willens« für mich dar.
Jeder Lauf ist ein Erfolg – der kostbarste und zutiefst
befriedigendste Erfolg.
Merkwürdigerweise, aber unmißverständlich gebunden
an Selbstdisziplin, Selbstverleugnung und Selbst-
beherrschung.
In einer Welt, in der ich mich häufig hilflos fühle, betrogen
und beherrscht, hilft das Laufen, Gefühle der Hoffnung,
Kraft und Überzeugung wieder ins Leben zu rufen, daß ich
es bin, der etwas ändern kann, und daß ich die Verant-
wortung für mich tragen kann.
Eine Sucht oder eine Frage der Wahl, sagen Sie.
Und Sie haben recht – da liegt eine Gefahr:
Solange ich »die Wahl habe«, bleibt der Wert lauter und echt;
solange ich über das Laufen bestimme und nicht
das Laufen über mich.
Positive Sucht oder nicht – der Wert liegt darin zu wählen.
Wenn es keine Wahl mehr gibt, dann werde ich wieder
beherrscht und zum Opfer.
Ein Ereignis mehr in meinem Leben, das mir sagt,
daß ich keine Kontrolle habe, daß ich bloß ein Faustpfand
des Schicksals und der Umstände bin.
Ich muß aus freien Stücken laufen, nicht aus einer
Notwendigkeit heraus,
oder sein wahrer Wert hat für mich seine Bedeutung
verloren.
Wieso ich laufe?
Ich laufe, um Erfolg zu haben, Erfolg in dem ent-
scheidenden Kampf.
Dem Kampf gegen mich selbst.«

Schritte zum Erfolg

Die folgende vierstufige Anleitung ist das Ergebnis von zahlreichen Interviews und Diskussionen mit Spitzenathleten; die Dauer der Studie betrug nahezu zehn Jahre. Dargeboten als ein erster kurzer Überblick, wird die Aussage für Sie mit fortschreitendem Training an Bedeutung gewinnen.

Schritt 1 Selbstdisziplin.
Alles, was sich der Mühe lohnt, beginnt auf dieser Stufe. Es bedeutet ganz einfach, daß man tut, was immer man zu tun hat, egal, welche Opfer erforderlich sind, um die Aufgabe in der besten Art und Weise zu erfüllen. Das ist harte Arbeit; es bedeutet, Dinge, die Sie mögen, aufzugeben, um ein höheres Ziel zu erreichen.

Schritt 2 Selbstkontrolle.
Selbstdisziplin führt auf direktem Weg zur Selbstkontrolle. Während Sie sich an die Selbstdisziplin gewöhnen, erfahren Sie ein ständiges Anwachsen der Selbstkontrolle – der Kontrollfähigkeit darüber, was Sie tun, was Sie denken und wie Sie reagieren. Ohne Selbstkontrolle ist Ihr Vorhaben, der Beste zu sein, nicht mehr als eine Phantasievorstellung.

Schritt 3 Selbstvertrauen.
Selbstkontrolle führt unmittelbar zu Selbstvertrauen und Selbstbewußtsein. Was die Schienen für den Zug sind, das ist das Selbstvertrauen für den Athleten – ohne diese Eigenschaft wird der Weg ihn nirgendwo hinführen. Selbstvertrauen, dieser unerschütterliche Glaube an sich selbst, rührt von dem Wissen her, daß Sie die Kontrolle über sich selbst und die Fäden in der Hand haben.

Schritt 4 Selbstverwirklichung.
Selbstverwirklichung bedeutet einfach, der Beste zu werden, der Sie sein können; es ist die Manifestation Ihres Talents und Könnens als Athlet, die Erfüllung und höchste Befriedigung im Sport. Selbstverwirklichung ist die direkte Folge von Selbstvertrauen. Wenn Sie erst einmal an sich selbst glauben und sich so, wie Sie sind, glücklich fühlen, dann öffnen Sie damit alle Tore, um Ihr volles Potential zu erreichen.

Nehmen Sie sich ein wenig Zeit, um über diese einfache Anleitung nachzudenken. Überlegen Sie, inwieweit sie zu Ihnen in Bezug steht und zwar sowohl innerhalb des Sportbereichs als auch außerhalb.

»Erfolg ist Seelenfrieden – das Ergebnis von Selbstzufriedenheit in dem Wissen darüber, daß man sein Bestes gegeben hat, um der Beste zu werden, der man je werden kann.«

John Wooden
Einer der siegreichsten
Basketball-Trainer.

AET – was ist das?

Die folgenden zusammenfassenden Aussagen stellen die Basis des sog. *Athletic Excellence Trainings* (AET) dar:

1. Mentale Stärke ist eine erlernte, keine angeborene Eigenschaft.
Dies ist eine wichtige Erkenntnis. Ganz einfach: Wenn Sie von der Psyche her betrachtet ein starker Wettkämpfer sind, dann haben Sie es *gelernt,* einer zu sein, und sind Sie es nicht, dann haben Sie es nicht gelernt. Geistige Stärke hat nichts zu tun mit Ihren angeborenen Anlagen, Ihrer Intelligenz oder Ihrem Charakter – geistige Stärke ist eine *erworbene* Fähigkeit. Der Prozeß, durch die sie erworben wird, ist genau der gleiche, der für die physischen Fertigkeiten und Fähigkeiten gilt – harte Arbeit, Einsicht und Übung. Der springende Punkt ist: Wenn Sie innerlich stärker sein *wollen,* dann *können* Sie es auch sein!

2. Der entscheidende Faktor für mentale Stärke ist Konsistenz.
Von Björn Borg bis Jerry West und von Phil Esposito bis Jack Nicklaus ist ein Element immer das gleiche: ein bemerkenswerter Grad von Beständigkeit in der Leistung. Athleten wie diese demonstrieren täglich, daß sie etwas sehr Besonderes erreicht haben. Sie beherrschen in hohem Maße die Fertigkeit, bis an die Obergrenze ihrer Begabung oder Fähigkeit zu spielen. Das charakteristische Kennzeichen solcher Sportler ist nicht so sehr das außergewöhnliche Talent, sondern vielmehr die außergewöhnliche Fähigkeit, durchweg auf dem höchsten Niveau ihres Könnens zu spielen.

Das entscheidende Kriterium des AET-Modells ist das Ausmaß, in welchem das Programm zu erhöhter Leistungsbeständigkeit führt.

Das AET-Modell

Der Ursprung der Trainingsmethode für sportliche Höchstleistung

Ich wollte, ich könnte den Anspruch erheben, daß das hier vorgestellte Modell für das *Athletic Excellence Training* ausschließlich mein Konzept ist. Dies ist nicht der Fall. Vieles davon spiegelt die Erfolgsstrategie wider, wie sie von Hunderten von Athleten und Trainern begriffen, erfahren und gelebt wurde. Dieses Modell stellt ihre Geschichte dar, ihr Ringen nach Antworten und ihren Weg zum persönlichen Triumph. Mein Beitrag ist es gewesen, hinzuhören und von ihren Bausteinen des Erfolgs zu lernen. Meine Rolle dabei war und ist es, Dinge zusammenzufügen und zu ergänzen, auszuwerten und ein Modell zu entwickeln, indem ich ihre Erfahrung benutzte und zwar gleichermaßen als Baustein wie als Fundament.

Es liegt nahe, daß mir meine Erfahrung als tätiger Psychologe sowie als professioneller Athlet und Trainer bei diesem Vorgang von unermeßlicher Hilfe war. Wissenschaftliche Aufsätze und formalisierte Forschungsarbeiten auf dem Gebiet der Sportpsychologie wie auch meine eigene Forschungstätigkeit in diesem Bereich erwiesen sich ebenfalls als sehr wichtig für diese Arbeit. Ich bin jedoch überzeugt davon, daß der Erfolg, den das AET-Modell beiden – dem Spieler und dem Trainer – bringt, hauptsächlich der Tatsache zuzuschreiben ist, daß es von den Spielern und Trainern selbst kommt. Hier handelt es sich nicht um eine weitere, am »grünen Tisch« erdachte Theorie der Sportpsychologie. Das Modell hat Hand und Fuß und es sind Resultate zu sehen, gerade weil es fest auf den eigenen Erfahrungen aktiver Athleten ruht.

Genauso wie sich neues Verstehen und Lernen entwickelt, werden auch neue Methoden hinzugefügt; einige wird man fallenlassen und viele andere werden eine neue Form annehmen. Das grundlegende Fundament und Modell aber wird aller Voraussicht nach für einige Zeit von Bestand sein, ist es doch fest verwurzelt in der Einsicht kollektiver Erfahrung. Der aktive Athlet selbst ist beides: Frage und Antwort.

Mit Ausnahme des Einflusses physischer Faktoren ist Konsistenz in der Leistung das Ergebnis psychologischer Konsistenz.
Beständigkeit nach außen erfordert eine innere Beständigkeit. Sportler, die charakteristischerweise ständigen seelischen Schwankungen unterliegen, erleben nur selten eine Beständigkeit in ihrer Leistung. Die psychologische Kontrolle ist eine Grundvoraussetzung für Leistungskontrolle. Die Fähigkeit, während der sportlichen Begegnung ein stabiles inneres Klima zu erhalten, hat sich als eine der wichtigsten Faktoren bezüglich des Erfolgs im Wettkampf erwiesen.

Das Ausmaß, zu welchem einzelne Sportler oder ganze Mannschaften bis an die Obergrenze ihres Talents und Könnens gehen, hängt größtenteils von deren Erfolg ab, eine ganz bestimmte Art des geistig-seelischen Klimas in sich selbst zu erschaffen und beizubehalten.
Vergleicht man die Leistungshochs und -tiefs konkurrierender Athleten im Wettkampf oder im Spiel mit den Veränderungen, die in psychologischer Hinsicht geschehen, dann bekommen wir ein recht klares Bild. Wenn Athleten eine gute Leistung zeigen, dann befinden sie sich ausnahmslos in einer *höchst charakteristischen und spezifischen geistigen Verfassung.* Immer wieder waren die Ergebnisse die gleichen. Und das Gegenteil traf genauso zu: In dem Maße, in dem ein Sportler unfähig war, diesen besonderen inneren Zustand zu errichten, litt auch der Grad seiner sportlichen Leistung.

Mit Ausnahme des Einflusses physischer Faktoren ist die Leistungshöhe einzelner Spieler oder ganzer Mannschaften eine exakte Reflexion der Beschaffenheit der jeweiligen inneren Stimmung.
Höchstleistung stellt sich von ganz alleine ein, wenn die inneren Voraussetzungen stimmen. Beides, ein gutes Spiel wie ein schlechtes Spiel, sind natürliche Spiegelungen der geistigen Verfassung, die man gerade durchlebt. Sind die richtigen inneren Voraussetzungen vorhanden, so geschieht es ganz automatisch, daß man sich eher im oberen Bereich seiner Fähigkeiten bewegt.

Ein ideales inneres Leistungsklima – d. h. die ideale innere Voraussetzung, sein Bestes geben zu können – existiert für jeden Athleten und jede Mannschaft. Damit ist der »Ideale Leistungszustand« gemeint.
Die meisten Athleten sind sich der Existenz eines solchen Zustandes nur recht vage bewußt. Nur wenige haben einen Zusammenhang zwischen dem Vorkommen dieses Zustandes und einem guten Wettkampfverlauf erkannt. Obgleich Spitzensportler eine hohe Stufe der Kontrollfähigkeit über diesen Zustand erreicht haben, wird sie größtenteils unbewußt angewendet.

Die Teilelemente des idealen Leistungszustands sind im wesentlichen für alle Athleten und quer durch alle Sportarten die gleichen.
Dies war von allem vielleicht die überraschendste und bedeutsamste Entdeckung. Die Sportler schilderten ihre innere psychologische Verfassung, in der sie sich zur Zeit der Höchstleistung befanden, durchweg auf die gleiche Art und Weise. Sobald das Leistungsniveau fiel, folgte die Beschreibung über die gleichzeitig stattfindenden psychologischen Veänderungen den gleichen Mustern.

Der ideale Leistungszustand ist am treffendsten beschrieben als eine Komposition bestimmter Gefühlszustände, welche der einzelne Athlet erfährt.
Derzeit verfügen wir über keine konkrete Möglichkeit, die inneren Zustände eines Athleten direkt während des Spiels zu überwachen und zu messen. Die bislang wohl wirksamste Alternative ist, die permanenten Gefühlszustände zu überprüfen. Ebenso wie die Bio-Feedback-Ausrüstung[1]) anspruchsvoller und transportabler geworden ist, wird schließlich auch eine gezielte und genauere Methode der Messung möglich sein. Tatsächlich ist die Technologie heute nahezu vollständig. Die Möglichkeit, die inneren Zustände und die physiologischen Aktivierungsstufen eines Athleten während des Spiels wissenschaftlich zu überwachen, wird dem Ganzen eine aufregende Dimension an Präzision und Einsicht hinzufügen.

Die wichtigsten mentalen Fähigkeiten, die im Wettkampfsport erforderlich sind, sind jene, die mit dem Erzeugen und Aufrechterhalten des idealen Leistungszustands verbunden sind.
Das Kontrollieren und Lenken des idealen Leistungszustands steht in direktem Zusammenhang mit dem Erwerb eines Grundstocks essentieller mentaler Fähigkeiten. Diese Fähigkeiten stehen im Mittelpunkt bei der Durchführung des *Athletic Excellence Trainings.*

Mentale Stärke erfordert ein hohes Maß an Kontrollfähigkeit über die ideale Leistungsverfassung. Je mehr Sie trainieren, um so besser werden Sie.
Es ist schwer genug, die richtige innere Atmosphäre aufrechtzuerhalten, wenn die Dinge so laufen, wie Sie es wollen. Wirklich auf die Probe

---

[1]) *Bio-Feedback:* Bezeichnung für in der Verhaltenstherapie zur Anwendung kommende Methoden, dem Betroffenen mittels geeigneter technischer Vorrichtungen Vorgänge in seinem Körper und deren Veränderungen sichtbar zu machen (z.B. vegetative Reaktionen wie EKG-Daten, Pulsschlag, Atmung, Hautwiderstand usw.). Dadurch ist eine therapeutische Beeinflussung möglich.

gestellt werden Ihre mentalen Fähigkeiten erst, wenn Sie unter Druck sind, wenn die ganze Welt sich gegen Sie richtet und wenn alles auf dem Kopf steht. Dann sind Sie mit den Grenzen Ihrer mentalen Stärke konfrontiert.

Der ideale Leistungszustand

Das wirklich wichtigste Konzept innerhalb des AET-Modells ist der ideale Leistungszustand oder die persönliche Idealverfassung. Dieses Konzept entstand bei der Beobachtung, daß Athleten stets ähnliche Wörter und Sätze wählten, um ihre innere Erfahrung zu beschreiben, wenn sie leistungsstark waren. Diese Beobachtung führte schließlich zu der Formulierung einer vielversprechenden Annahme:

> *Es besteht ein meßbarer Unterschied in der mentalen oder psychologischen Verfassung eines Sportlers, wenn er gute Leistungen erzielt im Vergleich dazu, wenn er schlechte Leistungen aufweist.*

Diese Hypothese schien vielversprechend, denn sie wandte sich an die grundlegende Frage der Konsistenz. Wie früher bereits dargelegt, kann Unbeständigkeit in der Leistung von einer Vielzahl physischer Faktoren herrühren, wie zum Beispiel einer unzureichenden Technik, Erschöpfung, physischen Verletzungen usw. Aber allzu oft scheinen Leistungsinkonsistenzen in keiner deutlichen Beziehung zu solchen physischen Faktoren zu stehen. Ist dies der Fall, dann muß eine andere Art von Antworten gefunden werden, Antworten, die psychologischer Natur sind, nicht physischer. Wieso sind dann – aus psychologischer Sicht betrachtet – die Leistungen von Athleten in einem Monat oder an einem Tag gut und das nächste Mal schlecht? Es muß sich also etwas im psychologischen, d.h. im geistig-seelischen Bereich geändert haben. Eine genauere Betrachtung zeigt, daß dieses zermürbende Auf und Ab, das von aktiven Sportlern so häufig erlebt wird, unmittelbar auf psychologische Veränderungen zurückgeführt werden kann.

Untersuchung der Hypothese

Der erste Schritt, den man auf der Suche nach Antworten machte, war, systematisch Informationen von aktiven Athleten bezüglich ihrer inneren Gefühlszustände während des Wettkampfs zu sammeln. Zuerst wurden die Sportler gefragt, das Niveau ihres Spiels unmittelbar nach Beendigung zu bewerten. Dann wurden sie gebeten, so detailliert wie möglich niederzuschreiben, in welcher Art sich ihr inneres psychologisches Erleben während des Wettkampfs für sie darstellte. Die erste Erhebung wurde an dreiundvierzig Profi- und Amateursportlern von insgesamt sieben verschiedenen Sportdisziplinen durchgeführt. Die Befragung wurde dann erweitert und umfaßte schließlich über 300 Sportler.

Der zweite Schritt bestand darin, daß Athleten sich ihre »beste Stunde« als Spieler ins Gedächtnis zurückriefen und dann niederschrieben, welcher Art ihre innere psychologische Erfahrung während jenes sportlichen Ereignisses gewesen war. Dann wurden sie aufgefordert, mit ihrer »schwärzesten Stunde« genauso zu verfahren.

Nachdem das Material zusammengetragen war, wurden die Zusammenhänge zwischen den Formulierungen untersucht, welche die Athleten verwendeten, um ihre innere Erfahrung zu beschreiben, und ob es sich ihrer Beurteilung nach um eine gute oder schlechte Leistung gehandelt hat.

Das Ergebnis

Mit großer Beständigkeit tauchten immer wieder die gleichen Wörter auf bei dem Versuch der Athleten zu beschreiben, was in ihnen vorging, wenn sie gut abgeschnitten hatten. Das gleiche geschah bei schlechten Leistungen.

Das Folgende ist eine Zusammenstellung der inneren Stimmung, wie sie am häufigsten von den Athleten während einer hervorragenden Leistung erlebt wurde:

»Ich fühlte mich körperlich sehr locker und entspannt, aber wirklich voller Tatkraft und Energie. Ich empfand gedanklich keine Angst oder Furcht, und ich erlebte das Ganze als äußerst angenehm. Ich verspürte ein sehr deutliches Gefühl von Ruhe und Friede in mir, und alles schien geradezu automatisch zu fließen. Ich mußte nicht darüber nachdenken, was ich tun sollte; es schien wie von allein zu geschehen.

Obwohl ich mich wirklich energisch vorantrieb, war alles sehr mühelos. Ich schien immer genügend Zeit und Kraft zu haben und fühlte mich selten gedrängt – manchmal fast so, als bewegte ich mich in Zeitlupentempo.

Ich hatte das Gefühl, daß ich nahezu zu allem fähig sei,
als wäre ich völlig Herr der Lage. Ich fühlte mich wirklich
selbstsicher und war sehr positiv.
Auch schien es sehr leicht, mich zu konzentrieren. Ich war
völlig auf das eingestimmt, was ich tat. Auch waren meine
Sinne hundertprozentig wach und klar – ich nahm alles
wahr, ohne mich jedoch von irgend etwas ablenken zu
lassen. Fast schien es, als wüßte ich, was geschehen würde,
noch bevor es eintrat.«

Wie sich herausstellte, erwies sich diese einfache Beschreibung als
unentbehrlich für die schwierige Aufgabe, ein wirksames Trainingsprogramm für mentale Stärke zu erstellen. Sie war wegweisend für die
Entwicklung der folgenden entscheidenden Voraussetzungen:

1. Ihr Leistungsniveau ist ein unmittelbarer Ausdruck dessen, was und
   wie Sie innerlich empfinden.
2. Wenn Sie das richtige Gefühl haben, dann ist Ihre Leistung auch
   richtig.
3. Gut zu spielen ist die natürliche Folge der richtigen Art innerer
   Gefühlszustände.
4. So gut zu spielen, wie es Ihnen in diesem Augenblick möglich ist,
   geschieht *automatisch,* sofern das richtige emotionale Gleichgewicht hergestellt worden ist.
5. Im Grunde ist mentale Stärke oder Willenskraft die Fähigkeit, die
   richtige Art eines inneren Gefühlszustandes herzustellen und aufrechtzuerhalten, ungeachtet der äußeren Umstände.
6. Die wichtigste Maßnahme, die Sie ergreifen können, um Ihr Bestes zu
   geben, ist, daß Sie ein bestimmtes Klima in sich selbst erzeugen und
   es aufrechterhalten – *ganz gleich, was geschieht!*

Was war zuerst da – das Huhn oder das Ei?

Das Konzept des idealen Leistungszustands (ILZ) wirft eine wichtige
Frage auf: Was kommt zuerst – die richtige innere Verfassung oder die
gute Leistung? Ist der ILZ einfach eine Folge des guten Spiels bzw.
Wettkampfverlaufs oder ist er die Ursache? Die Kontroverse über das
Huhn und das Ei wird möglicherweise nie entschieden, aber die ILZ-
Frage kann ausreichend beantwortet werden. Die Verbindung von
Körper und Geist, die sich in einer herausragenden Leistung manife-
stiert, ist nicht möglich, wenn ein schlechtes inneres Klima besteht. Der
innere Zustand kommt zuerst: Nimmt das richtige innere Klima Gestalt

an, dann kommt es *von ganz allein* und *von innen heraus* zu einer guten Leistung. Das richtige innere Klima trägt dazu bei, eine Kluft zu überbrücken, nämlich die Kluft zwischen dem, was Sie als Athlet tun können, und dem, was Sie *tatsächlich tun,* also zwischen Ihren Möglichkeiten und der Umsetzung dieser Möglichkeiten. Eine schlechte Stimmung, ein schlechtes Klima ist wie der Versuch, ein Saatkorn in gefrorener Erde zum Keimen zu bringen. Das Klima und die Bedingungen werden es einfach nicht zulassen, daß sich Samen und Erde ordnungsgemäß miteinander verbinden. Aber sobald die Bedingungen stimmen – d. h. es herrschen die richtigen Temperatur- und Wasserverhältnisse usw. –, wird die Verbindung leicht vonstatten gehen und das Potential des einen mit dem anderen kann sich verwirklichen. Wenn Sie das richtige innere Klima (d. h. den idealen Leistungszustand) schaffen, so führt dies zur Realisierung Ihres Potentials.

Nähere Betrachtung des ILZ

Auf Grund der Auswertung mehrerer hundert Berichte von aktiven Athleten traten zwölf unterschiedliche Begriffe zutage, welche die ideale innere Verfassung für eine optimale Leistung widerspiegelten. Diese zwölf Aspekte des idealen inneren Klimas sind:

○ körperlich entspannt
○ innerlich gelassen
○ geringes Angstempfinden
○ voller Tatkraft
○ Optimismus
○ Freude

○ mühelos
○ automatisch
○ wach und aufmerksam
○ mental fokussiert
○ selbstsicher
○ kontrolliert

Eine andere Möglichkeit, das gleiche zu sagen, ist, daß Sie Ihre beste Leistung zeigen, wenn Sie folgende Gefühle oder Empfindungen erleben:

○ Wenn Sie sich entspannt und locker fühlen.
○ Wenn Sie ein Gefühl der Ruhe und des Friedens in sich wahrnehmen.
○ Wenn Sie keine Unruhe oder Nervosität verspüren.
○ Wenn Sie voller Energie sind.
○ Wenn Sie sich optimistisch und positiv fühlen.
○ Wenn Sie ein echtes Gefühl von Spaß und Freude an Ihrem Spiel empfinden.
○ Wenn sich Ihr Spiel mühelos anfühlt.

○ Wenn Sie das Gefühl haben, als käme alles wie von selbst und automatisch in Ihrem Spiel.
○ Wenn Sie sich geistig hellwach fühlen.
○ Wenn Sie das Gefühl haben, mental völlig konzentriert und einge-stimmt zu sein.
○ Wenn Sie sich höchst selbstsicher fühlen.
○ Wenn Sie die Kontrolle über sich haben.

Die gesamte in diesem Buch geschilderte Trainingsmethode ist darauf abgestimmt, Ihnen dabei zu helfen, daß Sie diesen speziellen inneren Zustand nicht nur erreichen, sondern auch die Kontrolle darüber erlangen. Die Verfahrensweisen und Konzepte dieses Trainings sind derart angelegt, daß sie Ihnen helfen, sich die nötigen mentalen Fertig-keiten anzueignen. Diese setzen Sie nicht nur in die Lage, Ihre eigene ideale Leistungsform zu erkennen, sondern Sie lernen auch, diesen »Idealzustand« selbst auszulösen und beizubehalten, ungeachtet der Spiel- oder Wettkampfumstände.

Wegen der zentralen Bedeutung dieses Gedankens für das gesamte Trainingsprogramm ist es wichtig, jede Gefühlskomponente voll zu verstehen. Auf Grund eigener Erfahrung weiß ich, daß viele aktiven Sportler sich ziemlich uneinig darüber sind, was psychologisch mit ihnen geschehen soll, damit sie in der sportlichen Auseinandersetzung eine gute Leistung zeigen. Sobald Sie jedoch verstandesmäßig begreifen, was Sie zu erreichen versuchen, wird der Vorgang plötzlich viel ein-facher. Lassen Sie mich diese Uneinigkeiten mit den folgenden Ausfüh-rungen aufklären.

Körperlich entspannt

Jahrelang glaubte ich, innerlich auf ein Spiel eingestimmt und vorberei-tet zu sein sei irgendwie daran gebunden, in gewissem Maße unter Spannung zu stehen und nervös zu sein. Ich nahm an, daß, wenn sich meine Muskeln nicht ein wenig angespannt anfühlten, ich auch lustlos spielen würde, und das wollte ich nicht. Um mit innerer Kraft zu spielen, mußte ich emotional aufgeladen sein, und auch meine Muskeln mußten entsprechend angespannt sein. Als meine spätere Untersuchung genau das Gegenteil offenbarte, war ich überrascht.

Athleten sind am besten, wenn sie sich locker fühlen und es auch zu keiner nervösen Muskelanspannung kommt. Je mehr höchste motori-sche Fertigkeiten der Sport erfordert, um so ausschlaggebender ist es, daß die Muskeln vollkommen entspannt und locker sind. Ganz generell könnte man sagen: Die Leistung ist nicht die beste, wenn die Muskulatur des Athleten mäßig oder gar leicht angespannt ist. Spitzenleistungen entstehen, wenn die Muskeln locker und frei sind. Wie wir später sehen werden, stellen angespannte Muskeln und Nervosität *vor dem Spiel* nicht notwendigerweise ein Problem dar; *während des Spiels* aber sind sie es fast immer.

Innerlich gelassen

Dies ist einer der wichtigsten der zwölf Aspekte. Gleichzeitig ist er auch einer, der am meisten mißverstanden wird. Allzuoft setzen Athleten das sich Einstimmen und das intensive Vorbereiten auf den Wettkampf gleich mit einer sich beschleunigenden, »hochtourigen« inneren Verfassung. Tatsache ist, daß Sportler übereinstimmend berichten, daß sie, wenn sie eine gute Leistung vollbringen, auch ein Gefühl der Ruhe und des Friedens in sich verspüren.

Das bislang zusammengetragene Beweismaterial weist auch darauf hin, daß der Erfolg eines Athleten, sich während des Spiels zu konzentrieren und auf Spielsituationen auf intelligente Weise einzustellen, direkt auf diese Gelassenheit zurückzuführen ist. Viele bekannte Leistungsprobleme entstehen, wenn an die Stelle innerer Gelassenheit ein unruhiger, beschleunigter, erregter Zustand tritt. Diese innere Gelassenheit wird häufig begleitet von dem Gefühl, daß die Dinge sich in Zeitlupentempo bewegen.

> *»Alles schien langsamer zu werden, und ich hatte jede nur erdenkliche Zeit zu handeln.«*

Geringes Angstempfinden

Ich war immer der Annahme, daß ein wenig Angst und Nervosität hilfreich seien. Selbst die konventionelle Forschung auf diesem Gebiet ließ darauf schließen; so war ich überrascht, als ich erfuhr, daß Sportler am besten sind, wenn sie *nicht die geringste Angst* verspüren. Sobald Athleten anfingen, auch nur geringfügig nervös oder ängstlich zu sein, sank ihr Leistungsniveau. Die einzige Ausnahme hierzu war, wenn ein Athlet nicht über genügend Energie verfügte oder nicht ausreichend eingestimmt war, um aus positiven Quellen schöpfen zu können. In anderen Worten: Befand sich ein Sportler emotional oder von der Motivation her in einem Nullzustand, so erwies sich diese Angst als hilfreiche Energiequelle. Selbst in diesen Fällen jedoch erreichten Athleten selten ein hohes Leistungsniveau, sofern Angst als Energiequelle benutzt wurde. Die beste Leistung bringt man, wenn die Kraft und Energie aus positiven Quellen gespeist wird, ohne gleichzeitig eine innere Angst oder Nervosität zu verspüren. Ein guter Sportler muß in der Lage sein, schwierige Situationen hinzunehmen und sie von jeglichem DRUCK FREI HALTEN. Die Größe eines Wayne Gretzky, eines Jimmy Connors, eines Arnold Palmer oder einer Chris Evert ist nicht die, daß sie so gut *unter Druck* spielen. Niemand ist gut unter Druck. Ihre Größe liegt in ihrer erlernten Fähigkeit, den Druck herauszunehmen.

Voller Tatkraft

Zusammen mit Gelassenheit kommt dem Gefühl der echten Tatkraft ein hoher Stellenwert zu. Bis jetzt haben wir einen Athleten vor uns, der locker, gelassen und ruhig ist und keine Angst verspürt. Nach der bisherigen Beschreibung könnte er schlafen!

Die befragten Athleten beschrieben übereinstimmend, daß sich ihre besten Leistungen einfanden, wenn sie voller Energie waren. Der Ursprung der ihnen innewohnenden Energie war weder Unruhe noch Angst, Wut oder Frustration. Im Gegenteil: Das Wort, welches den Ausgangspunkt der Energie am besten einfing, war FREUDE; so beschrieben es die Sportler selbst.

Empfindungen von Freude sowie Spaß und der Liebe zu dem, was sie taten, waren ganz eng verknüpft mit der richtigen Energiequelle. Die Schilderungen der Athleten weisen auf die Notwendigkeit hin, zwischen positiven und negativen Energiequellen zu differenzieren: *Positive Energie* ist das Gefühl, voller Energie zu sein und erfüllt zu sein von positiven Empfindungen; *negative Energie* hingegen ist das Gefühl, unter Spannung zu stehen und erfüllt zu sein von negativen Gefühlen. Eine gute Leistung ist grundsätzlich eng verknüpft mit dem unmittelbaren Vorhandensein von *positiver* Energie.

Den Athleten selbst zufolge ist eine andere wichtige Voraussetzung die, daß man nie zuviel positive Energie bekommen kann. »Je mehr, um so besser – je mehr Freude, je mehr Spaß, je mehr man das mag, was man tut, um so besser.« Wie wir später sehen werden, schien diese Erkenntnis früheren wissenschaftlichen Erkenntnissen direkt zu widersprechen und sorgte anfangs für reichliche Verwirrung. Die Erfahrung der Athleten jedoch erwies sich als korrekt. Die Fähigkeit, bis zum höchsten Punkt seines Talents und seiner Fähigkeit zu spielen oder sich als Sportler darzustellen, steht in eindeutiger Beziehung zu dem hohen Grad positiver Energie, begleitet von einer tiefen Empfindung innerer Gelassenheit – eine einzigartige und faszinierende Kombination.

Optimismus

Wie wichtig es ist, sich positiv und optimistisch zu fühlen, um gut zu spielen oder eine gute Leistung zu vollbringen, ist kein Mythos. Sollten Sie irgendeinen Zweifel hegen, dann fragen Sie einmal erfolgreiche Athleten, was diese darüber denken, und Sie werden rasch überzeugt sein. Nach 25 Jahren Bio-Feedback-Forschung können wir heute beweisen, wie negative Gedanken und Gefühle die Leistung untergraben. Sogar geringfügig ablehnende und pessimistische Gefühle machen es unmöglich, locker, gelassen und (im positiven Sinne) unter Spannung zu bleiben. Positive Denker sind bessere Wettkämpfer.

Freude

Das Prinzip ist einfach: Wenn Sie etwas genießen und Freude empfinden können, dann können Sie Leistung erbringen. Macht Ihnen der Sport keinen Spaß mehr, sind Leistungsprobleme unvermeidlich. Darauf können Sie wetten! Es ist wieder die alte Geschichte mit dem Huhn und dem Ei: Wenn Sie glauben, Sie hatten Spaß, weil Sie gut gespielt haben, dann haben Sie die Sache auf den Kopf gestellt. Sie haben gut gespielt, *weil* Sie Spaß hatten. Und das ist ein großer Unterschied.

Freude und Spaß zu haben ist ein wichtiger Schlüssel dazu, entspannt, gelassen, angstfrei, mit positiver Energie erfüllt und optimistisch zu bleiben. Freude stellt eine grenzenlose Energiequelle dar, wofür es keinen wirklich adäquaten Ersatz gibt. Sie werden erkennen, daß Spaß zu haben und sich selbst zu vergnügen ein Gefühl ist, welches *Sie* steuern und kontrollieren können. Unsere besten Wettkämpfer gehen weit darüber hinaus, lediglich gewinnen zu wollen. Sie haben gelernt, das Ringen, den Kampf, die Konfrontation zu lieben. Es ist leicht, das Gewinnen zu lieben; den Kampf zu lieben – das erst macht den wirklich großen Wettkampf aus.

Mühelos

Als junger Sportler war es mir unverständlich, daß man es nicht erzwingen konnte, gut zu spielen. Wenn die Dinge nicht so liefen, wie sie sollten – und dies geschah häufig –, dann kannte ich nur eine Antwort: Du mußt es *härter versuchen,* d.h. mit mehr Krafteinsatz! Keiner machte jemals den Vorschlag, daß die Antwort lauten könnte, es *weicher, nachgiebiger* und mit weniger Anstrengung zu versuchen. Versucht man es härter und intensiver, verwandelt sich diese Anstrengung oft in angespannte Muskeln und einen erregten und nervösen mentalen Zustand. Mittlerweile habe ich gelernt, daß es ein großer Unterschied ist, ob ich es zu hart und zu intensiv versuche oder ob ich 100 Prozent Leistung gebe. Um eine sportlich gute Leistung zu zeigen, muß ich mich der Aufgabe voll und ganz widmen, aber ich muß auch loslassen und es »von ganz allein geschehen lassen«. Darin stimmen die Befragten überein: Wenn es schlecht läuft, sollte man es nicht »härter« und mit viel Krafteinsatz versuchen, sondern »weicher« und »leichter«, kommt man damit doch viel weiter. So ironisch es klingen mag: Gut zu spielen geschieht ohne Anstrengung und ohne viel Kraftaufwand; eine gute Leistung stellt sich meist sehr rasch ein, wenn Sie 100 Prozent Ihres Einsatzes darauf verwenden, es von ganz allein geschehen zu lassen. Auch die Eigenschaft, Aufgaben lockerer anzugehen, ist erlernt.

John Brodie, ein Football-Spieler, berichtete, daß die Zeit langsamer zu werden schien, wenn er außergewöhnlich gut spielte. Jeder und alles kam ihm vor wie in Zeitlupe. Die angreifenden Stürmer, sein Fänger und sogar der Ball selbst nahmen eine Zeitlupenbewegung an. Wenn dies geschah, konnte er die Dinge viel klarer sehen, dann hatte er genügend Zeit, um seine Fänger sorgfältig auszuwählen und den Ball freizugeben, und alles schien leicht zu sein.

Automatisch

Ich nenne es »die Paralyse durch das Analysesyndrom«, und ich war ein Paradebeispiel hierfür. Es stand außer Frage, mich beim Spiel vom Instinkt leiten zu lassen. Doch ich war gar nicht sicher, ob ich überhaupt einen besaß. Ständig versuchte ich, mich entweder in eine herausragende Leistung hinein- oder aus einem Leistungsproblem herauszudenken. Es schien unmöglich, es einfach laufen zu lassen und automatisch zu spielen. Aber es hatte mir auch niemand nahegelegt, alle Informationen, die in meinem Kopf gespeichert waren, dort zu belassen. Für mich war es ganz natürlich, logisch und analytisch zu sein. »Halt' den Kopf still, steck deine Ellbogen weg, du bist zu steif, dein Handgelenk ist zu locker, dein Durchzug zu kurz, paß auf deine Füße auf, vergiß nicht, dich zu konzentrieren« – in dieser Form ging die Liste weiter.
Um ein mental starker Wettkämpfer zu werden, ist es von tiefgreifender Bedeutung zu lernen, »die Automatik anzuschalten« und in hohem Maße instinktiv zu spielen. Instinktiv spielen bedeutet, daß man immer schneller und genauer spielt. Eine spezielle Form des AET-Trainingsverfahrens beschleunigt diesen Prozeß.

Wach und aufmerksam

Man könnte auch sagen: intelligent und mit klarem Blick. Wenn Athleten ihren persönlichen Idealzustand erleben, dann erleben sie eine außerordentliche Bewußtheit. Obgleich nicht abgelenkt, werden sie sich nach eigenen Berichten in höchstem Maße ihres Körpers bewußt, der Position der sie umgebenden Spieler, darüber, wer wahrscheinlich was tun wird, wo sie sind und was sie tun. Die Fähigkeit, voraussehen und voraus»fühlen« zu können, zu erkennen, was in etwa geschehen wird, und auf die Gegenwart intelligent zu reagieren, steht in direktem Zusammenhang mit dieser erhöhten Wahrnehmungsfähigkeit.

Mental fokussiert

Die Bedeutung der Konzentration überrascht in keiner Weise. Die Fähigkeit, seine Aufmerksamkeit auf ein ganz bestimmtes Ziel zu richten und jeglicher Ablenkung zu widerstehen, ist der Schlüsselpunkt zur guten sportlichen Leistung in jeder Sportdisziplin. Bei einer wissenschaftlichen Studie über aktive Athleten bezüglich deren Konzentrationsfähigkeit traten zwei wichtige Erkenntnisse zutage:
Die erste ist, daß die Aufmerksamkeitskontrolle im wesentlichen auf die richtige Mischung von Gelassenheit und hoher positiver Energie zurückgeht. In anderen Worten: Die Wahrscheinlichkeit, sich gut zu konzentrieren, ist vorhanden, wenn Sie innere Ruhe verspüren, zusammen mit einem hohen Grad an positiver Energie. Die Kontrolle der Aufmerksamkeit ist hingegen unmöglich, wenn Sie sich in einem Zustand der inneren Unruhe befinden oder wenn Sie nicht über entsprechende Energie verfügen.
Die zweite Erkenntnis ist, daß die Konzentrationsfähigkeit selten durch bewußte Maßnahmen, nämlich es intensiver zu versuchen, zunimmt. Typisch für Athleten, die leistungsstark sind, ist es, daß sie sich *nicht bemühen,* sich zu konzentrieren. Es scheint von ganz allein zu geschehen, wenn die inneren Voraussetzungen stimmen, und das ist der Punkt, wo die mentalen Fähigkeiten ins Spiel kommen.

Eugen Herrigel betont in seinem Buch »Zen in der Kunst des Bogenschießens« die Bedeutung der von Augenblick zu Augenblick reichenden Konzentration. Die Jahre seines intensiven Studiums lehrten ihn, daß man die Zukunft nicht erzwingen kann. Daß der Pfeil wahrhaftig ins Schwarze trifft – dies muß für den Bogenschützen selbst völlig überraschend kommen.

Selbstsicher

Auch dieser Faktor kommt nicht überraschend. Die Bedeutung des Selbstbewußtseins ist seit langem anerkannt und gilt als Schlüsselelement für den Erfolg. Im wesentlichen ist es nichts anderes als die Überzeugung, fähig und erfolgreich sein zu können. Es ist das Gefühl, welches Sie gelassen sein läßt und im Gleichgewicht hält, während alle anderen herumjagen und herumhasten. Selbstsicherheit ist ein Gefühlszustand, der entwickelt und gelenkt werden kann.

Kontrolliert

Dieser letzte der zwölf Punkte bezeichnet einfach das Gefühl, »sich selbst unter Kontrolle zu haben«. Wenn sich Athleten in ihrem idealen Leistungszustand befinden, dann erleben sie häufig dieses charakteristische Gefühl der inneren Kraft und Selbstkontrolle. Es ist die Überzeugung, die Situation unter Kontrolle zu haben, anstatt von der Situation beherrscht zu werden.

Vieles geschieht während eines Wettkampfs, das Sie nicht in der Hand haben; Tatsache ist aber, daß Sie völlig beherrscht bleiben können, indem Sie Ihre emotionalen Reaktionen bei solchen Ereignissen unter Kontrolle halten.

Emotionale Selbstbeherrschung ist die höchste Selbstkontrolle.

Druck, Last, Leistungszwang

Eine der wichtigsten und überraschendsten Entdeckungen, die sich aus den Berichten der Befragten ergab, war, daß mental starke Sportler unter Druck *nicht* gut spielen. Die Erkenntnis war, daß unter Druck niemand gut spielt – auch die Superstars nicht. Geübte und erfahrene Wettkämpfer spielen gut in Situationen, in welchen sie unter Druck stehen, *gerade weil* sie den auf ihnen lastenden Druck eliminiert haben. Die begeisterten Fans gebärden sich vielleicht wie wild und die Sportreporter sind möglicherweise nahe daran, vor Aufregung ihr Mikrofon zu verschlucken, doch die wirklich guten Sportler befinden sich – psychologisch betrachtet – an einem völlig anderen Ort.

Athleten haben berichtet, daß sie, obgleich sie sich vom Intellekt her bewußt waren, in einer schwierigen Situation zu stecken, den Druck innerlich nicht gespürt hatten. Spielten sie trotz Krise gut, hieß das, daß sie in der Lage waren, innerlich das gleiche Gefühl und die gleiche Stimmung beizubehalten, die sie vor der Krise hatten. Das bedeutet hinsichtlich des AET-Modells, daß Athleten in Situationen moralischen Drucks ihr Bestes geben, wenn es ihnen gelingt, ihren persönlichen idealen Leistungszustand erfolgreich aufrechtzuerhalten. Und das heißt, daß sie den Druck nicht spüren.

Wieso sie den Druck nicht spüren

Ein Punkt, der Ihnen am meisten hilft und den Sie stets im Gedächtnis behalten sollten, ist die folgende Erkenntnis:

Druck ist etwas, das Sie sich selbst auferlegen.

Der einzige Unterschied zwischen dem wettkampfmäßig betriebenen Sport und dem Sport aus Vergnügen ist der Druck. Für viele Athleten ist es leicht, Sport zum Spaß zu betreiben, während Wettkampfsport zu sehr wie Arbeit wirkt. Für sie ist der Wettkampf schwer, bedrohlich, frustrierend und zermürbend. Aber das Spiel wird in beiden Fällen in exakt der gleichen Art und Weise gespielt. Man erzielt die gleichen Punkte, die Regeln ändern sich nicht, und oft tritt man gegen die gleichen Leute an. In den meisten Fällen liegt die einzige Differenz in der Differenz, die man sich im eigenen Kopf zurechtmacht – Unterschiede wie:»Das eine zählt und das andere nicht«;»Im Wettkampf steht meine Persönlichkeit auf dem Spiel«;»Was werden die Leute denken, falls ich verliere, wenn's drauf ankommt« usw. Diese Unterschiede haben ihren Ursprung *in Ihrem Kopf.*

In Ihren Gedanken können Sie Situationen auf eine solche Weise strukturieren, daß es unmöglich ist, entspannt und gelassen zu spielen; Sie sind auch nicht mit positiver Tatkraft erfüllt. Ein wettkampfmäßiges Spiel kann genausoviel Spaß bedeuten und genauso frei sein von innerlichem Druck wie ein Spiel unter Freunden. Sobald dies bei Ihnen der Fall ist, werden Sie sich zu einem innerlich starken Konkurrenten entwickeln. Sie werden erkennen, daß es Ihre Interpretation dessen, was um Sie herum geschieht, ist, die Sie in Schwierigkeiten bringt. Es gibt keine faßbaren physikalischen Kräfte, die von außen auf Sie einwirken. Nicht die Situationen sind nervös oder ängstlich – die Menschen sind es. Je früher Sie es akzeptieren, daß der Druck von innen und nicht von außen kommt, um so eher können Sie ihm ein Ende machen.

Diszipliniertes Denken

Mental starke Wettkämpfer können mit Druck gut umgehen, denn sie haben sich zu einem disziplinierten Denken erzogen. Sie erkennen den Zusammenhang zwischen dem, was sie denken, und dem, wieviel Druck sie während eines Spiels empfinden. Die falschen Gedanken zu denken, so haben sie gelernt, kann rasch zu Problemen im Hinblick auf Druck führen.

Einen guten Wettkämpfer wird man nie bei Gedanken ertappen wie: »Wenn ich diesen Putt nicht versenke, dann verliere ich 15 000 DM.« Oder: »Wenn ich den Paß nicht zustande bringe, dann schaffen wir das Entscheidungsspiel nie.« Oder: »Das ganze Spiel hängt von mir ab – wenn ich mit diesen beiden Freiwürfen nicht treffe, was werden die anderen wohl sagen?«

Es ist immer wieder interessant, den überraschten Gesichtsausdruck der Athleten zu sehen, wenn sie mit Hilfe des EMG-Bio-Feedback[1]) selbst Zeuge sein können von den Veränderungen, die sich im Spannungsgrad ihrer eigenen Muskeln vollziehen, wobei sie nichts anderes tun, als den Inhalt und die Struktur ihrer Gedanken zu ändern. Aus Zweiflern werden sehr rasch Gläubige. Für einige ist es das erste Mal, daß sie eine Verbindung herstellen zwischen den Änderungen, welche sich in ihrem Kopf vollziehen, und den Änderungen, die sich in ihrem Körper ereignen.

Beispiele für Gedanken, die Druck erzeugen

○ Was geschieht, wenn ich nicht gut bin?
○ Was ist, wenn ich meine Chance vergebe; ich werde nie mehr der gleiche sein.
○ Dieser Druck ist furchtbar!
○ Heute ist wirklich nicht mein bester Tag, wie kann ich da gut spielen!
○ Ich werde es nie wieder gutmachen können, wenn ich verliere.
○ Wenn ich es jetzt nicht schaffe, dann verliere ich alles.
○ Meine Karriere steht auf dem Spiel!
○ Man denke nur, was ich verlieren werde, wenn das nicht klappt.
○ Ich werde vom zweiten auf den zehnten Platz zurückfallen, wenn ich dieses Spiel nicht gewinne.

---

[1]) *EMG, Elektromygramm:* Bezeichnung für die Registrierung von Muskeltonusveränderungen auf elektrophysiologischem Weg.

Beispiele für Gedanken, die Druck verringern

○ Ich werde einfach mein Bestes geben, so wie ich kann, und lasse die Karten da hinfallen, wo sie hinfallen.
○ Ich konzentriere mich einfach darauf, daß ich meine Sache so gut wie möglich mache.
○ Ich werde einen riesigen Spaß bei dem Spiel haben, ganz gleich, was geschieht.
○ Auf diese Begegnung freue ich mich schon lange!
○ Druck ist etwas, was ich mir selbst auflade.
○ Auch wenn ich heute nicht der Größte bin, es wird nicht das Ende der Welt sein.
○ Gewinnen und verlieren ist etwas für die Fans; ich spiele ganz einfach.
○ Ich liebe schwierige Situationen; je schwieriger die Situation, um so besser spiele bzw. bin ich.
○ Ich werde OK sein – ganz gleich, was geschieht.

Bedrohung kontra Herausforderung

Der eine Athlet sieht sich einem Mißgeschick gegenüber und wird verbittert, frustriert, negativ und pessimistisch. Er findet alle möglichen Gründe, wieso er nicht spielen kann: den Trainer, die Führung, sein Gehalt, das miserable Team usw. usf. Wo immer er hinschaut, findet er ein Motiv. Ein anderer Athlet sieht sich dem gleichen Mißgeschick gegenübergestellt und wird stärker, innerlich widerstandsfähiger und bestimmter. Sein Spiel wird in zunehmendem Maße ideenreicher und mitreißender. Trotz des verrückten Durcheinanders um ihn herum strebt er weiterhin nach vorne und wird im Spielverlauf für seine Mannschaftskameraden wie auch für seinen Trainer zur treibenden Kraft.

Was ist der Unterschied? Wieso verschließt sich der eine Spieler unter Druck und der andere scheint daran zu wachsen und dabei aufzublühen? Auch hier liegt die Antwort darin, welches Bild von der Situation der einzelne Athlet in seinem Kopf herstellt. Der Unterschied ist der: Der eine Sportler strukturiert die schwierige Situation geistig so, daß sie höchst bedrohliche Formen annimmt, und der andere betrachtet sie mit Erfolg als eine Herausforderung.

Ob Situationen als eine Bedrohung oder als eine Herausforderung angesehen werden, liegt in unserer eigenen Hand; diese Kontrollfähigkeit erwirbt man, indem man seine Gedanken und Ideen in eine positive, konstruktive Richtung lenkt.

Auswirkungen auf den idealen Leistungszustand

Wenn Sie eine Situation als bedrohlich empfinden, dann haben Sie Probleme mit Ihrer idealen Leistungsverfassung. Je bedrohlicher die Situation, um so ernster die Probleme. Schwierigkeiten wie verspannte Muskeln, Ängste in Grenzen zu halten, gelassen zu bleiben und seine Aufmerksamkeit zu kontrollieren, sind unvermeidlich. Wird eine Situation oder ein Ereignis als bedrohlich empfunden, so löst dies eine vorhersagbare physiologische Alarmreaktion aus, was Ihren ILZ zu einem nicht zu verwirklichenden Phantasiegebilde macht.

Zur Physiologie der Bedrohung

Das natürliche Alarmverhalten unseres Körpers auf eine bedrohliche Situation mag eine wichtige, lebensrettende Reaktion für unsere frühen Vorfahren gewesen sein, aber für den Athleten von heute ist sie ein Verhängnis. Empfanden unsere Ahnen eine Situation als lebensbedrohend, dann war sie es im allgemeinen auch. Das Überleben hing von der Fähigkeit des einzelnen ab, unmittelbar und sofort zu reagieren. Ein auf der Lauer liegender Räuber, eine giftige Schlange oder ein herannahender Feind riefen einen dramatischen Zustand physiologischer und psychologischer Mobilisierung hervor. Der Körper geriet in Alarmbereitschaft, um sich zu schützen – entweder durch Flucht vor der Bedrohung oder durch Kampf. Ein hämmerndes Herz, schnelle Atmung, ein zitternder Körper, erhöhter Blutdruck, zunehmende Angst oder Wut, angespannte feste Muskeln und ein sog. Tunnelblick (s. auch Seite 51 f.) sind nur einige der Auswirkungen. Dieser Zustand der Mobilisierung geschah automatisch und unwillkürlich, und er kam durch die Aktivierung des Sympathikussystems zustande. Eine Situation als bedrohlich zu erkennen war eine Frage der Automatik, und so trat auch die darauf folgende Alarmreaktion automatisch ein, die Kampf oder Flucht bedeutete.

Glücklicherweise gibt es keine Säbelzahntiger im Wettkampfsport; leider aber reagiert unser Körper immer noch so, als existierte dieses tertiärzeitliche (und längst ausgestorbene) Raubtier auch heute. Ein Tie-Break im dritten Satz im mit 10000 Dollar dotierten Tennis oder ein Freiwurf in der Verlängerung für den Meisterschaftstitel ist alles andere als lebensbedrohend. Aber das hämmernde Herz, die schnelle Atmung, der zitternde Körper, die Angst und die angespannten Muskeln – all das ist da. Der Athlet bietet alle seine Kräfte auf zum Kampf oder zur Flucht, aber in Wirklichkeit ist er weder zum einen noch zum anderen fähig.

Eine biologische Reaktion, die einst sehr anpassungsfähig und zweckmäßig war, stellt sich jetzt als recht unzweckmäßig heraus. Um ein As zu servieren oder einen Freiwurf zu verwandeln, braucht man keinen Adrenalinstoß. Im Gegenteil: Was man braucht, ist Gelassenheit, Lockerheit, positive Energie und Selbstbeherrschung. Um erfolgreich zu sein, muß man sich gegen eine solche biologisch bedingte Alarmreaktion schützen. Es ist buchstäblich unmöglich, ein inneres »Klima« der Bestleistung aufrechtzuerhalten, sobald dieser Alarm einmal ausgelöst worden ist. Und dieser Auslöser heißt BEDROHUNG.

Die Kontrolle über diesen Auslöser zu haben bedeutet, daß wir die Art, wie wir über die Situationen denken, welchen wir als Konkurrent gegenüberstehen, beherrschen. Wir sind keine hilflosen Opfer unserer angeborenen Verhaltensweisen, noch gibt es wirklich naturgesetzliche Kräfte auf dieser Welt, die uns zwingen, bei Stress auf eine bestimmte Art und Weise zu reagieren. Wir können unsere inneren Reaktionen auf äußere Ereignisse kontrollieren und lenken. Ein Hauptbestandteil dieses Prozesses ist es, ständig daran zu arbeiten, möglichenfalls bedrohlich und schwierig erscheinende Situationen in interessante, stimulierende Herausforderungen zu transformieren.

»Wieso verkrampfe ich mich, wenn ich unter Druck stehe?« Das ist eine Frage, die mir oft von frustrierten Sportlern gestellt wurde. Die Antwort enthält immer eine entscheidende Erkenntnis: daß jeder, einschließlich des Superstars, sich unter Druck verkrampft. Solange Sie oder jeder beliebige andere Druck empfinden, wird diese Alarmreaktion aller Wahrscheinlichkeit nach ausgelöst; eine innere Verkrampfung ist die natürliche Folge. Der Schlüssel hierzu besteht darin aufzuhören, darüber nachzudenken, ob Sie gute Leistungen erbringen oder ob Sie sich verkrampfen werden, weil Sie unter Druck stehen; konzentrieren Sie sich mehr auf die *Bewältigung Ihrer Aufgabe* als darauf, den *Druck zu eliminieren*. Gerade diese Fertigkeit ist es, die den wirklichen Superstar von allen anderen unterscheidet – er verfügt über die Fähigkeit, den Druck von sich zu nehmen, er transformiert die Krisensituation in eine Chance, auf die er schon lange gewartet hat, verändert eine bedrohliche Situation in eine persönliche Herausforderung. All das gilt es zu erkennen und für sich selbst umzusetzen!

Tollwütig wie ein Stier oder sich verstellen wie ein Opossum?

Wenn Ihr biologischer Alarm- oder Verteidigungszustand wie ein Urinstinkt ausgelöst wird als Reaktion auf eine bedrohliche Situation, so führt dies schnell zu einem Zustand des physiologischen Ungleichgewichts. Wie bereits betont, beeinträchtigen die physischen Veränderungen, welche eine solche Alarmreaktion begleiten, in hohem Maße die Bestrebungen, Ihre Bestform zur Entfaltung zu bringen. Der Preis im Sinne von Energieverbrauch, Muskelanspannung, Einengung des Gesichtsfeldes, vermindertem Urteilsvermögen und verlangsamter Reaktionszeit ist zu hoch. Ganz im Gegenteil, die ideale Leistungsverfassung schafft eine bestimmte Voraussetzung der emotionalen Aktivierung, welche beträchtlich von jener Art der Aktivierung differiert, die durch eine Alarmreaktion erzeugt wird. Beides, die emotionale Aktivierung und die physiologische Mobilisierung, sind für die Höchstleistung erforderlich, aber sie haben einen anderen Ursprung als die Kampf- oder Fluchtreaktion.

In dem Bemühen, das rechte Gleichgewicht zu finden, ringen die Athleten mit den beiden Extremen, nämlich dem des tollwütigen Stiers und dem des Opossums[1]). Das Verhalten des Opossums, genauso unangebracht und kostspielig wie das des tollwütigen Stiers, ist sehr verbreitet. Athleten wissen instinktiv, daß sie jene Alarmreaktion abstellen müssen, um im Wettkampf ihr Bestes zu geben; eine Möglichkeit, dies zu tun, ist, daß sie lernen, sich innerlich schlafend oder totzustellen. Wenn sie innerlich »tot« sind, dann berührt sie auch nichts – sie geraten nicht in Wut, sie spüren keine Angst mehr, sie bleiben locker. Äußerlich wirkt der Spieler ruhig und gelassen. Bis man dieses »Opossum-Verhalten« versteht, stellt die Tatsache, daß der Spieler in einer Konkurrenz weiterhin eine klägliche Vorstellung gibt, ein ziemliches Rätsel dar.

Wenn sich ein Athlet wie ein Opossum verstellt, sich also »totstellt«, dann treffen viele der Voraussetzungen für einen idealen Leistungszustand in scheinbar einleuchtender Weise zusammen – und das genau ist es, was es anfänglich so rätselhaft macht. Bei näherer Betrachtung wird man jedoch erkennen, daß verschiedene wichtige ILZ-Voraussetzungen nicht vorhanden sind, wobei es wohl höchst bezeichnend ist, daß es vor allem an Kraft und Begeisterung fehlt. Um nun der Unfähigkeit, seine Emotionen unter Kontrolle zu halten, zu begegnen, löscht der Athlet ganz einfach sein ganzes Feuer. Solche Wettkampfteilnehmer werden dann häufig von ihrem Trainer sowie den Freunden und Fans beschuldigt, faul und unmotiviert zu sein, nicht mit dem Herzen dabei zu sein, und man wirft ihnen Gleichgültigkeit vor, wenn sie bewußt oder

---

[1]) *Das Opossum* ist eine Beutelratte und in Australien sowie in Nord- und Südamerika beheimatet. Opossums haben die Fähigkeit, sich in Kälte-, Trocken- oder Hungerperioden wie auch in Gefahrenmomenten »totzustellen«; sie verfallen dann so lange in einen Zustand der Lethargie, bis wieder günstigere Verhältnisse herrschen. Dies ist ein angeborenes Schutzverhalten. Im Amerikanischen wurde der Ausdruck »to play possum« (Opossum spielen) geprägt, was unserem »sich totstellen« entspricht.

unbewußt diese Strategie anwenden. Geschieht dies, dann fällt die Antwort des betreffenden Athleten häufig recht eindringlich, ja wütend aus, denn in seinen eigenen Augen ist er sehr wohl engagiert. Das Feuer muß erneut entfacht werden. Sportliche Höchstleistung erfordert nicht nur Energie, sondern setzt auch voraus, daß man innerlich lebendig bleibt. Die Schwierigkeit liegt darin, die Balance zwischen »zu viel« und »nicht genug« aufrechtzuerhalten. Doch Hunderte von aktiven Sportlern haben es bereits entdeckt, daß man das Feuer nur mit Freude, Spaß, Begeisterung und Teamgeist zu schüren braucht; damit schafft man die richtige innere Stimmung (ILZ) und auch das innere Gleichgewicht.

Man muß es einfach von ganzem Herzen mögen!

Wenn es einem Athleten gelingt, ein Mißgeschick oder eine Widrigkeit zu mögen, dann ist er auf dem besten Weg, sich zu einem wirklichen Wettkämpfer zu entwickeln! Widrigkeiten stellen den schwierigsten Teil der Prüfung wettkampfspezifischer Stärke dar. Oft scheint es so einfach und natürlich zu sein, den eigenen idealen Leistungszustand auszulösen, nämlich wenn alles in unserem Sinne verläuft, wenn wir alle Chancen für uns verbuchen können und wenn wir gut sind. Aber ein Mißgeschick kann jederzeit über uns hereinbrechen, und nur unser eigenes inneres Verhalten auf ein solches Ereignis macht uns entweder zu einem wahren Wettkämpfer oder läßt uns daran zerbrechen. Der innere Wettstreit wird in diesem Augenblick gewonnen oder verloren. Durch solche Widrigkeiten sind wir mit unseren Stärken, unseren Schwächen und unseren Ängsten konfrontiert. Eine Widrigkeit ist,

○ wenn Sie sich auf dem Heimrasen des Gegners befinden und Tausende von Fans gekommen sind, um Sie auszupfeifen und Ihre Niederlage mitzuerleben – und niemand ist auf Ihrer Seite...
○ wenn das Wetter so scheußlich ist, daß Sie kaum in der Lage sind, geradezustehen – ganz zu schweigen zu spielen...
○ wenn Sie die ganze Woche über krank waren und überhaupt nicht trainieren konnten...
○ wenn Ihre Gegner alle Chancen bekommen und Sie keine...
○ wenn Sie jedermann abgeschrieben hat, weil Sie einfach nicht das bringen, was von Ihnen erwartet wird...
○ wenn Ihr Privatleben plötzlich auseinanderbricht und Sie Ihr größtes Spiel des Jahres am morgigen Abend zu spielen haben...
○ wenn Sie sich verletzt haben und nicht sicher sind, ob Sie am Wettkampf teilnehmen können oder nicht.

Das sind solche Situationen, die häufig Gefühle der Wut, des Grolls, der Frustration oder der Nervosität auslösen. Situationen wie diese schaffen es, Sie voll und ganz niederzudrücken. Selten rufen sie einen Gefühlszustand der Herausforderung, Inspiration, Entschlossenheit und Bestimmtheit hervor – AUSGENOMMEN IN SPORTLERN DER SPITZENKLASSE! Für die Weltbesten scheint eine solche Antwort auf Widrigkeiten fast zur Gewohnheit geworden zu sein.

Wenn Sie Ihr volles Potential als Wettkämpfer ausschöpfen wollen, dann müssen Sie alles als persönliche Herausforderung betrachten – und sei es noch so verrückt! Kurz – Sie müssen's einfach mögen! Und je verrückter und außergewöhnlicher die Situation ist, um so mehr lieben Sie sie. Je größer die Widrigkeit, desto größer ist die Herausforderung, und um so mehr kämpfen Sie. Anstatt Angst davor zu haben, gegen eine bestimmte Person oder ein Team anzutreten, freuen Sie sich auf die Begegnung. Anstatt in Panik zu geraten, wenn die Chancen gegen Sie stehen, fühlen Sie sich angespornt. Und anstatt zaghaft oder ängstlich zu spielen, wenn sich die Tür für Sie verschließt, bieten Sie alle Ihre positiven Kräfte auf und greifen an.

Das ist es, was einen großen Wettkämpfer ausmacht und was einen wirklichen Champion auszeichnet. Die Transformation von Widrigkeiten und Druck in eine Herausforderung, eine Inspiration und eine sich Ihnen bietende Gelegenheit beginnt und endet allein in Ihrem Kopf. Setzen Sie die Räder in Bewegung und fangen Sie an, das Spiel, den Sport, die Gegner – einfach alles zu lieben! Hierin liegt der erste und wichtigste Schritt:

> *Das nächste Mal, wenn Sie einer unmöglichen und verrückten Situation begegnen, dann ballen Sie Ihre Faust, setzen ein entschlossenes Lächeln auf und sagen zu sich selbst, und zwar mit der ganzen Überzeugung, die Sie aufbieten können: ICH LIEBE ES!*

Die Bedeutung von Ritualen

Jeder gute Sportler kennt Rituale. Einige sind augenfälliger und ausgeprägter, die anderen weniger. Sie sind leicht zu beobachten, so zum Beispiel, wenn die Spieler beim Baseball den Ball schlagen und werfen, beim Tennis servieren und retournieren und beim Basketball zum Freiwurf ansetzen, aber auch beim Kunstspringen und beim Golf. Obgleich sie in keinerlei Bezug zur Technik eines Schlags oder einer Bewegung stehen, können solche rituellen Handlungen sich als mächtige Auslöser für den idealen Leistungszustand herausstellen. Sie verhelfen dazu, die Konzentration zu vertiefen, die Automatik einzuschalten, das Leistungsvermögen zu vergrößern, locker zu bleiben und dergleichen mehr.

Leider umgehen wir häufig diese ganz persönlichen Rituale, sobald das Spiel anfängt, schlecht zu laufen, oder wenn wir Druck verspüren; dann hetzen wir plötzlich. Obgleich wir uns dessen nicht bewußt sind, kann es sein, daß wir den Ball nicht so oft aufspringen lassen, weniger tiefe Atemzüge nehmen, uns andere Bilder machen und sogar die uns zur Verfügung stehende Zeit um die Hälfte verringern. In schwierigen oder unangenehmen Situationen müssen wir sichergehen, daß wir uns ausreichend Zeit nehmen, um uns vor der Ausführung des nächsten Schritts vorzubereiten, und daß unser Ritual, das seinen festen Platz hat vor einem Spiel, einem Wettkampf oder was immer, in seiner Gänze ausgeführt wird. Stellen Sie sich selbst einmal folgende Fragen:

○ Habe ich Rituale, die mir dabei helfen, mich locker, selbstsicher etc. zu fühlen, und die mir Energie verleihen?
○ Übe ich diese Vorwettkampfrituale, so daß ich in der Lage bin, mit ihrer Hilfe meinen eigenen idealen Leistungszustand auszulösen?
○ Umgehe ich meine rituellen Handlungen, wenn die Dinge sich gegen mich wenden?
○ Studiere ich die Rituale von Spitzensportlern meiner Sportart, die ich bewundere? (Häufig dienen sie als ausgezeichnete Vorbilder.)

Die richtige Energie

Am 22. Februar 1980 war die gesamte Welt Augenzeuge der Macht positiver Energie. Wie immer man es bezeichnen will – Triebkraft, Stoßkraft, Impuls oder Teamgeist –, es war *real*. Als das Hockeyteam der Vereinigten Staaten bei den Olympischen Spielen von 1980 die Russen besiegte, mußte man nicht auf dem Eis sein, um die Präsenz von etwas sehr Mächtigem zu sehen, zu fühlen und zu begreifen; die Auswirkungen waren überall erkennbar. Für Herb Brooks und seine »Boys of Winter« existierten Angst, Beklemmung, Negativismus und Selbstzweifel einfach nicht; es gab nur Zuversicht, Zielstrebigkeit, Glaube an sich selbst und Freude.

Was geschah an diesem speziellen Tag in Lake Placid? Man kann mit Recht davon ausgehen, daß die Mannschaft der USA nicht wegen ihres überlegenen Talents oder ihres größeren Könnens gewann. Bei aller Berechnung hätte sie von den Russen weit übertroffen werden müssen.

Aber es kam ganz anders, und man konnte spüren, wie sich da mit jedem weiteren Sieg irgend etwas aufbaute. Am 14. Februar brachte die US-Mannschaft die Tschechoslowaken mit 7:3 aus dem Gleichgewicht. Zwei Tage später verlor Norwegen mit 5:1. Sollte das Unmögliche in den Bereich des Möglichen rücken? Am 18. Februar wurde Rumänien mit 7:2 geschlagen, danach die Bundesrepublik Deutschland mit 4:2. Was eigentlich nicht geschehen durfte, geschah.

Minuten vor der sich zuspitzenden Begegnung mit dem russischen Team rief Trainer Brooks seine Mannschaft zusammen und sprach die folgenden entscheidenden Worte: »Ihr seid geboren, um Hockey zu spielen; es ist eure Bestimmung, hier zu sein. Dieser Augenblick ist der eure. Ihr seid bestimmt, in diesem Moment hier zu sein...« Und wie geschah es? Manche sagen, es war Schicksal. Andere behaupten, es war Glück. Aber es war weder das eine noch das andere. Das US-Team übertraf ganz einfach die Russen – es gewann, weil es besser spielte. Die Amerikaner erreichten mit ihrem Spiel einen wahren Höhepunkt an physischer Fähigkeit und an Talent, und den Russen gelang es nicht annähernd, an sie heranzukommen. Was das US-Team erlebte und wovon Tausende von Zuschauern auf der Welt Zeuge waren, war die unglaubliche Kraft positiver Energie – jener entscheidenden Antriebskraft für den Sieg. Stoßkraft, Teamgeist, Bestimmtheit und Selbstvertrauen – diese Elemente verbanden sich miteinander und schufen eine Kraft, die sich umsetzte in Zielstrebigkeit, Bestimmtheit und wahre Leistung. Das war es, was die Russen einschüchterte. Nur wenige vertrauten dem Leistungsniveau, das die US-Mannschaft erreicht hatte. Der ideale Leistungszustand wurde zur Realität, und angesichts der richtigen Energie zum richtigen Zeitpunkt kam der Sieg von ganz allein.

Positive kontra negative Energie

Ungeachtet Ihrer Sportart müssen Sie, um gute Leistung zu erbringen, *mit Tatkraft erfüllt,* also *voller Energie sein.* Je mehr wir darüber erfahren, was für eine exzellente Leistung erforderlich ist, um so mehr erkennen wir die Bedeutung der Differenzierung zwischen positiver und negativer Energie. Sehen wir uns den Unterschied einmal an.

Athleten berichten übereinstimmend, daß sie im Verlauf ihrer besten Leistungen höchst energiegeladen waren. Um ihre Gefühle oder innere Stimmung zu beschreiben, wählen sie Begriffe wie »aufgeladen«, »aufgeputscht«, »auf Touren« und »voll drauf sein«. Das Erlebnis dieser hohen Energie wird auch als sehr angenehm und schön beschrieben. Eine genaue Studie über Hunderte von Höchstleistungen führte zu dem folgenden zweidimensionalen Modell des Begriffs »Energie«:

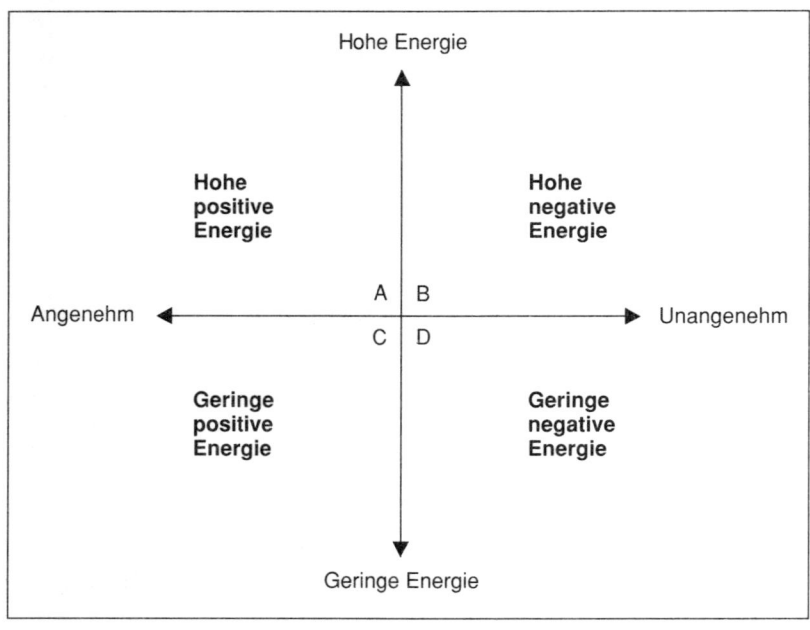

Die eine Dimension reicht von einem Gefühl der hohen Energie bis zu einem Gefühl der geringen Energie. Dieses Kontinuum der Energie entspricht der Erfahrung der Athleten. Die zweite Dimension reicht von angenehm bis unangenehm. Einige Stadien von hoher und geringer Energie sind sehr angenehm, während andere als unangenehm empfunden werden. Diese zweite Dimension reflektiert daher den Grad oder das Ausmaß, bis zu welchem der jeweilige Energiezustand angenehm ist oder nicht.

Das zweidimensionale Modell sieht vier Felder vor, die folgendermaßen bezeichnet werden:

Feld A = hohe positive Energie
Feld B = hohe negative Energie
Feld C = geringe positive Energie
Feld D = geringe negative Energie

Einige Stadien der hohen wie der geringen Energie werden in unterschiedlichem Ausmaß als angenehm empfunden – folglich wurde das Wort »positiv« verwendet; und einige Stadien der hohen wie der geringen Energie werden in unterschiedlichem Grad als unangenehm erlebt – deshalb wurde das Wort »negativ« verwendet.

Die Eindrücke und Empfindungen, welche von Leistungssportlern bekundet wurden, entsprechen den vier Feldern wie folgt:

50

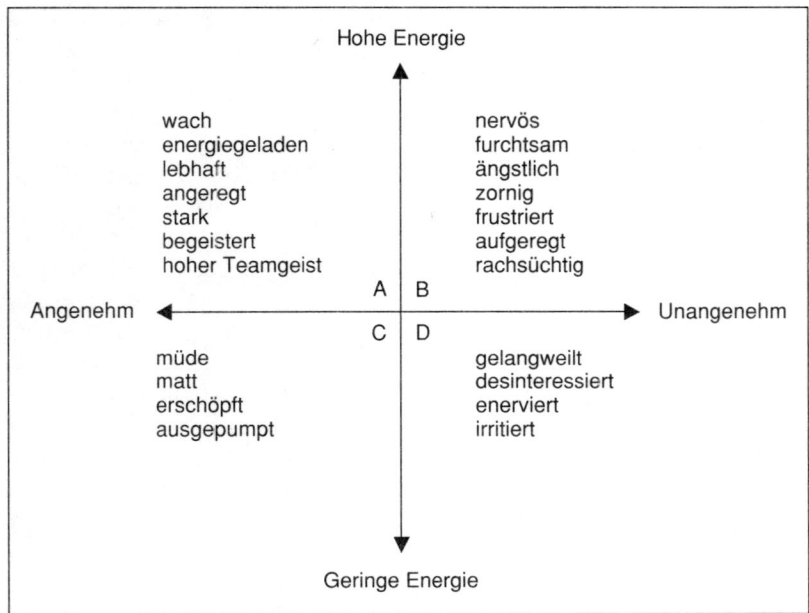

Besonders bemerkenswert ist es, daß in Verbindung mit einem speziellen Energiefeld bestimmte und entscheidende Leistungsvariablen an
die Oberfläche treten:

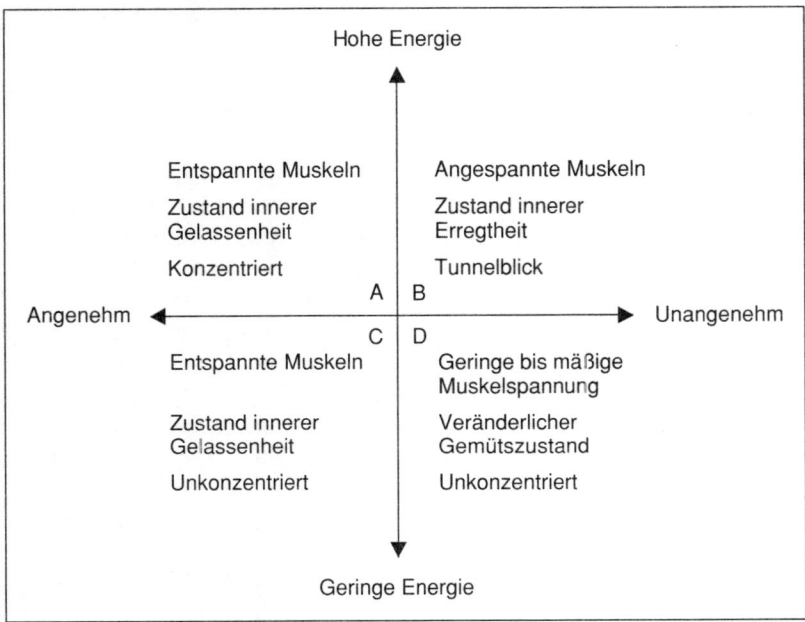

Wie aus der vorangehenden Abbildung zu erkennen, steht das Feld »hohe positive Energie« in direkter Verbindung mit entspannten Muskeln, dem Zustand innerer Gelassenheit und der Fähigkeit, eine angemessene Konzentration beizubehalten. Die Daten, welche zusammengetragen worden waren, deuten darauf hin, daß einige Zustände hoher Energie nicht zur Überaktivierung führen. Trotz des Vorhandenseins eines hochgradigen Energiezustandes wurde keine übertriebene Alarmreaktion des Kampfes oder der Flucht ausgelöst.

Das Feld »hohe negative Energie« offenbart ein völlig anderes Bild. Hier werden hohe Stufen negativer Energie assoziiert mit angespannten Muskeln, einem Zustand der inneren Erregtheit und dem sog. Tunnelblick (Gesichtsfeldeinengung) – einer sehr starren, unflexiblen und generell unangemessenen Art der (fixierten) Aufmerksamkeit.

Das Feld »geringe positive Energie« (geringe Energie, aber immer noch angenehm) ist durchweg gepaart mit entspannten Muskeln und einer inneren Gelassenheit, aber mit schlechter Konzentration. Hier lag das Problem jedoch nicht in der Einengung des Gesichtsfeldes, sondern vielmehr darin, daß die Betroffenen leicht ablenkbar waren. Die Befragten fanden, daß ihre Aufmerksamkeit während des Spiels ständig zu belanglosen Dingen abschweifte. Nahezu alles konnte sie ablenken. Nur mit größerer Anstrengung gelang es ihnen, konzentriert zu bleiben.

Das Feld »geringe negative Energie« (ein als unangenehm empfundener Zustand) sorgt für die meiste Inkonsistenz und die größten Unberechenbarkeiten. Muskelverspannungen variieren von gering bis mäßig, und die innere Ruhe ist höchst schwankend und unstet. Was die Konzentrationsfähigkeit anbelangt, so ist auch sie gemäß der Aussagen ziemlich unbeständig. Probleme der Gesichtsfeldeinengung sowie der leichten Ablenkbarkeit werden festgestellt.

Die wichtigste Entdeckung ist wohl, daß von den fünfzig Höchstleistungen, welche zuerst geprüft wurden, sich alle fünfzig ohne Ausnahme im Bereich der »hohen positiven Energie« ereigneten. Nicht eine einzige herausragende Leistung konnte mit einem der anderen Felder in Verbindung gebracht werden. Alle späteren Auswertungen von Maximalleistungen quer durch sieben verschiedene Sportarten führten zu demselben Ergebnis.

Von besonderem Interesse ist auch das Verhältnis eines jeden Feldes bzw. Energie»zustands« zum jeweiligen Leistungsniveau. Die Wahrscheinlichkeit für eine gute Leistung lag am höchsten bei Feld A: hohe positive Energie, am zweithöchsten bei Feld B: hohe negative Energie, den dritten Platz nahm Feld C ein: geringe positive Energie, und den vierten das Feld D: geringe negative Energie.

Diese Ergebnisse lassen den Schluß zu, daß mäßige bis hohe Stufen von negativer Energie gegenüber niedrigen Stufen von positiver und negati-

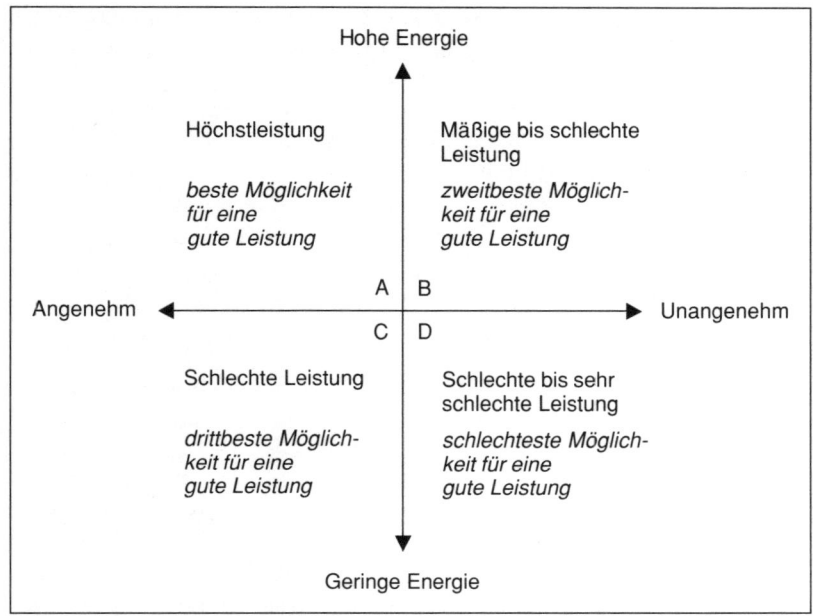

Hohe Energie

Höchstleistung	Mäßige bis schlechte Leistung
beste Möglichkeit für eine gute Leistung	*zweitbeste Möglichkeit für eine gute Leistung*

Angenehm ◄————— A | B —————► Unangenehm
                  C | D

Schlechte Leistung	Schlechte bis sehr schlechte Leistung
drittbeste Möglichkeit für eine gute Leistung	*schlechteste Möglichkeit für eine gute Leistung*

Geringe Energie

ver Energie vorzuziehen sind. Eine gute Leistung erfordert Energie, und negative Energie ist besser als gar keine Energie. Nach Ansicht der Athleten selbst oder deren Trainer ist jedoch folgendes von besonderer Bedeutung: Die beste Leistung, über die im Bereich von hoher negativer Energie berichtet wurde, lag bei 60%, also bei etwas mehr als der Hälfte des geschätzten Leistungspotentials eines Athleten. In anderen Worten: An Ihrem besten Tag werden Sie nur leicht über dem Durchschnitt liegen, wenn Sie einen vorwiegend negativen Energiefluß erleben.

Gemäß der Daten, die bisher gesammelt wurden, scheint die Fähigkeit, in seiner Leistung bis an die eigenen Grenzen zu gehen, unmittelbar an das Fließen positiver Energie geknüpft zu sein. Dies ist die Energie, welche man mit Spaß, Freude, Zielstrebigkeit und Selbstmotivation in Verbindung bringt. Wenn man das liebt oder gern mag, was man tut, wenn man ein Gefühl von Freude, Optimismus oder Herausforderung in seinem Spiel oder Training erlebt, oder wenn man einen hohen Grad an Teamgeist erfährt, so erlebt man das, was in diesem Buch mit »positiver Energie« bezeichnet wird. Das einzige Gefühl, das den Zustand der hohen positiven Energie am besten zu beschreiben scheint, ist das der FREUDE. Tatsächlich haben in einer beachtlichen Anzahl von Fällen Sportler das Wort Freude benutzt, um die Energie zu beschreiben, welche sie während eines Spiels oder Wettkampfs empfanden.

Im Gegensatz dazu ist negative Energie die Energie, die mit Wut, Unruhe, Haß, Angst, Anspannung und Unwillen assoziiert wird. Diese Energie wird im Stadium der negativen Grundeinstellung und Frustration erzeugt und tritt unwillkürlich auf, wenn eine Situation als Bedrohung betrachtet wird. Die folgende Abbildung macht die Beziehung zwischen Bedrohung und Energiefluß klar:

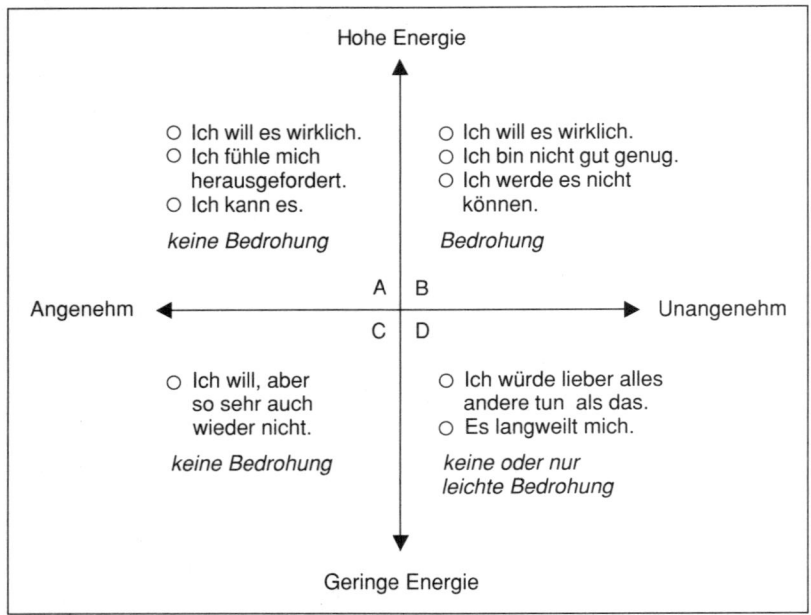

Wenn Sie hochmotiviert sind, Ihre Sache gut zu machen, dann landen Sie im allgemeinen entweder in Feld A oder Feld B. Wenn Sie mit dem Wettkampfsport gerade angefangen haben und hochmotiviert sind, dann ist es Feld B (Bereich der hohen negativen Energie), wo Sie sich wahrscheinlich einen Großteil Ihrer Zeit aufhalten werden. Selbst nach vielen Jahren des aktiven Sports befinden sich einige Athleten schließlich durchweg in Feld B. Tatsächlich kann es sein, daß Sie während eines Spiels oder Matchs mehrmals von einem Feld zum anderen wechseln. Der springende Punkt ist der: Je mehr Zeit Sie darauf verwenden, im Bereich der hohen positiven Energie (A) zu spielen, um so besser sind Ihre Chancen, gut zu spielen. Und es ist harte Arbeit, in Feld A zu bleiben! Hochmotiviert zu bleiben und nicht in Feld C (geringe positive Energie) oder Feld D (geringe negative Energie) zu geraten, ist manchmal für sich genommen schon schwer genug. In Feld A zu bleiben und nicht in Feld B (hohe negative Energie) abzugleiten, braucht Zeit und viel Anstrengung. Diesen Fluß von positiver Energie zu erreichen ist eine erlernte Fähigkeit, welche die Topathleten der Welt erworben haben.

In meinen Kursen für Sportler habe ich herausgefunden, daß es sehr hilfreich ist, jedem der vier Felder eine andere Farbe zu geben. Die Farben wurden auf der Grundlage ihrer psychologischen Wirkung ausgewählt und werden in der Weise verwendet, die Assoziation bestimmter Gefühlszustände zu den verschiedenen Feldern zu erleichtern. Bei wiederholter Paarung einer bestimmten Farbe mit dem Gefühlszustand, auf den sie sich bezieht, löst die Farbe schließlich den angestrebten Gefühlszustand aus.

Ein tiefes, kraftvolles Blau steht für hohe positive Energie (Feld A). Diese Farbe wird häufig mit Gelassenheit, Stärke, Kraft und Kontrolle oder Selbstbeherrschung verbunden. Ein heller Blauton wird für geringe positive Energie (Feld C) verwendet und bedeutet Gelassenheit und Heiterkeit, jedoch fehlt es an Tiefe und Kraft. Hohe negative Energie (Feld B) wird mit einem leuchtenden Rot assoziiert und deutet auf einen hohen Energiegrad hin (Unruhe, Angst, Unwille und Frustration), läßt aber auch auf das Nichtvorhandensein von Kontrolle und Richtung schließen. Schwarz ist die Farbe der geringen negativen Energie (Feld D). Sie suggeriert: kein Spaß, keine Energie, kein Feuer und kein Leben. Dies ist natürlich das schlechteste der vier Felder.

Intensität bedeutet ganz einfach hohe Energie

Trainer wie Athleten sprechen fortwährend über die Bedeutung der Intensität bei Spitzenleistungen. Wird jedoch die Frage gestellt, was genau Intensität bedeutet, so ist keine der beiden Gruppen in der Lage, eine klare Definition abzugeben. Innerhalb des AET-Modells ist Intensität nichts weiter als HOHE ENERGIE. Erlebt ein Athlet entweder hohe positive oder hohe negative Energie, dann ist er oder sie intensiv im Sinne von heftig, angespannt, äußerst bemüht oder von starken Gefühlen bewegt. Im Zusammenhang mit diesem Modell sind hohe Intensität und hohe Energie, positiv wie negativ, also bedeutungsgleich.

Es liegt klar auf der Hand, daß es bei Spitzenleistung unser Ziel ist, die höchste positive Intensität oder Kraft zu erreichen, zu welcher wir fähig sind. Die Folge negativer Intensität ist oft eine Einbuße der inneren Ruhe, des weiteren kommt es zu Muskelverspannungen und zu mangelhafter Konzentration. Zielstrebigkeit, Angriffslust, Anstrengung, Freude und kämpferischer Teamgeist sind das Rückgrat hoher positiver Intensität. Mit den verschiedenen Stufen der Intensität umgehen zu können ist eine erlernte Fähigkeit, und es erfordert viel Übung, die Intensität – d.h. die hohe Energie – auf der angenehmen Seite zu halten.

Für viele Athleten ist die hohe positive Energie, die sie mit ihrem besten Wettkampf in Zusammenhang bringen, eng verknüpft mit einem starken Gefühl der Angriffslust und Zielstrebigkeit. Der Zustand der Intensität ist angenehm, es ist aber kein passives Gefühl der Freude. Häufig ist es ein recht aktives »Ich-pack-es-an«-Gefühl. Die genaue Beschaffenheit des höchsten Energiezustands ist für jeden Menschen etwas anders und muß individuell bestimmt werden. Oft begleiten ihn jedoch ziemlich ausgeprägte Gefühle der Angriffslust und Entschlossenheit.

Energie von hoher Qualität

Häufig wird zwischen dem menschlichen Körper und einem Hochleistungsmotor eine Parallele gezogen. Wenn Sie einen Ferrari fahren, der Treibstoff mit extrem hoher Oktanzahl benötigt, Sie aber ständig Benzin mit niedriger Oktanzahl tanken, dann sollte Sie es nicht allzu sehr überraschen, wenn Sie eine schlechte Fahrleistung erzielen. Das gleiche trifft für die menschliche Leistung zu.

Benzin mit einer hohen Oktanzahl ist gleichzusetzen mit positiver Energie, und der menschliche Körper entspricht einer anspruchsvollen Hochleistungsmaschine. Genauso wie der Ferrari sich mit Treibstoff einer niedrigen Oktanzahl fahren ließe, würde sich leistungsmäßig auch der menschliche Körper bei negativer Energie verhalten. Der Unterschied liegt allerdings in der Leistungshöhe. Für den Ferrari bedeutet eine niedrige Oktanzahl andauernde Wartung, schlechte Beschleunigung, Unzuverlässigkeit, verrußte Zündkerzen, niedrige Kilometerzahl und andere Leistungsprobleme. Für den Athleten heißt negative Energie schlechtes Urteilsvermögen, verspannte Muskeln, rasche Erschöpfung, unzureichende Konzentrationsfähigkeit und Verlust des Kontrollvermögens. Je mehr negative Energie Sie in sich aufnehmen, desto mehr Leistungsprobleme werden Sie bekommen.

Um es schlicht und einfach auszudrücken: Wenn Sie Spitzenleistung erreichen wollen, dann müssen Sie auch 100 Prozent hochqualifizierte positive Energie tanken. Eine Mischung von Dreiviertel positiver Energie und Einviertel negativer Energie kann sehr wohl ein gutes Ergebnis bringen, aber es wird keine großartige Leistung sein. Ein Verhältnis von 50:50 wird wahrscheinlich einige Leistungsprobleme zur Folge haben, und alles, was unterhalb dieses Mischverhältnisses liegt, endet wahrscheinlich katastrophal.

Manchmal kann es außerordentlich schwer sein, während eines sportlichen Ereignisses einen kontinuierlichen positiven Energiestrom aufrechtzuerhalten. Sportarten, die einen aggressiv zu nennenden Körperkontakt verlangen, wie Football oder Hockey, lösen häufig starke

Gefühle der Wut und des Unmuts aus. Zahlreiche Situationen während eines Wettkampfs – und das trifft für beinahe alle Sportdisziplinen zu – können Angst, Spannung, Furcht, Frustration oder negative Verhaltensweisen auslösen. Wenn Sie sich jedoch darauf verstehen, den positiven Energiefluß aufrechtzuerhalten, dann werden die Auswirkungen dieser negativen Faktoren minimal sein. Wahrscheinlich wird man in solchen Momenten einen leichten Abfall in Ihrer Leistung erkennen können, aber gewöhnlich ist er nur von vorübergehender Natur. Das Problem liegt darin, daß, wenn diese negativen Reaktionen geschehen, die positive Energie bereits recht schwach geworden ist. Das ist der Augenblick, wo die Leistungsschwierigkeiten zunehmen.

Positive Aktivatoren von hoher Qualität	Negative Aktivatoren von niedriger Qualität
Spaß	Wut
Freude	Unmut
Liebe	Angst
Zielstrebigkeit	Haß
Optimismus	Furcht
Vergnügen	Anspannung
Stolz	Negativismus
Selbstherausforderung	Bedrohung
Teamgeist	Frustration
Selbstmotivation	

Gelingt es einem Athleten nicht, daß er durch positive Quellen innerlich eingestimmt oder angespornt wird, dann wird er vielleicht instinktiv zu negativen Aktivierungselementen greifen, um eine völlig glanzlose Darbietung zu vermeiden. Haben Sie jemals besser gespielt, wenn Sie plötzlich in Zorn gerieten? Jeder Athlet hat das das eine oder andere Mal erlebt. Haben Sie jemals schlechter gespielt, wenn Sie plötzlich aufgebracht waren? Auch diese Frage dürfte für die meisten leicht mit einem Ja zu beantworten sein. Das Problem mit negativer Energie ist, daß ein wenig oft schon zuviel ist. Zweifellos kommt die Energie ins Fließen, wenn man wütend wird oder frustriert ist, aber wie schafft man es, nur ein bißchen wütend, nur ein bißchen ängstlich oder nur ein bißchen negativ zu sein?
Hingegen stellt es selten ein Problem dar, daß man durch positive Aktivierungselemente zu sehr erfüllt sein könnte von Spaß, Optimismus oder Zielstrebigkeit. Man kann nicht genug Spaß haben oder zu positiv sein, um gut zu sein.
Je mehr positive Energie Sie »aufgeladen« haben, um so größer ist die Wahrscheinlichkeit, daß Sie besser spielen oder Ihre Leistung besser ist. Je mehr Spaß Ihnen das Ganze macht, desto positiver und optimisti-

scher sind Sie, und je größer der Teamgeist, um so besser. Ihre Aufgabe wird um ein Vielfaches leichter, wenn Sie auf positive Energiespender vertrauen, weil Sie nicht so sehr um das Gleichgewicht zwischen nicht genug oder zuviel kämpfen müssen. Denken Sie auch daran, daß Athleten selten – falls überhaupt – davon berichten, daß sie in einem Wettkampf die Höchstform ihrer physischen Fähigkeiten und ihres Talents erlangen, wenn sie ihre Kraft in erster Linie aus negativen Quellen schöpfen. Das Beste, was sie damit erreichen können, ist eine leicht über dem Durchschnitt liegende Leistung. Höchstleistung scheint nur einzutreten, wenn man durch Dinge wie Teamgeist, Freude und Bestimmtheit aktiviert wird. Das höchste Maß an positiver Intensität, das Sie aufbieten können, ist es, wonach Sie streben sollten.

Der in den USA jedem bekannte Footballspieler Joe Greene beschrieb Intensität als einen Zustand der höchsten seelischen Erregung, aber der totalen Kontrolle. Die Intensität, so stellte er fest, ging einher mit einer hohen Bewußtheit für alles und dem Gefühl, daß alles gutgehen würde.

Wie man eine schwache Leistung verhindert

Wie oft haben Sie Trainer und Sportler davon reden gehört, daß man für das große Spiel in jeder Beziehung »ganz fit« sein muß? »Ganz fit« und »auf der Höhe sein« bedeutet ganz einfach, voller Energie und Tatkraft zu sein, besonders aktiviert zu sein. Die Folge davon, wenn man nicht »auf der Höhe« ist und für ein Match oder eine Konkurrenz nicht »fit« ist, wird gewöhnlich »schwache Leistung« genannt. Sportler wie Trainer gleichermaßen versuchen unaufhörlich, sich Strategien auszudenken, um dieses ärgerliche Dilemma abzuwenden.

Es dürfte sehr wohl bekannt sein, daß dieses »fit sein« für das große Sportereignis nicht das wirkliche Problem darstellt. »Fit sein« für das Spiel: »Wen interessiert das schon?« ist es, was so schwer ist. Wenn man müde ist, sich nicht gut fühlt oder einfach ausgebrannt ist; wenn man gegen eine Mannschaft spielt, gegen die man bislang nie verloren hat; wenn man gerade eine lange Phase von Fehlschlägen hinter sich hat; oder wenn man sich nicht mehr erinnern kann, wie es ist, wenn man ein Spiel gewinnt – dann ist man besonders verwundbar. Diese und Dutzende von anderen Situationen fordern eine schwache Leistung geradezu heraus.

Wenn sie solche Situationen aufkommen ahnen, dann versuchen Trainer instinktiv, ihre Spieler zu inspirieren, herauszufordern, zu ermutigen und anzustacheln. Einige greifen zurück auf Mittel der Drohung, des Angst- und Zorneinflößens sowie der Einschüchterung, um diesem offensichtlichen Mangel an Energie entgegenzutreten – positiv oder negativ. Ein bekannter Baseball-Trainer drückte es einmal folgendermaßen aus: »Wenn alles andere fehlschlägt, dann mach' ihnen die Hölle heiß!«

Es ist interessant festzustellen, daß, prüft man einmal die Auswirkungen negativer Aktivierung in den verschiedenen Sportdisziplinen, man auf einige ziemlich wesentliche Unterschiede stößt. Sportarten, die eine subtile Muskelkoordination und Gleichgewicht erfordern (also eine hohe motorische Geschicklichkeit voraussetzen), wie Tennis, Golf, Bogenschießen sowie bestimmte Positionen wie die des Abwehrspielers im Football oder des Torwarts im Hockey, können nur ein relativ niedriges Maß an negativer Aktivierung tolerieren, da sich das ansonsten nachteilig auf die Leistung auswirkt.

Für Disziplinen wie Schwimmen, Kurzstreckenlauf, Radfahren oder Ringen (Sportarten also, die eine geringe motorische Geschicklichkeit erfordern), kann ein höheres Maß an negativer Aktivierung toleriert werden, bevor das Leistungsniveau abfällt. Bei Sportarten wie diesen kann, wenn ein Athlet nicht ausreichend von positiven Energiequellen angespornt wird, eine geringfügige bis mäßige Angst oder ein leichtes Gefühl des Zorns hilfreich sein. Vergessen Sie jedoch nicht, daß mit dieser Strategie echte Risiken verbunden sind und Sie unter diesen Umständen Ihre Leistung nur selten zu ihrem vollen Potential entfalten werden. Negative Energie kann besser sein als gar keine Energie, aber dennoch ist es ein schlechter Ersatz. Je mehr Sie einsehen, wie wichtig es ist, voller Energie zu sein und richtig »unter Spannung« zu stehen, um eine wirklich gute Leistung zu vollbringen, desto früher sind Sie auch in der Lage, dies zu kontrollieren.

Eine altüberlieferte Erkenntnis

Der Begriff der positiven und negativen Energie ist nicht neu; es gibt ihn bereits seit Jahrhunderten. Die Japaner nennen es KI und die Chinesen CHI. Diese Energie wird charakterisiert als die allumfassende Lebenskraft. Gesundheit, Harmonie und Erfüllung nehmen nur Gestalt an durch das richtige Lenken und die Nutzbarmachung dieser Lebensenergie, welche – so heißt es – in beiden Formen existiert, der positiven und der negativen.

Um die Kraft und das tatsächliche Vorhandensein von positivem Ki zu demonstrieren, ruft Koichi Tohei, Gründer der International Society of Ki, an den ersten drei Tagen eines jeden neuen Jahres seine Mitglieder zusammen. Sie reisen zu einem nahegelegenen Fluß, wo sie an einer höchst ungewöhnlichen Zeremonie teilnehmen. Sobald die Sonne aufgeht, entkleiden sich alle bis auf ihren Badeanzug, machen einige leichte Freiübungen und folgen sodann dem Anführer ins Wasser. Was so erstaunlich ist, ist, daß die Außentemperatur sich meistens um minus 8 oder 9 °C bewegt und die Wassertemperatur knapp über dem Gefrierpunkt liegt. Die Mitglieder bilden einen Kreis um den Anführer und beugen sich ruhig und gelassen herab, bis das Wasser an ihre Schultern heranreicht. Sie bleiben etwa drei bis sieben Minuten lang im Wasser, und wenn das Signal gegeben wird, gehen sie alle wieder ruhig und gelassen ans Ufer. Keiner erzittert, keiner fröstelt, keiner gerät in Panik.

Koichi Tohei zufolge findet diese Unternehmung nicht statt, um zu bestimmen, wer der Kälte widerstehen kann. Vielmehr ist es ein Test, um festzustellen, wie stark und mächtig der Prozeß wirklich ist, das Ki zu vergrößern. Diese Erfahrung trägt auch dazu bei, die negativen Gedanken und Erlebnisse des vorangegangenen Jahres wegzuwaschen, des weiteren bereitet dieses Ritual den Weg, daß sich das kommende Jahr anfülle mit positivem Ki. Wenn Ihr Ki, Ihre Lebenskraft, ein Plus darstellt, eine positive Größe also, dann werden laut Koichi Tohei auch Ihre Gedanken, Ihre Handlungen und alles um Sie herum sich zu etwas Positivem transformieren.

Voller Energie, aber gelassen und ruhig

Manchmal nenne ich dies die »weiche, nachgiebige Energie«. Das charakteristische Merkmal der positiven Energie ist die sie begleitende Gelassenheit. Man kann vor Energie bersten, aber dennoch klar denken und ruhig und gelassen bleiben. Negative Energie hat genau die gegenteilige Wirkung. Ist man von negativer Energie erfüllt, so bedeutet dies zwangsläufig, daß man sich in einem Zustand der inneren Unruhe und Erregtheit sowie der Überreiztheit befindet. Man hat das Gefühl, als spiele man eine 33er Schallplatte bei einer Umdrehung von 78. Alles ist viel zu schnell, und es ist nahezu unmöglich, sich auf das Wichtige zu konzentrieren.

Jeder erlebt die richtige Energie ein wenig anders. Auch differiert dies von einer Sportart zur anderen. Die begleitenden Empfindungen, die Intensität sowie Art und Ausmaß sind häufig eine individuelle Erfahrung. Was nicht individuell ist, das ist die Gelassenheit. Wie das Auge eines Hurrikans, um das rasende Winde wirbeln, bleiben Sie mit der richtigen Energie bei Ihrem Tun gelassen und ruhig – eine unentbehrliche Voraussetzung für Spitzenleistung!

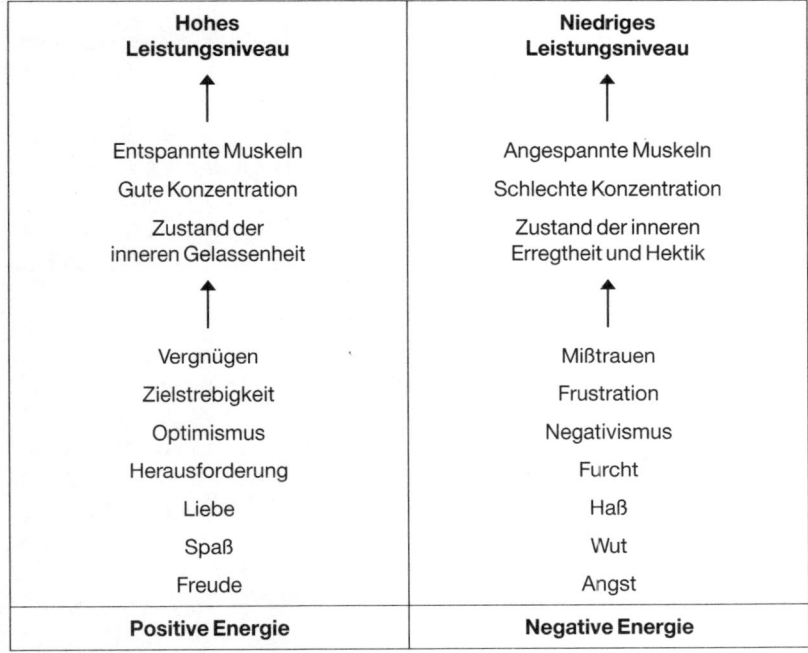

Hohes Leistungsniveau	Niedriges Leistungsniveau
↑	↑
Entspannte Muskeln	Angespannte Muskeln
Gute Konzentration	Schlechte Konzentration
Zustand der inneren Gelassenheit	Zustand der inneren Erregtheit und Hektik
↑	↑
Vergnügen	Mißtrauen
Zielstrebigkeit	Frustration
Optimismus	Negativismus
Herausforderung	Furcht
Liebe	Haß
Spaß	Wut
Freude	Angst
Positive Energie	**Negative Energie**

Beispiele

Skirennläufer

Positive Energie: Der Wind beißt quer über Ihr Gesicht, und der Schnee macht Sie fast blind, als Sie sich zur Abfahrt bereitstellen. Das ist Ihr Augenblick, und Sie lieben jede Minute. Sie können dieses vertraute prickelnde Gefühl spüren, das Ihren Nacken auf- und abströmt. Sie sind voll da, bersten vor Energie. Das ist es, wofür Sie geboren wurden. Es gibt nichts auf der Welt, das sie lieber täten. Dies ist Ihr Tag, und was immer geschieht – es ist der größte!

Negative Energie: Sie wollen gut sein, aber Sie machen sich Sorgen, weil der Wettkampf besonders hart ist. Und was das Ganze noch schlimmer macht, ist, daß die Strecke in schlechter Verfassung ist, und der Wind ist so stark, daß Sie kaum stehen können. Sie sind ein wenig nervös, Ihnen ist kalt, und Sie sind müde vom untätigen Warten. Sie überlegen manchmal, wieso Sie diese ganze Tortur auf sich nehmen. Und Sie fragen sich: »Wie ist es irgend jemandem möglich, unter diesen Bedingungen eine gute Leistung zu bringen?«

Schwimmer

Positive Energie: Sie freuen sich auf diesen Tag wie nie zuvor. Zum erstenmal bekommen Sie die Chance, gegen die besten Schwimmer aus fünf Ländern anzutreten. Innerlich denken Sie: »Was für eine tolle Gelegenheit!« Ganz objektiv gesprochen reichen Ihre Fähigkeiten und Ihre Erfahrung an kaum einen der übrigen Schwimmer heran, aber das läßt Sie ziemlich kalt. Sie sind seelisch darauf vorbereitet, diese Chance zu haben, und überhaupt scheinen Ihre Leistungen immer besser zu sein, wenn die Konkurrenz von höherem Niveau ist.

Negative Energie: Wie es Ihnen gelang, sich für diese Begegnung zu qualifizieren, ist für Sie ebenso ein Rätsel wie für alle andern. Sie wissen, daß Sie eigentlich nicht hier sein sollten; die anderen sind Ihnen weit überlegen. Viele Ihrer Freunde, die Familie und Teamkameraden werden da sein. Sie werden die ganze Angelegenheit als erfolgreich betrachten, wenn Sie nur keine schlechte Figur machen oder irgend jemanden enttäuschen. Wenigstens wird mit dem heutigen Tag alles vorbei sein und Sie können wieder normal schlafen und essen. Ihre Eltern behaupten, daß Sie sich die ganze Woche über wie eine Giftschlange verhalten haben, die auf alles einbeißt, aber sie begreifen, daß Sie unter ungeheurem Druck stehen.

Fußballspieler

Positive Energie: Beim letzten Spiel wurden Sie von den anderen ganz schön gedemütigt. Sie ließen Ihr Team in einem ziemlich schlechten Licht erscheinen. Dieses Mal wird es jedoch anders sein. Sie sind besser vorbereitet, Sie haben härter gearbeitet, und Sie wissen, wozu Sie imstande sind. Als Sie vor drei Wochen gegen die anderen antraten, haben Sie es zugelassen, daß man Sie hoffnungslos eingeschüchtert hat. Diesmal werden Sie sich aber behaupten, und Sie haben sich darauf verpflichtet, sich auf eine Sache zu konzentrieren – nämlich Ihren Job so gut zu tun, wie Sie es nur können, ganz gleich, was geschieht. Sie sind zuversichtlich und freuen sich auf die Konfrontation.

Negative Energie: Sie ärgern sich noch immer über das verlorene Spiel vor drei Wochen. Das morgige Spiel wird in Ihrer Vorstellung zu einer persönlichen Vendetta. Verschiedene Spieler dieses Teams verabscheuen Sie zutiefst, und Sie haben sich darauf festgelegt, mit den anderen abzurechnen. Allein bei dem Gedanken daran verkrampfen Sie sich innerlich völlig. Sie sind überzeugt, daß die anderen das erste Spiel gewonnen haben, weil sie zu unfairen Mitteln gegriffen haben, und daß sie einfach verdammtes Glück gehabt haben. Morgen ist Ihr Tag, um Rache zu üben.

Baseballspieler

Positive Energie: Sie waren ziemlich überzeugt davon, daß der neue Trainer Sie nicht sonderlich mag. Er ließ dies auch deutlich durchblicken, und zwar auf dem Spielfeld wie auch außerhalb. Es gelang Ihnen nicht, wirklich schlau daraus zu werden. War es Ihr Wurfstil, Ihre Person, oder was war es? Ihr Zorn und Ihr Unmut wurden immer größer. Sogar Ihre Teamkameraden waren der Meinung, daß Sie unfair behandelt wurden. Sie hatten gute Gründe dafür, verärgert zu sein. Aber plötzlich schien es, als bekämen Sie Ihre Gefühle in den Griff und würden die Situation völlig umschwenken. Sie waren fest entschlossen, daß es diesem Typen nicht gelingen sollte, Ihre Begeisterung und Ihr Verlangen nach diesem Spiel zu untergraben. Schon vor langer Zeit haben Sie begriffen, wie wichtig eine positive Einstellung ist, daß Sie gut spielen können. Es wuchs die Überzeugung in Ihnen, daß Ihr Enthusiasmus, Ihre Gesinnung und die harte Arbeit letztlich die entscheidenden Faktoren sein würden.

Negative Energie: Drei Monate lang haben Sie nun in einem Leistungstief gesteckt. Ihre Wurf- und Ihre Schlagtechnik war ziemlich mies. Wenn Sie zurückschauen, dann wird es ganz offenkundig, daß Ihre ganze Einstellung eine große Rolle gespielt hat. Sie waren überzeugt davon, daß der neue Trainer Sie nicht mochte, und das hat Sie unverzüglich in die Defensive gedrängt. Lange zuvor schon hatten Sie ein starkes Gefühl des Grolls entwickelt. In dem Maße, wie Sie der Trainer nicht mochte, mochten Sie ihn ebenfalls nicht. Die meisten der anderen Spieler stimmten darin überein, daß er ein echter Trottel war. Oft fanden Sie es schwer, Ihre wirklich beste Leistung zu geben, weil Sie tief in Ihrem Inneren wollten, daß sich dieser Trottel blamiert. Er hat Ihnen den ganzen Spaß am Spiel verdorben.

Basketballspieler

Positive Energie: Den Meisterschaftstitel zu gewinnen – das war ein unvergeßliches Erlebnis für Sie. Niemand hatte geglaubt, daß Sie es bis dahin schaffen würden. Ihr Team hatte nicht die Größe oder auch nicht die Schützen, diesen Sieg zuwege zu bringen. Aber Sie konnten vom allerersten Spiel an fühlen, wie dieser Impuls Sie alle mitriß. Der Trainer meinte, daß Ihre Mannschaft den größten Teamgeist besäße, den er jemals miterlebt habe. Was immer es war, es verlieh Ihnen und Ihren Teamkameraden ein Gefühl der Unbesiegbarkeit – die Mannschaft war hochmotiviert. Negative Eigenschaften existierten einfach nicht. Und es herrschte eine Dichtheit und ein Zusammenhalt, wie es nur schwer zu beschreiben ist. Jeder half jedem, jeder baute den anderen auf und vermittelte ihm ein gutes inneres Gefühl.

Negative Energie: Im vergangenen Jahr hatte fast jeder auf Ihre Mannschaft gesetzt, daß sie den Meisterschaftstitel gewinnen würde. Selbst Sie stimmten damit überein, daß kein anderes Team mehr Talent besäße. Sie hatten die großen Männer, die Werfer, und Sie hatten die Erfahrung. Wieso traf der Sieg dann nicht ein? Sie waren mit dem Trainer ganz einer Meinung: Er kam nicht, weil die Spieler nie ein wirkliches Team waren. Das waren lediglich eine Menge Individualisten, die alle versuchten, die Stars zu sein. Jeder schien auf den anderen eifersüchtig. Niemand gab sich nur die leiseste Mühe, dem anderen zu helfen. Es sah aus, als würde immer irgend jemand etwas kritisieren. Nichts war jemals richtig. Die Reservebank war immer ruhig, sogar dann, wenn aus der Deckung heraus gepunktet wurde.

Der Versuch, etwas »nicht zu tun« oder etwas »nicht zu sein«, gelingt nur selten

Der Versuch, nicht wütend zu werden, nicht nervös zu sein, oder der Versuch, keine Angst zu haben, führt selten zu dem Ergebnis, das Sie sich wünschen. Der bewußte Versuch, nicht zuzulassen, daß negative Energie in Gang kommt, endet oft in geringer Energie. An die Stelle von negativer Energie setzen Sie nämlich ganz einfach geringe Intensität. Vielleicht haben Sie Erfolg, indem Sie nicht wütend werden oder nicht nervös, aber der Preis, den Sie zahlen, ist genauso hoch: Es fehlt an Feuer, an Leben. Wie wir bereits gesehen haben, kann Ihre Leistung in einem Zustand der hohen negativen Energie besser sein als in einem der geringen positiven Energie.

Anstatt Ihr Augenmerk darauf zu richten zu versuchen, nicht wütend, nicht nervös oder nicht frustriert zu werden, konzentrieren Sie sich lieber darauf zu versuchen, Ihren positiven Energiefluß zu steigern. In anderen Worten: Auf ein Tor loszugehen schafft viel bessere Ergebnisse als der Versuch, eines zu vermeiden. Wenn Sie sich einer deprimierenden Lage gegenübergestellt sehen oder einer Situation, die Sie zu erdrücken scheint, dann beginnen Sie unverzüglich damit, Ihre positive Intensität zu steigern, anstatt zu versuchen, nicht zornig oder nervös zu werden.

Zu spielen, um keine Fehler zu machen, ist oft die Ursache für Fehler und ein unentschlossenes Auftreten. Ein Spiel, in dem man nicht schlecht aussehen will oder in dem man seinen Trainer nicht verärgern möchte, verwandelt sich häufig in ein ängstliches Spiel von geringer Intensität. Konzentrieren Sie sich nicht darauf, was Sie *nicht* sein wollen, sondern darauf, *was Sie wollen,* nämlich gewitzt, selbstsicher und angriffslustig in Ihrem Spiel zu sein.

Nicht anders ist es im Gefühlsbereich. Zu spielen und ein bestimmtes Gefühl zu vermeiden, ist tödlich. Entscheiden Sie sich lieber, was Sie fühlen wollen – UND HANDELN SIE ENTSPRECHEND!

Der Kraftimpuls als positiver Energiefluß

Wissenschaftler haben verschiedene Versuche unternommen, um festzustellen, was das entscheidende Moment im Sport ist und wie dieser Impuls erzeugt wird. Nahezu das gesamte Material, das bislang zusammengetragen wurde, läßt den Schluß zu, daß der innere Antrieb direkt zurückgeführt werden kann auf Veränderungen in den Gefühlszuständen, die von dem Athleten während einer Ausführung erfahren werden. Wie Sie bereits wissen, gibt es diese Größe in einer positiven *und* negativen Form. Der positive Impuls im Sinne des AET-Modells stellt einfach die Intensivierung jener positiven Gefühlszustände dar, welche mit dem idealen Leistungszustand assoziiert werden. Verspüren einzelne Mannschaftsmitglieder plötzlich ein gesteigertes Selbstvertrauen, größeren Optimismus, mehr Energie und Lebhaftigkeit, dann erfahren sie einen solchen positiven Impuls. Und dieser Antrieb kann durch eine ganze Reihe äußerer Ereignisse ausgelöst werden – durch einen Patzer des Gegners nahe der Torlinie, eine großartige Parade des Torhüters oder einen Break und nachfolgenden Treffer des Stürmers.

Das negative Moment ist genauso wirklich. Dieser negative Impuls tritt ein, wenn Sportler im Begriff sind, jene wichtigen Gefühle zu verlieren, die mit ihrer persönlichen Bestform zusammenhängen. Plötzlich ertappen sie sich dabei, daß ihr Selbstvertrauen geschwunden ist, daß sie negative Gedanken und Gefühle haben, daß ihr Energiefluß negativ ist und daß sie sich in einem verzweifelten inneren Zustand befinden. Der Wechsel von einem positiven zu einem negativen Impuls kann sehr plötzlich und unerwartet eintreten. Genauso wie ein positiver Impuls ein schlechtes Team großartig erscheinen lassen kann, kann ein negativer Impuls ein großartiges Team in einem recht armseligen Licht erscheinen lassen.

Die Mannschaft oder der Spieler, der oder dem dieser innere Antrieb innewohnt, ist in Bewegung, und derjenige, dem dieser Impuls fehlt, bleibt stecken oder fällt gar zurück.

Mentale Stärke und Kraftimpuls

Sportler oder Mannschaften, die berühmt sind für ihre mentale Stärke und Leistungsbeständigkeit, haben gelernt, wie man den Fluß dieses

Impulses geschickt lenken kann. Beobachtet man zwei Mannschaften der Meisterklasse in der Hitze eines Kampfes, dann ist es wahrscheinlich, daß im Verlauf der Auseinandersetzung wiederholte Veränderungen bezüglich des Impulses zu erkennen sind. Und dieser Impulswechsel wird überwiegend auf der positiven Seite geschehen, nicht auf der negativen. Gute Mannschaften und Einzelsportler erkennen sehr wohl, wenn ihre Gegner plötzlich eine Steigerung in ihrem Selbstvertrauen, ihrer Kraft und ihrer Lebhaftigkeit erfahren. Sie reagieren darauf aber nicht negativ, ängstlich oder verzweifelt und hektisch. Vielmehr erhalten sie weiterhin dieses besondere innere Klima (ILZ) aufrecht, und mit Geduld und innerer Sicherheit bereiten sie sich auf die Gelegenheit vor, ihre Stoßkraft wieder zurückzuerlangen.

Der Schlüssel, um diesen Impuls zu lenken, liegt in Ihrem persönlichen idealen Leistungszustand, und von allergrößter Bedeutung ist es, den Fluß der positiven Energie aufrechtzuerhalten.

Das Konzept der positiven Energie, mit Ki bezeichnet, ist das Wesentliche der höchst modernen Kampfsportart Aikido. Laut Koichi Tohei, Gründer der International Society of Ki, »gehen viele Menschen an etwas mit der Vorstellung einer positiven Betrachtensweise heran, aber ein negativer Impuls steigt in ihnen empor und besiegt sie. Indem wir das Ki trainieren, trainieren wir immer uns selbst, um unser Ki zu vergrößern und es so leichter zu haben, eine positive Einstellung aufrechtzuerhalten. Verfällt jemand in einen negativen Zustand und ein anderer sagt zu uns, ›Los, denk' daran, dein Ki auszudehnen‹, dann begreifen wir sofort und können umschalten auf ein Mehr an Ki.«[1])

Die richtige Einstellung

Die Analyse der Denkgewohnheiten erfolgreicher Athleten – eine Arbeit, die sich über zwei Jahre erstreckte – bestätigte sehr stark die folgenden beiden Thesen: »Einstellungen sind das ›Holz‹, aus dem Spitzensportler geschnitzt sind«; und »Mental starke Wettkämpfer sind disziplinierte Denker.« Die Ergebnisse zeigten, daß es eine bestimmte

---

[1]) Aus KOICHI TOHEI »Ki in Daily Life« (S. 22). Tokio 1980.

Konstellation von Einstellungen gibt, welche die Denkweise eines mental starken Wettkämpfers charakterisiert. Einstellungen sind nichts weiter als Denkgewohnheiten, und, wie Sie schließlich und endlich einsehen werden müssen, sind es diese Denkgewohnheiten, die Sie als Wettkämpfer und Sportler aufbauen oder zerstören.

Als Athlet hören Sie immer wieder von Trainern, Spielern, den Eltern und den Fans über die Bedeutsamkeit der Einstellungen. So langweilig das alles klingen mag, es stimmt. Aber das, was Sie im folgenden lesen werden, wird etwas anderes sein. Sie werden mehr hören als »Körper gerade und richtigen Absprung!«; »Du hast eine miserable Einstellung!«; oder »Die Einstellung macht den Mann, und in dir steckt nicht einmal eine Spur davon!« Zum erstenmal werden Sie erfüllt und begeistert sein von *inneren Einstellungen*. Wieso? Weil Sie *Ergebnisse* sehen können. Die Fortschritte werden Sie beinahe umgehend in Ihrer Leistung erkennen.

Der Verlauf des AET-Trainings gestaltet sich als wesentlich effektiver, wenn Sie gleichzeitig daran arbeiten, die richtigen Denkgewohnheiten zu erlernen. Darum geht es in diesem Abschnitt.

Richtig denken

Bisher haben Sie gelernt, daß, wenn Sie einen besonderen inneren Zustand zu erzeugen und aufrechtzuerhalten in der Lage sind, Sie die einzige wichtige Sache getan haben, um sich Ihres besten Leistungsvermögens zu versichern. Dieses spezielle »Klima« haben wir »Idealer Leistungszustand (ILZ)« genannt. Des weiteren haben Sie gehört, daß Ihre Fähigkeit, diesen speziellen Zustand zu steuern, in direktem Zusammenhang stand mit dem Fluß von positiver Energie. Wir werden jetzt lernen, wie beides, der ideale Leistungszustand und der Fluß der positiven Energie, im wesentlichen an eine besondere Konstellation geistiger Einstellungen geknüpft ist.

Wie wir sehen werden, dienen die fördernden Einstellungen beidem: Sie regen den positiven Energiefluß an (energiespendende Einstellungen), und sie dienen dazu, den Energiefluß in eine positive Richtung zu lenken (steuernde Einstellungen). Die richtigen Denkgewohnheiten sind, wie die Studie zeigt, der Schlüssel für die positive Energie und die Kontrolle des persönlichen Idealzustandes.

Auf der folgenden Seite sind einige Beispiele zu den steuernden und den energiespendenden Einstellungen aufgeführt.

Wenn ich Ihnen als Ihr Trainer sagen würde: »John, was du tun mußt, ist gut spielen. Du mußt hinaus aufs Basketballfeld und zwar mit einer Menge Energie und einem geringen Angstgefühl; sei innerlich ganz

Steuernde Einstellungen	Energiespendende Einstellungen
1. Druck ist etwas, das ich mir selbst auferlegt habe.	1. Ich werde immer meine beste Leistung geben.
2. Das Gewinnen wird sich von selbst regeln; ich werde ganz einfach spielen.	2. Ich bin stolz darauf, was ich verkörpere.
3. Harte Arbeit kann Spaß sein.	3. Es wird mir eine reine Freude sein, meine Leistung unter Beweis zu stellen.
4. Wenn es mir Vergnügen bereitet, dann kann ich spielen.	4. Spaß zu haben ist ein wichtiger Schlüssel, um gut zu spielen.
5. Das Gefühl, als schnüre es einem die Kehle zu, ist kein Zeichen von Charakterschwäche. '	5. Meine Einstellung ist eher offensiv als defensiv.
6. Ich trage die volle Verantwortung für mich.	6. Ich bin bestrebt, positiv und begeistert zu sein, ganz gleich, was geschieht.
7. Ich konzentriere mich ganz einfach darauf, das wirklich Beste zu geben, dessen ich fähig bin, und zwar in jedem Moment.	7. Ich bin bereit, den Preis zu zahlen, was immer geschieht.
8. Fehler verkörpern lediglich ein Feedback und sind ein notwendiger Teil dessen, alles gut zu lernen.	8. Ich werde erfolgreich sein.

ruhig, laß deine Muskeln locker, bleib geistig voll da, sei positiv, erfreu'
dich an dem Spiel, hab' Selbstvertrauen, setz' nicht zuviel Kraft dahinter
und behalte dich in der Hand« – dann würden Sie sich wahrscheinlich
auf direktem Wege zum Umkleideraum begeben und Ihren Sportdress
zurückgeben. Und ich hätte nicht einmal die Chance, um Ihnen zu
sagen, daß dies lediglich zwei Drittel der Anweisung waren.

Wie sähe jedoch Ihre Reaktion aus, wenn ich Ihnen erzählte, daß, wenn
Sie auf eine bestimmte Art und Weise zu denken anfingen, alle diese
Reaktionen während des Spiels automatisch eintreten? Wäre Ihre Reaktion
anders? Ich glaube wohl. Und der erste Schritt, um diese automatischen
Reaktionen zu erfahren, ist, daß Sie Ihre negative Grundhaltung
verringern. Solange Sie die falschen Einstellungen haben, wird Ihnen ein
mentales Training bezüglich Ihrer Leistung nicht helfen – Sie werden
während des Spiels weiterhin zu angespannt, zu ängstlich, zu wütend
etc. sein.

Reduzieren Sie Ihre negative Grundhaltung

Meine Arbeit mit Athleten lehrte mich diese einfache, aber uneingeschränkte Regel:

Um Ihr volles Potential als Wettkämpfer zu erreichen, müssen Sie Ihre negative Einstellung auf ein Minimum reduzieren.

Haben Sie jemals angehalten und hingehört, wie negativ Ihre innere Stimme ist, und wie oft Sie erfüllt sind von negativen Gedanken? Häufig entwickeln sich diese innere Stimme und unsere Angewohnheit des negativen Denkens zu erdrückenden Kräften, indem sie uns in der Verwirklichung unserer Möglichkeiten blockieren. Ungehindert untergraben sie unser Selbstvertrauen, unsere Begeisterung, unsere Bereitwilligkeit, uns einzusetzen und beharrlich zu bleiben, und – was am wichtigsten ist – unseren Glauben an uns selbst. Kurz: Unsere negative Grundhaltung höhlt die Grundlage unserer INNEREN STÄRKE aus.

Wie bei einem Computer erhalten wir immer das zurück, was wir einprogrammieren. Unsere Denkmuster und Selbstgespräche stellen wichtige Input-Quellen dar. Entweder programmieren Sie sich für den Erfolg oder Sie programmieren sich für den Mißerfolg. Machen Sie sich nichts vor, indem Sie glauben, daß Ihre negative Haltung harmlos ist. Was in Ihrem Kopf vorgeht, das spiegelt Ihr Körper wider.

Eine erfolgreiche Steuerung Ihrer idealen Leistungsverfassung und die Fähigkeit, ein guter Wettkämpfer zu werden, machen es erforderlich, daß Sie Ihre negative Grundeinstellung unter Kontrolle bekommen. Die folgenden drei Schritte sollten Ihnen ganz erheblich dabei helfen:

Schritt 1   *Horchen Sie auf das, was Sie sagen und denken. Werden Sie sich Ihrer Denkweise und Ihrer inneren Stimme bewußt. Seien Sie besonders sensibel gegenüber jeglicher negativen Einstellung. Geben Sie sich selbst den Befehl, jeden negativen Input sofort zu stoppen.*

Schritt 2   *Sobald Sie sich irgendeiner negativen Einstellung bewußt werden, rufen Sie mit Ihrer inneren Stimme laut HALT. Sie werden überrascht sein festzustellen, daß dieser unerwünschte Gedanke wirklich stoppt.*

Schritt 3   *Ersetzen Sie das negative Gerede oder den negativen Gedanken durch etwas Positives und Konstruktives.*

Ihre negative Einstellung ist kontrollierbar! Fangen Sie an, die Sache in Ihre Hand zu nehmen!

Erfolgseinstellung

Innere Einstellung bezüglich Spaß und Vergnügen

Richtige Einstellungen
Wenn ich an etwas Freude habe, dann kann ich meine Arbeit ausführen, spielen, wettkämpfen – mit anderen Worten: Meine Leistung ist gut. Zu sagen, ich hatte Spaß, weil ich gut gespielt habe, hieße den Vorgang auf den Kopf stellen. Indem ich Spaß habe und Freude empfinde, wird ein gutes Spiel möglich. Die Gabe, Spaß am Wettkampf zu haben, beginnt mit der simplen Erkenntnis, daß dies wirklich wichtig ist. Wenn ich daran arbeite und dieser Einstellung während der sportlichen Auseinandersetzung Priorität einräume, dann kann ich sie genießen und Spaß dabei haben, ganz gleich, wie schwierig die Situation auch sein mag.

Auswirkung auf den idealen Leistungszustand
Athleten berichten übereinstimmend, daß, wenn sie imstande sind, während der Ausführung bezüglich Spaß die richtige Einstellung beizubehalten, sie sich entspannt fühlen, nicht ängstlich werden und gelassen, wach und von Tatkraft erfüllt bleiben. Spaß zu haben ist eine starke positive Energiequelle. Wenn die Sportler sich gut unterhalten, dann erleben sie dieses typische Gefühl, mit extra Energie »vollgepumpt« zu sein. Und je mehr Vergnügen sie haben, um so mehr Energie steht ihnen zur Verfügung. Es versteht sich von selbst, daß der Spaß, von dem hier die Rede ist, nichts zu tun hat mit einem Herumgealbere und Rummelplatz-Gekicher. Vielmehr zeigt er sich während des sportlichen Auftritts in der Weise, daß ein Athlet für einen Augenblick einen Schritt zurücktreten und zu sich selbst sagen kann: »Ich liebe das, was ich tue – es ist wirklich großartig!«

Innere Einstellung bezüglich Gewinnen und Verlieren

Richtige Einstellungen
Zu gewinnen ist ein wichtiges Ziel für mich, aber ich bin mir darüber im klaren, daß die Zwangsvorstellung, siegen zu müssen, selbstzerstörerisch ist. Meine Anstrengungen sollten zuerst und vor allem nicht auf das Gewinnen gerichtet sein, sondern darauf, das Beste zu geben, wozu ich im Rahmen meiner Fähigkeit zu diesem Zeitpunkt imstande bin. In jedem Moment das Beste zu geben, ist mein Ziel und das, worauf ich meine ganze Aufmerksamkeit richte. Das Gewinnen wird sich dann von alleine einstellen. Tatsächlich »spiele« ich gegen mich selbst, nicht gegen jemand anderen. Ich werde immer mein eigener härtester Geg-

ner sein, und indem ich den Kampf gegen mich selbst gewinne, wird auch der Weg geebnet für den Sieg über meinen Gegner. Die Auseinandersetzung mit mir selbst und der Außenwelt zu gewinnen wird erst möglich, wenn ich lerne, die *richtigen inneren Voraussetzungen* zu schaffen.

Auswirkung auf den idealen Leistungszustand
Diese Konstellation der genannten Einstellungen verringert die innere Anspannung und Unruhe und hilft, jene geistige Gelassenheit zu erzeugen, die so wichtig ist für die Leistung. Die Einstellungen tragen auch dazu bei, die Konzentrationsfähigkeit des Athleten zu verbessern. Hauptsächlich wird das durch eine Reduzierung der Anspannung und der Angst während des Wettkampfs erreicht. Weiter empfiehlt es sich, daß der Betreffende ein Ziel vor Augen hat, welches ihn in keiner Weise ablenkt – ein Ziel, das er während seiner Ausführung fokussiert, wie »das Beste zu tun, dessen ich fähig bin«.

Anmerkung
Diese Einstellungen hinsichtlich des Gewinnens und Verlierens eliminieren gewöhnlich den größten Teil jener Energie, welche von solch negativen Auslösern herrührt wie innere Angst, Anspannung, Furcht etc. Die meiste mit sportlicher Leistung verbundene Angst, Anspannung oder Furcht kommt von der Sorge, zu verlieren, zu gewinnen, eine schlechte Figur abzugeben oder schwach zu spielen. Deshalb muß der Athlet nach anderen Energiequellen trachten, oder er muß damit rechnen, daß seine Leistung sehr schlecht ist. Wenn keine anderen energieerzeugenden Elemente vorhanden sind, endet eine solche Konstellation von Einstellungen in einer schlechten Leistung. In Verbindung mit der Einstellung jedoch, Spaß zu haben und das Ganze als Herausforderung an die eigene Person zu betrachten, stößt man rasch auf die nötigen Voraussetzungen für eine Topleistung.

Falsche Einstellungen
Gewinnen ist alles. Was allein zählt, ist, wenn ich gewinne. Ich bin stark, wenn ich gewinne, und schwach, wenn ich verliere. Gewinnen ist gut und verlieren ist schlecht. Ich muß um jeden Preis gewinnen. Ich kann den Gedanken, zu verlieren, nicht ertragen. Ich bin ein Erfolg, wenn ich gewinne, und ein Mißerfolg, wenn ich verliere.

Auswirkung auf den idealen Leistungszustand
Diese Einstellungen wirken als starke Auslöser negativer Energie. Wie wir bereits gehört haben, ist diese Energie extrem schwer zu kontrollieren. Eine Übererregtheit, zusammen mit allen negativen Konsequenzen

auf die Leistung, ist oft das Ergebnis dieser Haltung gegenüber dem Gewinnen. Mit derartigen Einstellungen einen geringen Angst- oder Furchtpegel beizubehalten sowie eine angemessene Entspanntheit und innere Gelassenheit an den Tag zu legen, stellt für die meisten Athleten eine nahezu unmögliche Aufgabe dar.

Anmerkung
Das Wichtigste im professionellen Sport ist das Siegen. Gewinnen ist in der Tat alles! Diese Erkenntnis ändert jedoch nichts an der Tatsache, daß, sobald Athleten sich nur noch mit dem Gewinnen beschäftigen und von diesem Gedanken besessen sind, ihre Leistung in der Mehrzahl der Fälle eine ständige Verschlechterung aufweist. Die Leistungsergebnisse sind erheblich besser, wenn Sie Ihr Augenmerk darauf lenken, Ihr Bestes zu geben, und dann fortfahren, die richtigen inneren Bedingungen zu schaffen und darauf achten, diese zu erhalten, anstelle allein das Gewinnen im Auge zu haben.

Innere Einstellung bezüglich Fehler

Richtige Einstellungen
Fehler sind notwendig, um etwas gut zu erlernen; sie sind Teil des Lernprozesses. Mache ich keine Fehler, dann werde ich auch nichts lernen. Fehler stellen lediglich ein Feedback dar. Wenn ich mich aufrege, kann ich nicht auf sie hören oder mich anpassen, und deshalb muß ich sie zwangsläufig wiederholen. Wenn es mir gelingt, das richtige innere Klima zu erzeugen, dann werde ich während des Wettkampfs Fehler und Irrtümer auf einem Minimum halten. Es gibt kein besseres Mittel gegen Fehler während einer sportlichen Ausführung als den idealen Leistungszustand.

Auswirkung auf den idealen Leistungszustand
Diese Einstellungen sind außerordentlich hilfreich für den Athleten in seinem Bemühen, entspannt und gelassen zu bleiben, weiterhin positiv und optimistisch zu sein, und auch im weiteren Verlauf des Wettkampfs seinen Spaß zu haben.

Falsche Einstellungen
Fehler sind nicht tolerierbar; wenn ich hart bin, werde ich niemals Fehler machen. Bestrafe ich mich selbst für meine Fehler, dann bewahrt mich das davor, künftig die gleichen Fehler zu wiederholen. Wenn ich nicht wütend mit mir selbst bin, werde ich auch weiterhin unentschuldbare Fehler machen. Blöde Fehler machen mich wirklich rasend. Sieger

machen solche Fehler einfach nicht. Um ein Gewinner zu sein, muß ich aufhören, Fehler zu machen. Ich muß absolut sachkundig und wirklich gut sein.

Auswirkung auf den idealen Leistungszustand
Nachdem Fehler ein unvermeidbarer Teil sportlicher Betätigung sind, führen Einstellungen wie diese rasch zu Zorn oder Unwillen, Selbstzweifel und einer negativen Haltung. Häufig kommt es vor, daß sich eine Übererregtheit einstellt. Das Umgehen mit Fehlern stellt für eine beachtliche Anzahl von Athleten ein Haupthindernis dar, und es sind genau diese Einstellungen, welche dieses Hindernis erzeugen.

Innere Einstellung bezüglich Druck

Richtige Einstellungen
Ich glaube, daß Druck etwas ist, was ich mir selbst auferlege. Es ist nicht etwas, was einfach über mich hereinbricht. Druck und jegliche daraus resultierende Beklemmung rührt von der Art und Weise her, wie ich eine Situation betrachte. Ob eine Situation als eine Bedrohung oder als eine aufregende Selbstherausforderung einzuschätzen ist, liegt in meiner Hand. Sehe ich sie als Bedrohung, so treten negative Faktoren an die Oberfläche: Anspannung, Angst, Furcht. Betrachte ich die gleiche Situation als eine aufregende Herausforderung an mich, so wird positiver Energiestrom freigesetzt, der die entgegengesetzten Reaktionen hervorruft. Die höchste Herausforderung im Umgang mit Druck ist die Aufgabe, das Ereignis oder die Situation geistig in einer Weise umzuformen, daß es als eine positive Selbstherausforderung gewertet werden kann und nicht als eine Bedrohung. Die Transformation einer Krise in eine günstige Gelegenheit beginnt und endet in meinem Kopf.

Auswirkung auf den idealen Leistungszustand
Die Fähigkeit, eine Situation als eine aufregende Selbstherausforderung zu betrachten, anstatt sie als Bedrohung zu empfinden, hat ein hohes Maß an positiver Energie zur Folge; gleichzeitig setzt es den Sportler in den Stand, mühelos ein geringes Maß an Angst und Furcht beizubehalten sowie innerlich gelassen und entsprechend entspannt zu bleiben. Des weiteren vergrößern sich der Spaß am Spiel und der Optimismus.

Falsche Einstellungen
Ich habe wenig oder keine Kontrolle darüber, wieviel Druck ich empfinde. Unter Druck habe ich mich nie sehr gut behaupten können. Bestimmte Leute, Plätze und Ereignisse stellen eine Bedrohung für mich

dar. So bin ich eben. Ich kann wirklich nichts dagegen tun. Ich weiß, daß ich in solchen Situationen nicht gut bin, aber es ist nicht so, als würde ich mir meine Reaktionen aussuchen; es geschieht ganz einfach.

Auswirkung auf den idealen Leistungszustand
Mit Einstellungen wie diesen kann ein Athlet rasch zum Opfer solcher Zwangssituationen werden. Auch hier ist es bezeichnend, daß eine übersteigerte Aktiviertheit das Leistungsbestreben eines Athleten unterminieren wird. Bedrohung und Spaß vertragen sich einfach nicht, dagegen passen Herausforderung und Spaß sehr gut zueinander.

Innere Einstellung bezüglich Kontrolle und Körperbeherrschung

Richtige Einstellungen
Ich nehme an, daß auch der großartigste Athlet der Welt in jeglicher Sportart gelegentlich innerlich »erstarrt«. Ich kann und will eine maßgebliche Kontrolle darüber entwickeln, aber ich werde nie immun sein. Dieses »Erstarren« – das Gefühl, als schnüre es einem die Kehle zu – ist ein Zeichen dafür, daß ich dabei bin, etwas zu versuchen, ein Risiko einzugehen. Das ist der einzige Weg, um jemals zu lernen, dieses Vorkommnis in der Gewalt zu haben. Je mehr ich mich vor diesem Gefühl des plötzlichen Unvermögens fürchte, desto größer ist die Chance, daß ich es durchleben werde. Dieses »Erstarren« tritt ein, wenn ich es zulasse, eine Situation als Bedrohung wahrzunehmen – ein Umstand, der mein biologisches »Kampf- oder Flucht«-Alarmsystem auslöst. In der Tat ist es nichts anderes, als daß ich versäume, die richtigen inneren Voraussetzungen aufrechtzuerhalten. Es ist keine Charakterschwäche oder ein Fehler in meiner Persönlichkeit.

Auswirkung auf den idealen Leistungszustand
Einstellungen wie diese erzeugen ein inneres Gleichgewicht und die Fähigkeit zur Kontrolle. Erkennt ein Athlet schließlich, daß dieses Gefühl des inneren »Erstarrens«, des plötzlichen Unvermögens, nichts anderes ist als sein eigenes Versäumnis, ein oder mehrere der wesentlichen Elemente der idealen Leistungsverfassung aufrechtzuerhalten, dann hat er einen Riesenschritt unternommen zu lernen, dieses Gefühl unter Kontrolle zu bekommen.

Falsche Einstellungen
Sieger »erstarren« nie, wenn es darauf ankommt. Sie brechen nicht zusammen unter Druck. Eine solche Reaktion ist ein Zeichen von

Schwäche. Sie ist das wahre Spiegelbild des Charakters. Schnürt es einem die Kehle zu und kann man sich nicht mehr rühren, dann ist das das Schlimmste, was einem passieren kann. Wenn ich dieses Gefühl des plötzlichen Unvermögens verspüre, dann gebe ich mir nicht ausreichend Mühe.

Eine weitere Variante
Die meisten Dinge werden durch Ereignisse und Vorkommnisse verursacht, die außerhalb meiner Person liegen. Glück oder Schicksal bestimmen meine Zukunft im Sport mehr als alles andere. Meine Gegner scheinen alle Punkte zu machen, alles Glück scheint auf ihrer Seite. Wenn die Dinge schlecht laufen, dann habe ich nur wenig Kontrolle darüber.

Auswirkung auf den idealen Leistungszustand
Mit Einstellungen wie diesen fühlt sich der Athlet häufig hilflos in seinem Ringen, während eines Wettkampfes »nicht zu erstarren«. Jedesmal, wenn solche Situationen des äußeren Drucks aufkommen, werden Reaktionen der Furcht und der Angst ausgelöst. Der Betreffende fängt nun an, sportliche Auseinandersetzungen abzulehnen, und wenn er schließlich in einem Wettkampf antritt, fühlt er sich rasch bedroht, verliert sein Selbstvertrauen und ist im allgemeinen schlecht.

Positive Einstellungen

Richtige Einstellungen (positiv und optimistisch)
Ich bin zu der Überzeugung gelangt, wie wichtig es für eine gute Leistung ist, positiv und optimistisch zu sein. Positiv und begeistert zu bleiben ist eine Fähigkeit und nicht etwas, was einfach von allein eintritt. Ich begreife, daß ich mit harter Arbeit, Übung und Hingabe meine negative Grundhaltung allmählich eliminieren kann. Wie so viele wichtige Einstellungen ist es eine Frage der Entscheidung, und ich habe mich entschieden, positiv zu sein. Auch erkenne ich, daß es Zeit braucht, um negative geistige Gewohnheiten auszumerzen, aber ich will mir *die Zeit schaffen,* um dies zu lernen, und ich werde Erfolg dabei haben.

Auswirkung auf den idealen Leistungszustand
Diese Konstellation der Einstellungen, zusammen mit der Einstellung, daß es auch Spaß macht, verbinden sich miteinander, um *für sich als Kraft* nahezu alle nötigen inneren Voraussetzungen für eine Spitzenleistung zu erzeugen. So wie das Faktum Spaß als psychologisches Trai-

ningsziel von großem Wert ist, so ist es von ebenso großem Wert, eine positive und optimistische Einstellung beizubehalten. Nur nachdem ein Athlet die Bedeutung einer positiven Haltung und deren Auswirkung auf seine Leistung – im Wettkampf wie im Training – wirklich begriffen hat, wird er alle Energie und Anstrengung darauf verwenden, um dies zu erlernen.

Falsche Einstellungen (negativ und pessimistisch)
Ich kann positiv sein, wenn ich einigermaßen gut spiele, aber sobald ich unsinnige Fehler mache, dann ist es mir unmöglich. Ich bin ein sehr temperamentvoller Mensch. Manche Athleten sind von Natur aus einfach ausgeglichen und positiv. Ich bin schon immer ein wenig negativ gewesen, aber das ist ganz einfach mein Naturell. Ich hab's versucht, positiv zu sein, aber es funktioniert nicht. Ich habe wirklich lausig gespielt, obwohl ich eine positive Einstellung hatte. Es wird einige Zeit brauchen und es bedarf einiger Überzeugung, mich dahin zu bringen zu glauben, daß eine positive Haltung für mein Wettkampf- oder Trainingsergebnis wirklich so notwendig ist.

Auswirkung auf den idealen Leistungszustand
Vielleicht überrascht es, jedoch ist diese Konstellation der Einstellungen ziemlich verbreitet. Der Zusammenhang zwischen negativen Einstellungen und schlechter Leistung ist klar. Es ist unmöglich, mit einer negativen oder pessimistischen Haltung entspannt und innerlich gelassen zu sein, auch nicht mit einem geringen Grad der Angst und hoher Energie etc.

Innere Einstellung bezüglich der eigenen Güte

Richtige Einstellungen
Ich werde stets danach streben, meine beste Leistung zu geben, ungeachtet der Umstände. Mit weniger als 100 Prozent Leistung gebe ich mich nie zufrieden. Ich werde immer daran arbeiten, die höchste Stufe meines Leistungsvermögens zu erreichen, zu welchem ich zu dem jeweiligen Zeitpunkt in der Lage bin. Ich bin stolz darauf, was ich darstelle und was ich als Athlet erreicht habe. Mir gegenüber ehrlich zu sein und stolz darauf zu sein, was ich tue, erfordert, daß ich stets mein Bestes gebe, ganz gleich, wie schlimm sich die Situation entwickelt haben mag. Ich bin kein Feigling, und ich bin willens, den Preis zu zahlen.
Ich habe mir Ziele gesetzt, und ich bin bereit, alle meine Kraft aufzubieten, die nötig ist, um sie zu erreichen. Sollte es mir aus irgendwelchen

Gründen mißlingen, meine Ziele zu erreichen, vielleicht weil ich verletzt bin oder aus anderen Gründen, dann werde ich immer wissen und stolz auf die Tatsache sein, daß ich nicht weniger als mein Bestes gegeben habe.

Mir ist völlig klar, daß Erfolg nicht darauf wartet, daß etwas geschieht – vielmehr ist es der Erfolg, der etwas geschehen läßt. Es befriedigt mich nicht, an meinem Erfolg einfach festzuhalten. Meine Grundhaltung ist eher offensiv als defensiv. Ich bin eher aktiv als reaktiv. Ich bemühe mich um den Erfolg, ja, ich »jage« ihm nach!

Nicht zuletzt bin ich mir darüber im klaren, daß meine Zukunft als Athlet in meinen eigenen Händen liegt. Was ich erreiche und wo ich fehlgehe, etwas zu erreichen, das ist das Ergebnis von mir. Ich übernehme die volle Verantwortung für mich. Mein Schicksal wird täglich geformt und gestaltet in Übereinstimmung mit dem, was ich träume, was ich denke und was ich tue. Ich werde Erfolg haben.

Auswirkung auf den idealen Leistungszustand
Diese Konstellation der Einstellungen hat zwei grundlegende Konsequenzen: Erstens stellt sie eine sehr starke Quelle positiver Energie bereit, und zweitens bringt sie einen höchst stabilisierenden Kontrollfaktor über die Leistung mit ein. Dies sind Einstellungen, welche der Leistung kontinuierlich Energie verleihen, wenn die Dinge nicht so gut laufen.

Die Kraft, die von diesen Einstellungen entwickelt wird, ist der einzige befriedigende Ersatz für die verlorengegangene Energie, nämlich wenn ein Athlet aufhört, Spaß zu empfinden. Es sind die Einstellungen eines erfahrenen Profis; sie erzeugen das Element der Steuerung und Beständigkeit in seiner Leistung, was auf keine andere Art und Weise erreicht werden kann.

Falsche Einstellungen
- Ich werde die Punkte nie bekommen.
- Niemand kann so hart arbeiten.
- Eigentlich ist es die Sache nicht wert.
- Was macht es schon, wenn ich aufgebe, wir hätten ohnehin nicht gewonnen.

Auswirkung auf den idealen Leistungszustand
Ohne solche Faktoren wie Stolz, Zielstrebigkeit und dem Willen zu hervorragender Leistung wird es für eine ganze Weile an der erforderlichen hohen Energie und der Steuerfähigkeit merklich mangeln. Die Auswirkungen auf die persönliche Idealverfassung, d. h. auf den idealen Leistungszustand, sollten jetzt klar sein.

Wie erlangt man die richtigen Einstellungen?

Einstellungen sind nichts anderes als Denkgewohnheiten. Wir bilden unsere innere Haltung oder Einstellung hauptsächlich als Antwort auf die Art und Weise, in welcher wir die Welt, in der wir leben, auffassen und ständig deuten. Unsere Eltern ebenso wie andere Personen, die für unser Leben von Bedeutung waren, insbesondere in den Jahren unserer Entwicklung, haben einen starken Einfluß auf die Interpretation, welche wir unserer Erfahrungswelt geben. Wenn Sie dazu neigen, ein negativer und pessimistischer Denker zu sein, so haben Sie dies gelernt. Die gewohnheitsmäßige negative Denkweise über unsere Welt führt zu der Heranbildung einer sehr starken und widerstandsfähigen negativen Grundhaltung. Diese negativen Einstellungen können das innere Klima, das wir als Wettkämpfer fähig sind zu erzeugen, maßgebend verändern. Hierzu einige Beispiele:

○ Wenn Sie sich in einer sportlichen Begegnung häufig bedroht *fühlen,* dann ist es mehr als wahrscheinlich, daß Sie über den Wettkampf in einer bedrohlichen Art und Weise *denken.*

○ Wenn Sie an einer sportlichen Auseinandersetzung selten Spaß oder Vergnügen *empfinden,* dann *denken* Sie wahrscheinlich äußerst selten, daß ein Wettkampf auch Spaß und Vergnügen bereitet. Ihre Denkgewohnheiten blockieren eine bestimmte Art von Gefühl.

○ Wenn Sie sich als Athlet durchweg sehr undiszipliniert und faul *fühlen,* dann *denken* Sie wahrscheinlich kaum daran, wie diszipliniert und hart Sie arbeiten und es schließlich auch tun könnten.

○ Wenn Sie als Antwort auf Fehler immer wieder negativ, frustriert und wütend werden, dann *denken* Sie wahrscheinlich selten darüber nach, wie gelassen und beherrscht Sie auf Fehler reagieren könnten.

○ Wenn Sie über sich und Ihre Zukunft regelmäßig ein negatives und pessimistisches *Gefühl* verspüren, dann sind Ihre *Gedanken* wohl kaum von herausfordernder, inspirierender oder positiver Natur.

So vereinfacht das klingen mag, der Schlüssel dazu, seine innere Haltung zu ändern, liegt ganz einfach darin, daß man immer wieder an die Einstellungen denkt, die man zu erlangen wünscht. Täglich ergeben sich Hunderte von Gelegenheiten, neue Einstellungen zu trainieren. Vielleicht halten Sie anfangs nicht viel von ihnen. Das tägliche »Programmieren« wird jedoch sehr bald einen ziemlich starken Einfluß auf Ihr Glaubenssystem ausüben, und schließlich werden Sie bei sich selbst eine sehr reale und offenkundige Wandlung miterleben können, die sich in der Art Ihrer Empfindung und Ihres Gefühls vollzieht. Ein wahrhafter Nachweis, um den Wandel der inneren Einstellung zu

Sich ständig wiederholende Behauptung	Gefühlswandel
▷ »Ich kann das!« statt immer zu sagen: »Ich kann nicht.«	▷ Fühlen Sie, wie Sie es wirklich können.
▷ »Ich werde disziplinierter.«	▷ Fühlen Sie, wie Sie immer disziplinierter werden.
▷ Angesichts eines Mißgeschicks sagen Sie: »Ich liebe es!«	▷ Spüren Sie es, wie Sie sich in schwierigen Situationen herausgefordert, inspiriert und stark fühlen anstelle von wütend oder bedroht.
▷ »Ich liebe den Wettkampf!«	▷ Fühlen Sie sich entspannter und gelassener in Wettkämpfen.

ermitteln, ist der übereinstimmende Gefühlswandel. Aus der obigen Gegenüberstellung der sich ständig wiederholenden »Behauptungen« und des entsprechenden Gefühlswandels wird klar, worauf es ankommt.

Hier einige Vorschläge, um die richtigen und fördernden Einstellungen zu gewinnen:

1. Wiederholen Sie unerschütterlich die Einstellungen, die Sie zu erlangen wünschen.
2. Lesen Sie alles nur mögliche, das in positiver Weise jenen Bereich betrifft, den Sie ändern wollen.
3. Nehmen Sie die Einstellungen, die Sie ändern wollen, auf Band auf und spielen Sie es täglich. Sehr wirkungsvoll ist es auch, Ihre Äußerungen zu den Positionen mit Ihrer Lieblingsmusik zu untermalen.
4. Fertigen Sie sich Zeichen oder Zettel mit Schlüsselwörtern, die sich auf Ihre neuen Einstellungen beziehen, wie »Ich liebe es!« Placieren Sie sie an auffallenden Plätzen in Ihrer Wohnung oder Ihrem Schrank, z. B. auf dem Badezimmerspiegel, Kühlschrank usw.
5. Sobald Sie sich dabei ertappen, daß die falsche Einstellung in Ihren Gedanken wieder die Oberhand gewinnt, sagen Sie »stop« und setzen an die gleiche Stelle die richtige.

Wie man über Probleme und Mißgeschicke denkt

Ein Wettstreit ist nichts anderes als eine ununterbrochene Zurschaustellung von Problemen. Ihre emotionale Erwiderung auf Probleme wird Ihnen als Wettkämpfer entweder den Erfolg bescheren oder den Mißerfolg. Wenn Sie davon ausgehen, daß alles reibungslos verläuft, sobald Sie den Schauplatz der sportlichen Auseinandersetzung betreten, dann haben Sie die Schwierigkeiten schon vorprogrammiert. »Wettkampf« und »Problem« sind eng miteinander verbunden, und um erfolgreich zu sein, müssen Sie ein guter Problemlöser sein. Sie müssen lernen, Ihre emotionale Reaktion auf Probleme unter Kontrolle zu halten. Im folgenden finden Sie Mittel und Wege aufgezeigt, in einer Weise über Probleme zu denken, daß Sie die richtige Energieresonanz auslösen und somit Ihren idealen Leistungszustand stärken:

○ Probleme bringen meine Größe zutage – keine Probleme, keine Größe.
○ Ich bin es, der bestimmt, in welcher Weise mich ein Problem während eines Wettkampfs beeinflußt.
○ Um ein guter Wettkämpfer zu werden, muß ich ein guter Problemlöser werden.
○ Ich verliere nie; mir wird lediglich die Zeit zu kurz, als daß ich das Problem lösen könnte.
○ Die richtige gefühlsmäßige Reaktion auf ein Problem bedeutet 75 Prozent der Lösung.
○ Jeder ist innerlich stark, wenn es keine Probleme gibt; Probleme sind der wahre Test meines gefühlsmäßigen Könnens.
○ Wenn ich glaube, daß ich alle gebotenen Möglichkeiten ausgeschöpft habe, um ein Problem zu meistern, dann weiß ich, daß dem nicht so ist.
○ Um den Wettstreit zu mögen, muß ich es mögen, schwierige Aufgaben zu lösen.
○ Gefühlsmäßig bin ich am besten, wenn die Probleme die denkbar schlimmsten sind.
○ Langsam gelingt es mir, während eines Wettkampfs »Probleme« in »Möglichkeiten« und in »Chancen« umzuwandeln.
○ Stellt mir schwierige Aufgaben – ich brauche die Praxis!

Geben Sie sich noch nicht geschlagen

Nachdem Sie alle in diesem Kapitel enthaltenen Informationen über die richtige Einstellung verarbeitet haben, kann es sein, daß Sie das Gefühl beschleicht, das Ganze sei zuviel für Sie. Bevor Sie sich jedoch entscheiden, das Handtuch zu werfen, erlauben Sie mir, Sie zu bitten, noch einen Schritt weiterzugeben. Diese Information wird sehr bald einen praktischen Sinn ergeben. Die AET-Methode ist, wenn Sie dabeibleiben, nützlich, verständlich, und sie *funktioniert*. Das Material, das bislang vorgestellt wurde, dient als Hintergrundinformation, welches die Voraussetzung schafft für die nun folgenden Trainingsstrategien.

»Viel besser ist es, Großes zu wagen, ruhmvolle Triumphe zu feiern, wenn auch hier und da durch ein Versagen wechselvoll gestaltet, als sich mit jenen armseligen Geistern gleichzusetzen, die weder viel Freude noch viel Leid erfahren, weil sie in dem grauen Halbdunkel leben, das keinen Sieg kennt und auch keine Niederlage.«

Teddy Roosevelt

Der richtige Fokus

Wir haben eine Menge Übung darin, eine Trennung zu machen zwischen dem, was wir tun, und dem, was wir denken. Die meisten von uns sind Experten darin geworden, körperlich eine Sache zu tun, während sie sich gleichzeitig geistig etwas anderem zuwenden. Können Sie sich erinnern, als Sie das letzte Mal gedanklich auf das Lenken Ihres Wagens eingestellt waren oder vielmehr sich im Einklang damit befanden, während Sie das Auto fuhren? Wenn es Ihnen wie den meisten von uns geht, so wandern Ihre Gedanken tausend Kilometer weit und kehren lediglich dann im Eiltempo in die Gegenwart zurück, sobald Gefahr droht. In einer Krise eilen Ihre Gedanken zurück zum Hier und Jetzt, denn instinktiv wissen Sie, daß Sie darauf achten müssen, was Sie tun, um Ihr Bestes geben zu können; Ihr Denken und Ihr Tun muß identisch sein. Die beste Chance, in solch einem Krisenmoment einen verhängnisvollen Unfall abzuwenden, haben Sie, wenn Sie völlig aufmerksam und sich bewußt darüber sind, was Sie in diesem Augenblick tun. Konzentrieren Sie sich aber darauf, was *geschehen wird,* falls Sie einen Unfall haben, oder ärgern Sie sich darüber, weil Sie sich für diesen Weg entschieden haben, dann führt dies nur dazu, daß Sie damit Ihre bestmögliche Reaktion selbst untergraben.

Wenn Sie nur ein bißchen über das Gesagte nachdenken, werden Sie erkennen, daß wir Meister darin geworden sind, in unseren eigenen Gedanken irgendwo zu leben, nur nicht in der Gegenwart. Wenn wir essen, dann konzentrieren wir uns normalerweise nicht auf das Essen; wenn wir gehen, dann haben wir nicht unsere Gangart im Auge; und so geht es durch den ganzen Tag. Was auch immer die Gründe sein mögen – vielleicht weil es zu langweilig ist oder weil wir zu beschäftigt sind –, wir sind es einfach nicht gewöhnt, unsere Gedanken und unser Handeln miteinander in Einklang zu bringen. Aber ist es nicht wahr, daß wir unverzüglich zu jenem spezifischen Fokus zurückkehren, wenn die Situation plötzlich unsere beste Reaktion erfordert?

Betrachten Sie beispielsweise doch einmal einen Bergsteiger, der Zentimeter für Zentimeter eine 600 Meter hohe Steilwand hochklettert, einen Autorennfahrer, der wie auf einer Zickzackbahn sich durch den Verkehr schlängelt, während er auf über 300 km/h beschleunigt, oder einen Meister der Karatekunst, der gerade dabei ist, zwölf kompakte Bauhölzer von jeweils 25 mm Stärke mit seiner bloßen Hand zu durchschlagen – ohne Frage, ihr Fokus, d. h. ihr ganzes Augenmerk ist auf den Moment gerichtet und auf nichts anderes. Jeder von ihnen ist auf seine Weise äußerst sorgfältig darum bemüht, sich während seines Tuns in der Gegenwart zu halten und seine volle Konzentration zu bewahren. Häufig ist sein nacktes Überleben eng mit dieser Konzentration verknüpft.

Oft versäumen wir es, die Bedeutung dieses Gedankens für unsere eigene Leistung als Athlet zu erkennen. Wir bringen es nicht fertig, AUFMERKSAM zu sein während unserer Ausführung – sei es in sportlicher Hinsicht oder sei es ein Augenblick aus unserem Alltag, wo wir etwas leisten wollen. Unsere Gedanken driften zeitlich gesehen ständig nach vorn oder zurück zu (solch ablenkenden) Dingen wie vergangene Fehler, zu Siegen oder Niederlagen, was Leute denken könnten, wie wir den nächsten Punkt machen und was geschehen würde, »wenn«.

Als Fänger im American Football beispielsweise bleiben wir *bei dem Augenblick,* bis der Ball fast unsere Hand erreicht, und plötzlich richten sich unsere Gedanken darauf, einen Touchdown zu erspurten. Die Folge ist, daß wir den Ball fallen lassen. Als Golfer – wir sind gerade dabei, einen heiklen Putt zu versuchen – bleiben wir für einen Moment konzentriert, und dann, ganz plötzlich, wendet sich unsere Aufmerksamkeit darauf, ob er gut sein wird oder nicht. Der Wechsel der Aufmerksamkeit geschah, ehe der Putt ausgeführt war, und der Ball passiert ein beträchtliches Stück an seinem Loch vorbei. Der Bogenschütze denkt LOSLASSEN, anstatt einfach seine Aufmerksamkeit zu erhöhen, daß er seinen Pfeil losläßt. Die Folge ist, daß der Pfeil einige Zentimeter vom vorgesehenen Ziel entfernt auftrifft.

Um eine gute Leistung zu zeigen, ist es erforderlich, daß wir den Augenblick fokussieren, mit anderen Worten, daß wir uns von Augenblick zu Augenblick konzentrieren. Die Präsenz des JETZT darf auf keinen Fall gestört werden durch einen Gedanken daran, was sein könnte oder was gewesen ist. Anders ausgedrückt: Der erfolgreiche Wettkämpfer muß lernen, jeden Augenblick eines Spiels als ein Ende in sich selbst auszukosten. Bestleistung erfordert Aufmerksamkeit von Anfang bis Ende. Dies erreichen Sie, indem Sie Ihr Bewußtsein mit dem verschmelzen, was Sie gerade tun. Jedes Glied in dieser Leistungskette ist in sich abgeschlossen, wobei wir der Tätigkeit unsere volle Aufmerksamkeit zuteil werden lassen, bis sie beendet ist.

Es ist ganz einfach: Unvollkommene Bewegungen folgen unvollkommener Aufmerksamkeit. Überstürzte Handlungen passieren, wenn wir »den Augenblick« verlieren und versuchen wollen, die Zukunft zu erzwingen. Bleiben Sie hingegen erfolgreich im Augenblick, dann gibt es keine Panik, dort ist immer ausreichend Zeit, und das Ende ist genauso wichtig wie der Anfang.

Von der Aufmerksamkeit bis hin zum inneren Fließen

Wenn wir den richtigen Fokus und die richtige Konzentrationsfähigkeit erlangen, wenn wir genau darauf achten, was wir tun, werden Bewußtsein und Handlung eins werden. Der ideale Leistungszustand ist ganz wesentlich an diese Verschmelzung gebunden. Der Begriff »Fließen« (auch »Fluß« oder »Strömen«) wird häufig angewendet, um die Auswirkung zu beschreiben.

Im Jahre 1975 erschien im *Journal of Humanistic Psychology* ein von Mihaly Csikszentmihalyi autorisierter, sehr interessanter Artikel bezüglich der Erfahrung über dieses »Fließen«. Seit diesem Artikel ist der Begriff »Fließen« im Vokabular aktiver Athleten wiederholt aufgetaucht, wenn diese nach dem richtigen Wort suchen, das ihre Sternstunde beschreiben soll. Nachträgliche Untersuchungen in diesem Bereich während der letzten sechs Jahre haben die Richtigkeit vieler der aufschlußreichen Beobachtungen dieses Autors belegt.

Mihaly Csikszentmihalyi zufolge wird dieses Fließen möglich, wenn wir gänzlich mit einer Sache verbunden sind, wenn Tat auf Tat folgt ohne der Notwendigkeit einer vorsätzlichen und bewußten Intervention. Es ist die Erfahrung eines einheitlichen Strömens von einem Augenblick zum nächsten, wobei wir uns völlig in Kontrolle unseres Handelns fühlen. Wegen seiner Relevanz zum idealen Leistungszustand, ebenso wie zu der Form des inneren Fokus, welche wir bestrebt sind zu erreichen, erfolgt anhand seiner Beschreibung eine kurze Zusammenfassung über die Erfahrungen dieses Fließens:

○ Dieses Fließen umfaßt jenen besonderen Zustand, wo alles, was wir tun, richtig, leicht und automatisch geschieht.
○ Dieses Fließen geht häufig mit Aktivitäten einher, die auf besondere Art und Weise als angenehm und als Vergnügen wahrgenommen werden.
○ Dieses Fließen ergibt sich aus der auf einen Punkt konzentrierten Aufmerksamkeit, wobei man die Gedanken an Vergangenheit und Zukunft völlig aufgibt und das JETZT alles ist, was bleibt.

- Dieses Fließen ist die Folge einer besonderen Verschmelzung von Handlung und Bewußtsein.
- Dieses Fließen geschieht für gewöhnlich während der Ausführung gut trainierter und bekannter Übungen, wenn Aktion und Reaktion so gut trainiert sind, so daß sie ganz automatisch ablaufen.
- Dieses Fließen wird selten erlebt, wenn eine Situation eine Reaktion erfordert, die außerhalb der Fähigkeiten und Talente eines Menschen liegen.
- Während dieses Fließens scheint die Bewegung einfach von sich heraus zu geschehen, als wäre etwas anderes der Motor oder die Ursache dafür.
- Dieses Fließen tritt ein, wenn sich ein Mensch bewußt darüber ist, was er zu diesem Zeitpunkt tut, sich seines Bewußtseins jedoch nicht bewußt ist. Sobald er über sein Bewußtsein nachdenkt, ist der Fluß zeitweise verloren.
- Wann auch immer wir unseren Fokus nach außen verlagern und uns in die Rolle eines Beobachters begeben, ist der Fluß blockiert. Beispiele hierfür wären Äußerungen wie diese: »Ich kann es nicht glauben, daß ich das tue« oder: »Bin ich das wirklich?« oder: »Ich bin wirklich im Fluß.« Normalerweise kann dieser Zustand des Fließens recht schnell wiederhergestellt werden, indem man seine Aufmerksamkeit erneut auf den Ausgangspunkt zurückbringt.

Der richtige Fokus und seine Auswirkungen

Wir haben den richtigen Fokus, *wenn das, was wir tun, das gleiche ist wie das, was wir denken.* So einfach ist es. Wenn dieser Fokus erreicht ist und beibehalten wird, dann treten folgende Reaktionen von ganz alleine ein:

1. Innere Gelassenheit:
   Unruhige, nervöse und sich überschlagende Gefühle rühren daher, daß man sein Augenmerk auf Dinge wie das Gewinnen und das Verlieren lenkt, welchen Eindruck man macht, was geschieht, wenn, usw. Sportler vermelden durchweg eine innere Gelassenheit, wenn sie »im Augenblick bleiben«.
2. Geringe Angst oder Sorge:
   Auch der Zustand der inneren Angst oder Nervosität ergibt sich aus einem falschen Fokus. Ganz gleich, wer Sie sind – wenn Sie hartnäckig darauf bestehen, bestimmte Dinge zu denken, dann ist eine solche innere Unruhe unvermeidlich. Wenn Sie während Ihres Tuns aufmerksam sind, reduziert sich diese Angst auf ein Minimum.

3. Automatik:
Der richtige Fokus setzt Sie in die Lage, die Automatik einzuschalten.
Dies ist eine wirklich wichtige Überlegung. Wie bereits an früherer
Stelle erwähnt, geschieht eine gute Leistung, eine gute Ausführung
von innen heraus, wie von selbst, oder sie geschieht gar nicht. Sie
können Ihren Weg zu einer Topleistung nicht überlegen oder analy-
sieren. Der richtige Fokus, das Bleiben im Augenblick, stellt sicher,
daß Sie sich während des Wettkampfs nicht in vorsätzlichen und
höchst analytischen Überlegungen verstricken.
4. Wachheit und Intensität:
Das Fokussieren, die Konzentration während einer Leistung oder
Handlung erzeugt eine höchst intensive, starke Geistesverfassung –
die gleiche Intensität, die mit Ihren besten Leistungen einhergeht.

Das Ziel ist eine vollkommen auf einen Punkt gerichtete Konzentration,
so daß in diesem Akt des Fokussierens eine völlige Aufgabe des
Bewußtseins um die eigene Person eintritt. Das führt zu einem Zustand,
den man den Zustand der *passiven Konzentration* nennt, ein Zustand
des automatischen mentalen Fokus. Dies ist, im Gegensatz zur *aktiven
Konzentration,* ein Zustand des »aktiven Bestrebens«, sich auf sein Ziel
zu konzentrieren. Höchstleistung verlangt, daß wir uns von der aktiven
zur passiven Konzentration bewegen, welche als ein völlig müheloser
und spontaner Fokus erlebt wird. Dies ist der höchste Grad der Konzentration. Der Geist ist entspannt und *»eins mit dem Ziel«.*
Eine wichtige Erkenntnis hierbei ist, daß Konzentrationsfähigkeit eine
erlernte Fähigkeit ist. Eine andere wichtige Erkenntnis ist, daß Ihre
Fähigkeit, sich zu konzentrieren, eng verbunden ist mit Ihrer Fähigkeit,
den Strom der positiven und der negativen Energie zu kontrollieren.
Wenn Sie Schwierigkeiten haben, mit Druck umzugehen, dann haben
Sie zweifellos auch Konzentrationsprobleme. Die Abbildung auf
Seite 86 macht das Verhältnis zwischen Energiefluß und Konzentration
deutlich.
Wie die Grafik zeigt, wird Ihre Konzentrationsfähigkeit schlecht sein,
sobald Sie einen hohen und einen geringen Grad an negativer Energie
aufweisen wie auch bei einem geringen Grad an positiver Energie. Ihre
Fähigkeit, sich zu konzentrieren, wird sich in zunehmendem Maße
verschlechtern, wie Sie ängstlich oder wütend werden (hohe negative
Energie), gelangweilt oder desinteressiert (geringe negative Energie)
oder physisch müde oder erschöpft (geringe positive Energie).
Bei geringer positiver Energie wird Ihre Aufmerksamkeit häufig zu
allgemein und weitläufig. Sie sind unfähig, Ihren Fokus zu begrenzen,
und Sie lassen sich von allem und jedem ablenken. Mit einem Übermaß
an negativer Energie hingegen wird Ihre Aufmerksamkeit zu sehr

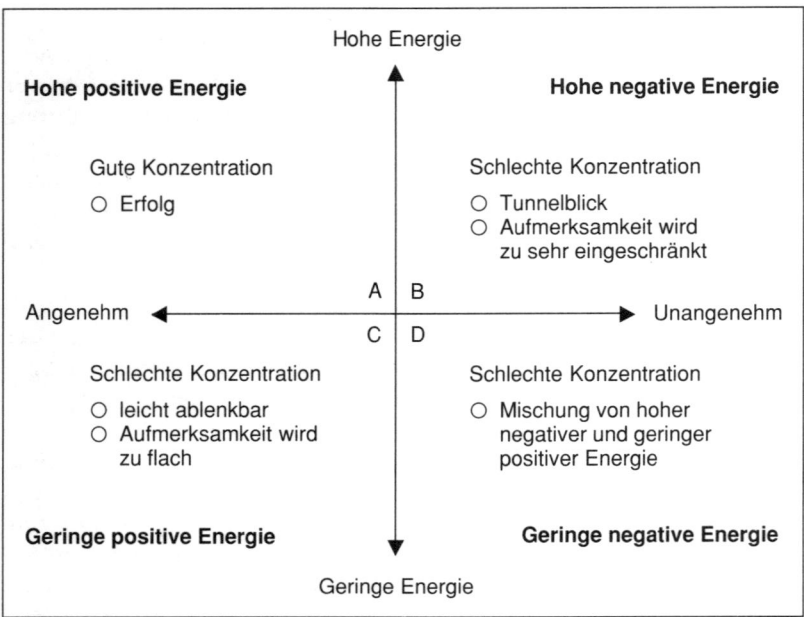

Hohe Energie

Hohe positive Energie   **Hohe negative Energie**

Gute Konzentration   Schlechte Konzentration
○ Erfolg   ○ Tunnelblick
                                              ○ Aufmerksamkeit wird
                                                zu sehr eingeschränkt

                              A │ B
Angenehm ◄──────────────────────────────────► Unangenehm
                              C │ D

Schlechte Konzentration   Schlechte Konzentration
○ leicht ablenkbar   ○ Mischung von hoher
○ Aufmerksamkeit wird   negativer und geringer
  zu flach   positiver Energie

Geringe positive Energie   **Geringe negative Energie**

Geringe Energie

eingeschränkt. Manchmal sieht es so aus, als trügen Sie Scheuklappen beim Spiel. Ihre Aufmerksamkeit kann sich auf etwas völlig Unpassendes fixieren – eine Fehlentscheidung des Linienrichters, die Ausstrahlung Ihres Gegners oder Ihre eigene Nervosität oder Angst. Sobald Sie sich entspannen und anfangen, die negative Energie in deren Ausmaß zu reduzieren, verändert sich die Situation rasch.

Konzentrationsstrategien während des Wettkampfs

Wenn Sie feststellen, daß Sie sich gut konzentrieren können und auch gut spielen, dann denken Sie nicht nach über Ihre Konzentration – *spielen Sie einfach.* Tauchen jedoch Probleme auf, dann hat es sich als nützlich erwiesen, nachstehende Maßnahmen zu befolgen:

1. Prüfen Sie Ihr Energieniveau. Achten Sie auf die Art der Energie, welche Sie erleben, und auf deren Intensität. Lassen Sie die positive Energie so viel wie möglich fließen und reduzieren Sie die negative Energie auf ein Minimum.
2. Tun Sie, was immer Sie können, um innerlich vollständig gelassen und ruhig zu werden.

3. Richten Sie Ihre Aufmerksamkeit auf den gegenwärtigen Augenblick und nicht auf die Vergangenheit oder die Zukunft.
4. Richten Sie Ihre Aufmerksamkeit aktiv auf das Ziel. Indem Sie vollständig bei der Sache sind, während Sie agieren (aktive Konzentration), führt dies von selbst zu einem mühelosen und unbewußten Fokus (passive Konzentration). Das ist Ihr höchstes Ziel.
5. Halten Sie während des Wettbewerbs Ihren Blick in völliger Kontrolle. Es gibt eine sehr enge Verbindung zwischen Ihrem visuellen Fokus und Ihrem mentalen Fokus. Solange Sie den Blick auf Ihr Ziel gerichtet halten, wird dies dazu beitragen, daß Sie geistig das Ziel ebenfalls »im Auge« behalten.

Konzentrationsstrategien außerhalb des sportlichen Bereichs

1. Verbessern Sie Ihre Fähigkeiten, die Sie gelassen und ruhig machen. Dies führt im allgemeinen unmittelbar zu einer erhöhten Konzentrationsfähigkeit.
2. Trainieren Sie das Meditieren. Eine beachtliche Anzahl von Sportlern hat berichtet, daß zusätzlich zu den verbesserten Fähigkeiten, sich zu entspannen, die Meditation als eine Form der Konzentrationsübung dient. So erzählte Billie Jean King, daß sie einen Tennisball als Gegenstand des Fokus hernimmt; vor einem Match fokussiert sie ihn fünfzehn bis zwanzig Minuten lang.
3. Jede Fähigkeit, die es erforderlich macht, daß Sie Ihre ganze Aufmerksamkeit auf das Hauptsächliche richten, während Sie agieren, kann Ihre Konzentrationsfähigkeit steigern. Konzentration im Sport ist die Fähigkeit, während eines Handlungsablaufs völlig AUFMERKSAM zu bleiben. Konzentrieren Sie sich ganz auf Ihre Gangart, wenn Sie gehen, oder auf das Essen, wenn Sie essen – dies nur als Beispiel.
4. Trainieren Sie, in schwierigen oder hartnäckigen Situationen Ihr Bewußtsein in den Brennpunkt der Aufmerksamkeit zu rücken, und seien Sie dabei völlig bei der Sache. Sie haben tagtäglich genügend Gelegenheiten, um diese Fertigkeit zu üben. In der Hitze des Gefechts völlig Herr über Ihre Aufmerksamkeit zu sein – das genau ist es, was es braucht, um im Wettkampf gut zu sein.

Wichtige Anmerkungen

Die Fähigkeit und die Beherrschung des Fokussierens verbessert sich durch regelmäßiges Trainieren.

Jede Sportart stellt andere Anforderungen an den Fokus und die Konzentration. Die Methode des inneren Fokussierens, wie sie im vorangehenden Abschnitt beschrieben ist, gilt, wann immer Sie eine Tätigkeit tatsächlich ausführen. Sind Sie zum Beispiel ein Kunstspringer, dann können Sie im Geiste den Sprung durchgehen, kurz bevor Sie zum Sprung ansetzen; Sie können aber auch jede individuelle Visualierungstechnik anwenden, die sich kurz vor dem Sprung als hilfreich erwiesen hat. Sobald Sie jedoch springen, sollten Sie umgehend mit der Form des mentalen Fokus einsetzen, wie Sie sie hier beschrieben finden. Es gibt viele Momente während eines Wettkampfs, wo es äußerst angebracht ist, seine Taktik zu planen, die Schußlinie zu wählen oder einen Fehler zu korrigieren. Sobald es jedoch zu Ihrer tatsächlichen Ausführung und Ihrem Einsatz kommt, sollten Sie einen Augenblick-zu-Augenblick-Fokus errichten – es gibt keinen Ersatz hierfür.

Die primären
AET-Schritte

Steuerung Ihres idealen
Leistungszustandes

Wie bereits erwähnt, sind sich Athleten von hohem Rang über die
Existenz eines besonderen inneren Leistungszustandes häufig nur vage
bewußt. Oft mißverstehen sie, was es mit diesem Zustand auf sich hat
und wie er »funktioniert«. Wie also können sie etwas steuern, worüber
sie sich nicht bewußt sind und was sie nicht verstehen? Die Antwort
lautet, daß die Kontrolle weitgehend unbewußt geschieht.
Ähnlich wie mit den geistigen Fertigkeiten ist es auch mit den körperlichen Fertigkeiten. Haben Sie jemals einen Spitzenathleten gefragt, wie
er eine ganz bestimmte Bewegung oder einen Schlag physisch ausführt,
dessentwegen man ihn besonders beachtet? Vielleicht wollen Sie Björn
Borg fragen, wie er seine Topspin-Vorhand schlägt, oder Wayne
Gretzky, den berühmten kanadischen Eishockey-Spieler, wie er einen
Schlagschuß schießt (seit dem Sommer 1988 spielt er übrigens in Los
Angeles), oder »Dr. J.«, wie er seinen »turn-around« oder »slam-down
stuff« macht.[1] Was Sie wahrscheinlich zu hören bekommen, ist nicht
das, was die drei Genannten wirklich tun. Möglicherweise glauben sie,
daß sie die eine Schulter anheben oder die andere fallen lassen, die eine
Hüfte nach vorn drehen und die andere nach hinten, oder das eine
Handgelenk anziehen und das andere locker lassen – aber oft ist ihnen
nicht klar, wie sie's machen.
Auf alle Fälle *können* sie es, nur können sie Ihnen nicht genau sagen,
wie. Zum größten Teil ist die Kontrollfähigkeit, die die Spieler erworben haben, unbewußt und automatisch. Stunden und Aberstunden des
Trainings und des Spiels haben zu diesen höchst komplizierten und

---

[1] *»Dr. J.«:* Jeder sportbegeisterte Amerikaner kennt ihn unter diesem Kürzel. Es ist Julius
Irving, die Nr. 6 der Philadelphia-Basketball-Mannschaft, und berühmt, wie er den Ball
in den Korb bringt: Im Sprung dreht er sich in der Luft, und indem er seine Spielhand
über seinen Kopf nach hinten reicht, placiert er den Ball ins Netz – ein spektakulärer
Auftritt des schwarzen Basketballspielers!

effizienten Bewegungsabläufen geführt, die nun ohne jeglichem bewußten Eingreifen ausgeführt werden können. »Es ist fast so, als würde gar nicht ich es tun, sondern als würde jemand anderer es für mich machen.« Genau das gleiche Phänomen kennen wir bei den mentalen Fertigkeiten. Mental starke Wettkämpfer haben einen bemerkenswerten Grad der Herrschaft über ihre ideale Leistungsverfassung erreicht, aber diese Kontrolle ist nahezu immer unbewußt. Sie können sie fast nach Belieben ein- und ausschalten, und je besser der Wettkämpfer ist, um so besser ist seine Steuerfähigkeit.

Lernen nach Versuch und Irrtum

Wenn Sie unbeirrt weitermachen, dann lernen Sie auch, wie man kämpft. Das ist es, was die meisten mental starken Athleten dorthin brachte, wo sie jetzt stehen. Sie haben nicht nachgegrübelt oder meditiert, sich einer Hypnose unterzogen, Entspannungsübungen praktiziert oder einen Psychologen konsultiert, um innerlich stark zu werden. Ihr Geheimnis war einfach zu spielen, spielen, spielen – und zwar unter Druck. Sie erwarben die nötigen mentalen Fähigkeiten durch das Lernen nach Versuch und Irrtum.[1] Während eines Wettkampfes trainierten sie ganz unbewußt solche Dinge wie Muskelentspannung, innere Gelassenheit, positive Energie, zu fokussieren usw. Die Kontrolle zu haben über ihren idealen Leistungszustand wurde so zur natürlichen Folge der Zeit und der Übung im Wettkampf. Dabei spielte sich der Lernprozeß im wesentlichen unbewußt ab.
Wie bei den meisten Lernprozessen erwerben einige Menschen die notwendigen mentalen Fertigkeiten schneller als andere. Manche kommen langsamer voran, nicht weil sie nicht in der Lage wären zu lernen oder weil ihnen die Intelligenz fehlt; vielmehr blockiert eine falsche Kombination geistiger Kräfte den Prozeß. Für einige erleichtert ein verständnisvoller Coach, sie in allem unterstützende Eltern oder die rechten Freunde diesen Lernvorgang. Fehlen bei anderen dagegen solche fördernden Faktoren, dann stellt sich ihnen diese Art des Lernprozesses als ein unmögliches, nicht lösbares Problem dar.
Die Opfer im Wettkampfsport nehmen hier ihren Anfang. Wenn diese Sportler nur länger durchgehalten hätten, dann hätten sie diese Fertigkeiten erlernt – aber sie haben aufgegeben. Der Preis war zu hoch. Und

---

[1] *Lernen nach Versuch und Irrtum:* Bezeichnung für einen Vorgang, bei dem der Lernende auf eine bislang unbekannte Situation mit verschiedenen Verhaltensweisen antwortet, aus denen sich allmählich die zum Erfolg führenden herausschälen.

es gibt viele Menschen zwischen diesen Extremen – nämlich etwas leicht zu finden oder gegen eine unüberwindbare Mauer zu rennen. Für die Mehrzahl der Menschen ist dieses Durchhalten oder Versuch-Irrtums-Lernen ein sehr langer und teuer erkaufter Weg. Lassen Sie uns unsere Opfer durch einen alternativen Prozeß auf ein Mindestmaß herabsetzen.

Beschleunigung des Lernprozesses

Mit der AET-Methode, die Sie im Begriff sind zu lernen, wird die Absicht verfolgt, einen Lernprozeß zu beschleunigen und Ihnen dabei zu helfen, in einer kürzeren Zeit und ohne all die schmerzlichen Erfahrungen mental stärker zu werden. Daß dies geschehen kann, müssen wir uns das, was bislang unbewußt gewesen ist, bewußtmachen. Wir müssen einen Vorgang, der automatisch ablief und außerhalb unserer bewußten Fassungskraft lag, sowohl bewußt als auch zugänglich für uns machen. Versuch und Irrtum reichen nicht aus. Um den Lernprozeß zu beschleunigen, dürfen wir nichts dem Zufall überlassen.

Noch einmal: Eine Übereinstimmung zwischen dem Erlernen mentaler Fertigkeiten und physischer Fertigkeiten ist förderlich. Wenn Sie als Squashspieler oder Golfer jemanden aufsuchen, der weiß, wie's geht, und ihn bei einem speziellen Schlag um Hilfe bitten, dann wird er in Ihnen das bewußtmachen, was weitgehend unbewußt gewesen ist. Er wird Ihr Bewußtsein steigern über Dinge, die Sie richtig machen, und Dinge, die Sie falsch machen. Auf diese Weise bewirkt er eine raschere Entwicklung und Veränderung, als es das Lernen nach Versuch und Irrtum vermag.

Auch im mentalen Bereich ist ein gesteigertes Bewußtsein der Schlüssel zu schnellerem Lernen. Ein gesteigertes Bewußtsein zu erlangen ist der erste und wichtigste Schritt, den Sie tun können, sind Bewußtsein und Selbstkontrolle doch untrennbar miteinander verknüpft. Die bedeutsamste Veränderung der eigenen Person schlägt zuerst im Bewußtsein ihre Wurzeln. Bewußtsein liefert Feedback, und es ist genau diese Rückkopplung, welche einem die Information vermittelt, die man benötigt, um rascher zu neuen Höhen der Selbstregulierung und Selbstkontrolle vorzurücken.

Bewußtseinstraining innerhalb der AET-Methode

Obwohl die kennzeichnenden Faktoren des idealen Leistungszustands für alle Athleten und alle Sportarten nahezu die gleichen sind, so ist die

Art und Weise, wie diese Elemente von einem einzelnen Sportler tatsächlich erlebt werden, außerordentlich persönlich und individuell. Die folgenden sechs Schritte sollen Ihnen dabei helfen, Ihren persönlichen Idealzustand (ILZ) zu erkennen:

Schritt 1 *Schildern Sie schriftlich und in so vielen Einzelheiten wie möglich, in welcher seelischen Verfassung Sie waren, als sich Ihre sportliche Leistung als IHRE GROSSARTIGSTE STUNDE erwies und Sie zu Ihrer HÖCHSTFORM aufgelaufen waren.*

Erinnern Sie sich an eine Zeit in Ihrer sportlichen Laufbahn, als Sie wirklich in Höchstform waren. Wählen Sie das Erlebnis aus, das noch ganz frisch ist und das Sie am deutlichsten in Ihrem Gedächtnis haben. Lehnen Sie sich in einem Stuhl bequem zurück, schließen Sie Ihre Augen und rekonstruieren Sie das ganze Erlebnis in Ihrer Phantasie so klar wie möglich. Visualisieren Sie alle Begleitumstände in allen Einzelheiten. »Sehen« Sie das Spielfeld oder den Platz, die Zuschauer, den Kampfrichter, die Mitkonkurrenten. Wenn das Wetter warm war, dann spüren Sie die Sonne in Ihrem Gesicht; war es kalt, so fühlen Sie die schneidende Luft.

Sobald Sie sich in Ihrer Vorstellung von der Situation ein wirklich lebendiges Bild geschaffen haben, richten Sie Ihre ganze Aufmerksamkeit darauf, welcher Art Ihre innere Erfahrung in diesem Moment war. Was geschah in Ihrem Inneren, und wie haben Sie sich innerlich gefühlt? Vielleicht finden Sie es auch nützlich, Ihr Augenmerk auf Ihren Augenblick-zu-Augenblick-Gefühlszustand zu lenken, während Sie diese Übung machen. Wenn Sie sich mit Ihrer ganzen Vorstellungskraft intensiv und ausschließlich auf ein vorangegangenes Erlebnis konzentrieren, kann dies häufig die gleichen Gefühle und Reaktionen auslösen, welche in der eigentlichen Situation eingetreten waren.

Lassen Sie sich Zeit – übereilen Sie nichts. Geben Sie sich selbst mindestens fünf bis zehn Minuten, um das Erlebnis wiederzuerschaffen. Sobald Sie sich viele der gleichen Gefühle und Reaktionen ins Gedächtnis zurückgerufen haben, die Sie in der ursprünglichen Situation hatten, öffnen Sie langsam Ihre Augen und schreiben es auf.

Wenn es keine »Sternstunde« gibt, die sich deutlich von anderen Ereignissen abhebt, dann rekonstruieren Sie ein Erlebnis, das eine Ihrer besseren Leistungen war. Betreiben Sie mehrere Sportarten und haben Sie Schwierigkeiten, sich eine Situation in einer Disziplin vorzustellen, dann wählen Sie ein gutes Erlebnis aus einer anderen aus.

Können Sie sich an überhaupt keinen außergewöhnlich guten Tag Ihres Sportlerlebens erinnern – und das passiert –, dann richten Sie Ihre

Aufmerksamkeit auf ein Erlebnis, wo Sie in Höchstform waren (Sternstunde) und zwar außerhalb des Sports. Die Elemente des idealen Leistungszustandes treffen auf die Leistung jeglicher Aktivität zu, ganz gleich ob innerhalb oder außerhalb des Sportschauplatzes.

Schritt 2   *Schildern Sie schriftlich und in so vielen Einzelheiten wie möglich, in welcher seelischen Verfassung Sie waren, als sich Ihre sportliche Leistung als Ihre SCHLECHTESTE STUNDE erwies.*

Gewöhnlich ist es leicht, sich an diese Situation klar zu erinnern. Sportler erwähnen nur selten, daß sie unfähig waren, eine schlechte Stunde zu rekonstruieren. Unglücklicherweise neigen Fehler oder Mißerfolge dazu, sich in unserem Gedächtnis viel deutlicher abzuheben als Erfolge.

Auch diese Übung beginnen Sie damit, daß Sie sich bequem zurücklehnen, entspannen und dann in Ihrer Vorstellung die ganze Situation klar rekonstruieren. So unangenehm es auch sein mag, lassen Sie es zu, daß das ganze Erlebnis nochmals Wirklichkeit wird. Geben Sie sich ausreichend Zeit, um Ihre Gefühle in Bewegung zu setzen. Sobald dies geschehen ist, öffnen Sie langsam Ihre Augen und schreiben auf, wie Ihr Gemütszustand während der Ausführung war. Seien Sie so präzis und ausführlich wie möglich.

Schritt 3   *Füllen Sie die folgende erläuternde Übersicht bezüglich Ihrer GROSSARTIGSTEN und Ihrer SCHLECHTESTEN STUNDE aus. Umkreisen Sie die Ziffer, die dem inneren Zustand am besten entspricht, den Sie zu jenem Zeitpunkt innerlich gefühlt haben.*

Vielleicht wollen Sie auf Ihre schriftlichen Unterlagen zurückgreifen für den Fall, daß in Ihnen bezüglich dessen, was Sie tatsächlich empfunden haben, irgendeine Frage auftaucht. Jede Begriffsklasse stellt ein Kontinuum dar, wie zum Beispiel: sehr entspannt bis sehr angespannt, oder: sehr gelassen bis übererregt. Kreisen Sie die Ziffer ein, die Ihrem damaligen Gefühlszustand am besten entspricht. Wenn Sie zum Beispiel beim ersten Punkt die Zahl 1 einkreisen, dann würden Sie damit angeben, daß Sie sich sehr entspannt gefühlt haben; die Zahl 3 hieße: mäßig entspannt; und die Zahl 5 würde bedeuten, daß Ihre Muskeln sehr angespannt gewesen sind.

Markieren Sie stets nur eine Zahl der zwölf Begriffsklassen. Versuchen Sie, Ihre beste Bewertung darüber abzugeben, wie Sie sich zu jener Zeit gefühlt haben.

Für Ihre großartigste Stunde

1. Muskeln entspannt	1	2	3	4	5	Muskeln angespannt
2. Gelassen und ruhig	1	2	3	4	5	Übererregt
3. Geringes Angstempfinden	1	2	3	4	5	Hohes Angstempfinden
4. Hohe Energie	1	2	3	4	5	Geringe Energie
5. Positiv	1	2	3	4	5	Negativ
6. Äußerst angenehm	1	2	3	4	5	Unangenehm
7. Ohne Anstrengung	1	2	3	4	5	Große Anstrengung
8. Automatisch	1	2	3	4	5	Bewußt
9. Selbstsicher	1	2	3	4	5	Unsicher
10. Hellwach	1	2	3	4	5	Teilnahmslos
11. Kontrolliert	1	2	3	4	5	Unkontrolliert
12. Konzentriert	1	2	3	4	5	Unkonzentriert

Für Ihre schlechteste Stunde

1. Muskeln entspannt	1	2	3	4	5	Muskeln angespannt
2. Gelassen und ruhig	1	2	3	4	5	Übererregt
3. Geringes Angstempfinden	1	2	3	4	5	Hohes Angstempfinden
4. Hohe Energie	1	2	3	4	5	Geringe Energie
5. Positiv	1	2	3	4	5	Negativ
6. Äußerst angenehm	1	2	3	4	5	Unangenehm
7. Ohne Anstrengung	1	2	3	4	5	Große Anstrengung
8. Automatisch	1	2	3	4	5	Bewußt
9. Selbstsicher	1	2	3	4	5	Unsicher
10. Hellwach	1	2	3	4	5	Teilnahmslos
11. Kontrolliert	1	2	3	4	5	Unkontrolliert
12. Konzentriert	1	2	3	4	5	Unkonzentriert

Nachdem Sie die ersten drei Schritte beendet haben, lesen Sie Ihre Notizen noch einmal sorgfältig durch. Vergleichen Sie auch, wie verschieden Ihre Antworten auf die zwölf Begriffsklassen ausgefallen sind, als Sie Ihre großartigste und Ihre schlechteste Stunde betrachtet haben. Vergleichen Sie die Unterschiede in Ihnen, wenn Sie gut spielen und wenn Sie schlecht spielen. Erkennen Sie selbstkritisch, wie verschieden und charakteristisch die zwei Gefühlszustände sind. Indem Sie sich nun auf Ihre innere Welt des Erlebens und Empfindens während des Wettkampfs einstellen, fangen Sie langsam an zu begreifen, wie Veränderungen in Ihrem Gefühlszustand das Niveau Ihrer Leistung auf direkte Weise beeinflussen.

Schritt 4 *Füllen Sie jedesmal, wenn Sie in Ihrer Disziplin antreten oder Ihre Sportart trainieren, eine ILZ-Checkliste aus, ähnlich der folgenden. Verfahren Sie so für die nächsten drei Wochen.*

Schreiben Sie mit der Schreibmaschine auf eine Karte oder ein Stück Papier zur Selbstbeobachtung die folgenden Begriffe:

ILZ-Checkliste

Name _____ Datum _____ Zeit _____

1. Muskeln entspannt	1	2	3	4	5	Muskeln angespannt
2. Gelassen und ruhig	1	2	3	4	5	Übererregt
3. Geringes Angstempfinden	1	2	3	4	5	Hohes Angstempfinden
4. Hohe Energie	1	2	3	4	5	Geringe Energie
5. Positiv	1	2	3	4	5	Negativ
6. Äußerst angenehm	1	2	3	4	5	Unangenehm
7. Ohne Anstrengung	1	2	3	4	5	Große Anstrengung
8. Automatisch	1	2	3	4	5	Vorsätzlich
9. Selbstsicher	1	2	3	4	5	Unsicher
10. Hellwach	1	2	3	4	5	Teilnahmslos
11. Kontrolliert	1	2	3	4	5	Unkontrolliert
12. Konzentriert	1	2	3	4	5	Unkonzentriert
13. Gut gespielt	1	2	3	4	5	Schlecht gespielt
14. Positive Energie	1	2	3	4	5	Negative Energie

Anmerkungen:

_____

_____

_____

_____

_____

Kopieren Sie diese Karte in genügender Anzahl, so daß sie nicht nur für mindestens drei Wochen der Spiele oder Wettkämpfe und des Trainings ausreicht, sondern darüber hinaus auch dafür, um für mehrere Wochen danach Ihre Wettkampfleistungen abzudecken. Füllen Sie die Liste nach jedem Spiel oder Training so schnell wie möglich aus. Zweifellos wird sich Ihre seelische Verfassung während der sportlichen Begegnung von Zeit zu Zeit ändern. Die erste Halbzeit im Basketball, das letzte Drittel im Hockey oder der zweite Satz im Tennis können ganz verschieden sein im Vergleich zu anderen Zeitabschnitten des Spiels. In solchen Fällen ist es hilfreich, mehr als eine Checkliste auszufüllen. Dies ermöglicht es Ihnen, eine genauere Aufzeichnung von den Veränderungen Ihres Gefühlszustandes zu machen und diese Kurve mit den simultanen Veränderungen Ihrer Leistung zu vergleichen. Falls klare Veränderungen eingetreten sind, vergleichen Sie die verschiedenen Wettkampfperioden. Wenn Sie nur eine Liste ausfüllen, dann betrachten Sie die Angaben als Mittelwert hinsichtlich dessen, wie Sie sich während der gesamten Spielzeit gefühlt haben. Denken Sie daran, daß Sie Ihre bestmögliche Bewertung abgeben – eine präzise Beurteilung Ihres momentanen Gefühlszustandes dürfte wohl kaum möglich sein.

Nachdem Sie Ihr Spiel und Ihr Training mindestens über drei Wochen hinweg in dieser Form überwacht haben, kontrollieren Sie wenigstens für einen weiteren Monat Ihre Wettkampfleistung. Es ist von Vorteil für Sie, die Karte sehr sorgfältig auszufüllen. Wenn es auch nur eine Frage weniger Sekunden ist, so rate ich dennoch, sich ein paar Minuten Zeit dafür zu nehmen und sich jeden Punkt zu überlegen. Dieser besonders wichtige Schritt wird den ganzen Lernprozeß beschleunigen.

Schritt 5   *Während der nächsten drei Wochen wird sich Ihre Bewußtheit über Ihren positiven und Ihren negativen Energiefluß während des Wettkampfs und des Trainings wesentlich vergrößern.*

Legen Sie sich für jede Spiel- oder Trainingsperiode ein Schaubild an, das die vier Energiefelder wiedergibt (s. gegenüberliegende Abbildung). Stufen Sie sich auf einer Skala von 1 bis 10 selbst ein und zwar in den Bereich hohe bis geringe Energie und angenehme bis unangenehme Energie. Vielleicht wollen Sie jeden Abschnitt der sportlichen Begegnung anders kennzeichnen (z.B. die erste Halbzeit gegen die zweite Halbzeit eines Basketball-Spiels), falls von einem Abschnitt zum nächsten bedeutende Veränderungen stattgefunden haben. Haben Sie an beiden Mittellinien eine Markierung angebracht, so verlängern Sie die Linien, bis sie sich kreuzen; damit bezeichnen Sie die Art der Energie und deren Intensität.

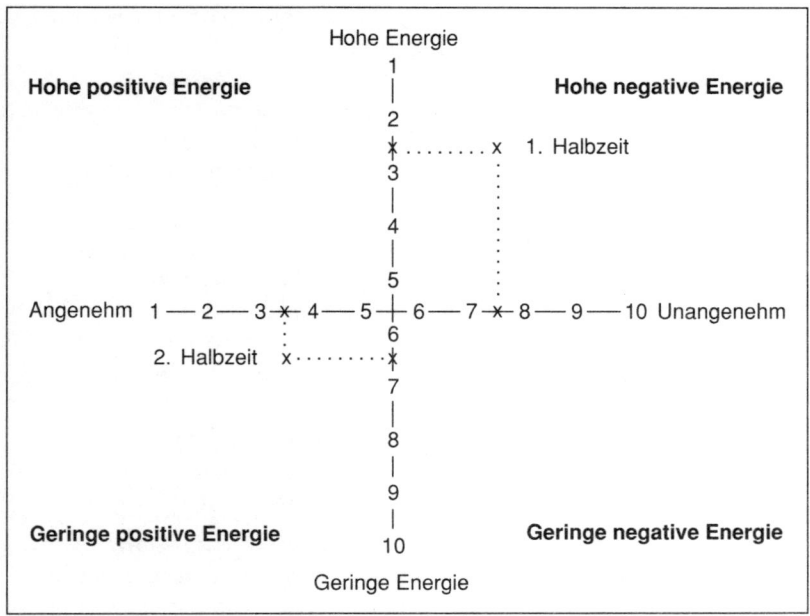

Schritt 6 *Während der nächsten drei Wochen wird sich Ihre Bewußtheit darüber, welcher Art Ihr innerer Gefühlszustand während des Wettkampfs und des Trainings ist, wesentlich vergrößern.*

Praktisch werden Sie zu einem Beobachter Ihrer selbst. Die wohl wichtigste Beobachtung dabei ist, eine Beziehung herzustellen zwischen dem, wie Sie sich *innerlich* fühlen, und dem, wie Sie sich nach *außen* darstellen bzw. welcher Art Ihre Leistung ist. Jedesmal, wenn Sie sich im Wettbewerb messen oder trainieren, geben Sie sich ganz bewußt und vorsätzlich die Mühe zu begreifen, in welcher Weise Ihr Leistungsniveau an die Veränderung Ihrer inneren Gefühlszustände gekoppelt ist. Hierzu einige Beispiele:

> *»Im Augenblick spiele ich nicht sehr gut. Ich frage mich, was falsch läuft. Laß mich mal prüfen, wie ich mich fühle. Ich denke, ich bin frustriert und auch ein bißchen verärgert. Während ich darüber nachdenke, bin ich einigermaßen ruhig, aber ich habe absolut keinen Spaß. Und außerdem habe ich im Moment auch nicht gerade das Gefühl, als steckte ich voller Energie.«*

*»Im Augenblick spiele ich wirklich sehr gut. Laß mich mal
sehen, wie ich mich innerlich fühle. Also, ich habe wirklich
Spaß und spüre überhaupt keinen Druck. Tatsächlich
fühle ich mich sehr gelassen und locker. Dennoch ist da
eine echte Spannung – ich fühle mich wirklich konzentriert und ich bin ganz bei der Sache. Es ist, als stünde ich
innerlich unter Strom.«*

*»Im Moment ist mir eigentlich alles egal. Dieses Training
langweilt mich völlig. Ewig die gleiche alte Übung – sie
widert mich an und ich bin ihrer wirklich überdrüssig.
Wenn es so etwas wie Null Energie gibt – das bin ich. Was
ich da heute bringe, ist ganz schön nachlässig – immer
wieder mache ich dumme Fehler. Obwohl ich weiß, daß
der Trainer in diesem Augenblick sauer ist, scheint es mir
wirklich nichts auszumachen. Das einzige, was ich will,
ist, daß ich die ganze Sache für heute hinter mich bringe.«*

*»Im Augenblick bin ich aufs äußerste gereizt. Ich kann
spüren, daß meine Muskeln etwas verkrampft sind, besonders in meinen Schultern. Alles überschlägt sich in mir.
Ich kann nicht klar denken – ich bin definitiv nicht
sehr ruhig in diesem Moment. Bislang habe ich noch keine
wirklich schlimmen Fehler gemacht, aber sicherlich spiele
ich auch nicht sehr gut.«*

*»Diese weiß Gott unbefriedigende Schiedsrichterentschei-
dung hat mich ganz schön durcheinandergebracht. Ich
hab' noch immer das Gefühl, als könnte ich jemandem
eine verpassen. In mir hat sich eine ganze Menge negativer
Energie angestaut, und irgendwie kriege ich sie einfach
nicht los. Es fällt mir schwer, mich auf das zu konzentrieren, was ich eigentlich tun soll; zwei Anweisungen habe
ich bereits verpatzt. Der Trainer wird mich umbringen. Ich
kann es förmlich sehen, wie mich die Wut fertigmacht.«*

Von der Bewußtseinskontrolle zur Gefühlskontrolle – eine Methode in drei Schritten

Ihr höchstes Ziel ist es, Kontrollfähigkeit über Ihren eigenen Leistungszustand (ILZ) zu entwickeln. Ein erhöhtes Bewußtsein wird Sie schließlich in die Lage versetzen zu entscheiden, wann dieser Idealzustand
vorhanden ist und wann nicht. Auch wird es Ihnen möglich sein zu

bestimmen, welche Elemente fehlen. Denken Sie daran, daß Ihre ideale Leistungsverfassung nichts weiter ist, als in einer bestimmten Art und Weise zu fühlen. Um ein mental starker und widerstandsfähiger Wettkämpfer zu werden, ist es wirklich von elementarer Bedeutung, nach EMOTIONALER KONTROLLE zu streben.

Das folgende systematische Vorgehen ist insofern wertvoll, als es die Kontrollmöglichkeit über den eigenen Idealzustand beschleunigt. Diese Methode erleichtert das Erlernen einer sehr speziellen Art der emotionalen Kontrolle:

Schritt 1   *Entspannen Sie sich, werden Sie innerlich ganz ruhig, und üben Sie, die folgenden positiven Gemütsbewegungen (Gefühlszustände) auszulösen:*
   ○ *Das Gefühl von Freude oder Spaß.*
   ○ *Ein positives und optimistisches Gefühl.*
   ○ *Das Gefühl von hohem Selbstbewußtsein und Selbstvertrauen.*
   ○ *Das Gefühl von fester Entschlossenheit.*
   ○ *Das Gefühl von Entspanntheit und Lockerheit (Muskeln).*
   ○ *Erleben Sie gleichzeitig innere Gelassenheit, Selbstvertrauen und eine hohe positive Energie (Freude).*

Wenn ich AET-Seminare gebe, dann beginne ich das Trainingsprogramm folgendermaßen: Ich bitte alle Teilnehmer, die Augen zu schließen und innerlich Freude oder Spaß zu empfinden. Ich gebe ihnen lediglich eineinhalb Minuten, um dieses Gefühl in Gang zu bringen. Normalerweise haben mehr als zwei Drittel der Gruppe damit Erfolg – zur Überraschung nahezu aller.

Dann stelle ich an jene, die erfolgreich waren, die Frage, wie sie es angestellt haben, diesen Gefühlszustand auszulösen. Mit der neunten oder zehnten Antwort wird klar, daß alle im wesentlichen das gleiche getan haben. Die Emotion, d.h. der Gefühlszustand wurde ausgelöst durch die Konzentration auf einen bestimmten Gedanken, ein bestimmtes Bild, einen Ton oder eine Sinneswahrnehmung, die irgendwann einmal mit diesem Gefühl in Verbindung gebracht worden war.

Der Auslöser kann das Gesicht einer Person gewesen sein, ein besonderer Spaß oder ein erfreulicher Ort, eine körperliche Empfindung, der Klang irgendeiner Stimme, ein bestimmtes Musikstück oder irgendein anderes angenehmes Erlebnis. Die Empfindung wurde durch das Kontrollieren und bewußte Lenken des Gedankens oder der Visualisierung hervorgelockt. Je klarer die Erinnerungsbilder waren, um so intensiver war das Gefühl.

Der Zweck dieses Übens und Wiederholens von Gefühlen der Gelassenheit, Lockerheit, des Selbstvertrauens und der Energie ist es, Ihre Fähigkeit zu steigern, eben diese Gefühle während eines Wettkampfs zu erzeugen. Es ist wie mit den körperlichen Fähigkeiten: Je mehr Sie trainieren, um so besser werden Sie. Letzten Endes ist es Ihr Ziel, in der Lage zu sein, einen Gefühlszustand auszulösen, der alle diese Elemente gleichzeitig enthält.

Bei diesem ersten Schritt sollten Sie ungefähr zwei Minuten auf jeden Gefühlszustand verwenden. Stehen Ihnen für die Übung lediglich ein paar wenige Minuten zur Verfügung, dann wählen Sie nur zwei Gefühle aus und konzentrieren sich voll darauf – vielleicht »Freude« für zwei Minuten und dann »Selbstvertrauen«, ebenfalls zwei Minuten lang. Wenn es die Zeit erlaubt, dann machen Sie weiter und gehen alle sechs Punkte durch.

Den größten Erfolg werden Sie anfangs haben, wenn Sie Ihre Augen schließen bei dem Versuch, die Gefühle in Gang zu setzen. Und denken Sie daran: Sie steuern die Gefühle, indem Sie steuern, was Sie denken und sich vorstellen.

Bestimmte Gedanken und Bilder führen ganz automatisch zu Empfindungen wie Freude, Spaß, Vertrauen etc. Sie müssen herausfinden, was solche geistigen Auslöser für Sie sind. Ziehen Sie, wenn möglich, sportbezogene Gedanken und Bilder heran, um diese Gefühle auszulösen. Gelingt dies jedoch mit Sport nicht, dann setzen Sie Themen außerhalb des sportlichen Bereichs ein.

Schritt 2 *Trainieren Sie die folgende Visualisierungsübung:*
 ○ *Visualisierung eines guten Spiels.*
 ○ *Visualisierung plus ILZ.*
 ○ *Zukunftsvisualisierung plus ILZ.*

Visualisieren heißt ganz einfach, in Bildern zu denken statt in Worten. Wenn Sie die Visualisierungstechnik anwenden, dann machen Sie sich Ihre Vorstellungskraft zunutze, vergangene Erlebnisse mittels Bilder zu rekonstruieren. Man könnte diese Methode »kontrolliertes Tagträumen« nennen. (Weitere Einzelheiten hierzu s. Seite 108 f. des Kapitels »Weiterentwicklung Ihrer Fähigkeiten«.)

Um wirklich gute Resultate zu erzielen, sollten die drei folgenden Visualisierungsübungen mit geschlossenen Augen ausgeführt werden, und zwar dann, wenn Sie sich in einem sehr entspannten und ruhigen Zustand befinden und es unwahrscheinlich ist, daß Sie durch Lärm oder Menschen abgelenkt bzw. gestört werden. Die Zeit, die erforderlich ist, um alle drei Übungen zu machen, liegt ungefähr bei zehn bis zwölf Minuten.

Visualisierung eines guten Spiels

Rufen Sie sich so klar und deutlich wie möglich einen Moment ins Gedächtnis zurück, als Sie eine sehr gute Leistung gezeigt haben. Wenn Sie sich an eine Ihrer Sternstunden erinnern können, die Sie erst vor kurzem hatten, dann nehmen Sie diese. Ihre Visualisierung sollte drei Bereiche abdecken: das visuelle, das auditive und das kinästhetische Erinnerungsbild.

Visuelles Erinnerungsbild: Holen Sie sich vor Ihr geistiges Auge ein Bild darüber, wie Sie aussehen, wenn Sie gut spielen. Sie sehen anders aus, wenn Sie gut spielen als wenn Sie schlecht spielen. Sie gehen anders und auch Ihre Körperhaltung ist eine andere. Ist ein Athlet innerlich selbstsicher, dann zeigt er es nach außen. Machen Sie sich also ein klares Bild von sich, wie Sie aussehen, wenn Sie gut spielen. Auch das erneute Betrachten eines Filmes vergangener guter Leistungen trägt dazu bei, dieser Visualisierung eine konkrete Form zu geben.

Auditives Erinnerungsbild: Achten Sie in Ihrem Inneren auf Töne und Stimmen, die Sie hören, wenn Sie gut spielen, insbesondere auf den geistigen Dialog, den Sie mit sich selbst führen. Häufig ist auch eine innere Ruhe festzustellen, welche Ihre besten Leistungen begleitet. Hören Sie es? Und wie läuft dieses innere Zwiegespräch ab? Was sagen Sie zu sich selbst, und wie sagen Sie es? Was ist Ihre innere Erwiderung, wenn Sie sich während eines Spiels einem Mißgeschick gegenübergestellt sehen? Erschaffen Sie alle diese Klänge wieder und zwar so lebhaft und klar wie möglich.

Kinästhetisches Erinnerungsbild: Rufen Sie so klar wie möglich im Geiste alle körperlichen Empfindungen wach, die Sie verspüren, wenn Sie gut spielen. Wie fühlen sich Ihre Hände und Füße an? Haben Sie ein Gefühl der spirituellen Wachheit, der Lockerheit, des Glücks oder der Intensität in Ihrem Körper? Oft nehmen Sie Ihr Tennisrakett, Ihre Schlittschuhe, Ihren Baseballschläger, Ihren Box- oder Fechthandschuh usw. auf eine ganz charakteristische Weise wahr, wenn Sie gut spielen. Wie fühlt sich der Ball an, wenn Sie Baseball spielen und Werfer sind, wie fühlt sich das Wasser für Sie als Schwimmer an, oder der Schnee, wenn Sie Skifahrer sind? Richten Sie Ihre gesamte Aufmerksamkeit auf jegliche körperliche Empfindung, die Sie mit einem guten Spiel in Verbindung bringen.

Diese Visualisierungsübungen sind sehr nützlich, um mental Einfluß auf Ihren ILZ ausüben zu können. Wenn Sie daran arbeiten, werden Sie wirksame visuelle, auditive und kinästhetische Auslöser entwickeln.

Visualisierung plus ILZ

In dieser Übung sollen Sie einen Zeitpunkt in Ihr Gedächtnis zurückrufen, als Sie sehr gut gespielt haben, und gleichzeitig jenen inneren Gefühlzustand erleben, der diesen Moment begleitete. Während Sie sich das Erlebnis vergegenwärtigen, sollten Sie sich gefühlsmäßig aktiviert fühlen – spüren Sie das Selbstvertrauen, die Bestimmtheit und die Intensität.

Zukunftsvisualisierung plus ILZ

Nun stellen Sie Ihre Visualisierungspraktik auf die Zukunft um. Zuerst wiederholen Sie in Ihrer Vorstellung die Spielbedingungen, denen Sie sich voraussichtlich im nächsten Wettkampf gegenübergestellt sehen. Wenn Sie Ihren Gegner, den Platz oder das Stadium, die wahrscheinlichen Wetterbedingungen oder die Menschenmenge kennen, dann fügen Sie sie Ihrem Vorstellungsbild hinzu. Schaffen Sie ein so klares und lebendiges Bild wie möglich von dem, was Sie wahrscheinlich erleben werden. Jetzt lösen Sie simultan den emotionalen Gefühlszustand aus, der Ihre besten Leistungen begleitet – in anderen Worten Ihren eigenen ILZ. Erleben Sie diese besondere Kombination von Empfindungen in ihrem ganzen Ausmaß, während Sie sich ein Bild von sich selbst machen, wie Sie in Höchstform sind. Sehen Sie sich, wie Sie mit schwierigen Spielsituationen umgehen, während Sie gelassen, entspannt und völlig konzentriert bleiben sowie voll positiver Energie stecken. Gehen Sie geistig und gefühlsmäßig Situationen durch, die Ihnen in der Vergangenheit Schwierigkeiten bereitet haben. Das kann ein zu langsames Ingangkommen beinhalten, ein unentschlossenes Spiel, wenn Sie die Führung innehaben, Ihre Reaktion auf bestimmte persönliche Eigenarten oder den Umgang mit Fehlern. Machen Sie sich mehrere Male ein Bild von sich selbst, wie Sie diese schwierigen Situationen erfolgreich überwinden. Sehen Sie es geschehen, und fühlen Sie es geschehen.

Keine Sorge – es kommt!

Lassen Sie sich nicht abhalten oder entmutigen, wenn Sie Schwierigkeiten damit haben sollten, die erwünschten Bilder und Gefühle auszulösen. Denken Sie daran: Auch Ihre physischen Fähigkeiten haben Sie nicht an einem Tag erlernt. Wenn Sie genügend trainieren und bei der Sache bleiben, bekommen Sie die gewünschten Ergebnisse. Widmen Sie sich diesem Vorgang ein- oder zweimal täglich für 10 bis 15 Minuten, dann erzielen Sie die besten Resultate; aber auch mit einer einzigen Übungssitzung zwei- oder dreimal pro Woche werden Sie einen stetigen Fortschritt erkennen.

Schritt 3 *Von diesem Tag an müssen Sie jedesmal, wenn Sie spielen oder in Ihrer Disziplin trainieren, den vorsätzlichen und bewußten Versuch unternehmen, jenes innere Klima zu erzeugen und aufrechtzuerhalten, das Ihre beste Leistung begleitet. In anderen Worten: Sie sind es, der seinen eigenen ILZ auslöst.*

Dies ist der entscheidendste Schritt. Ab jetzt werden Sie nicht mehr bei einem Training oder einem Spiel aufkreuzen und darauf hoffen, daß die mentalen Fertigkeiten einfach über Sie hereinbrechen. Jetzt übernehmen Sie unmittelbar die Kontrolle über den Ablauf, indem Sie jedesmal, wenn Sie Ihren sportlichen Auftritt haben oder trainieren, mentale Stärke beweisen. Und da gibt es keinen Unterschied zwischen offiziellem Spiel und Training. Jedesmal, wenn Sie die sportliche Arena betreten, haben Sie ein Ziel, nämlich Ihren idealen Leistungszustand zu erschaffen und zu bewahren – GANZ GLEICH, WAS GESCHIEHT! Kein weiteres Lernen durch Versuch und Irrtum, was Ihre mentale Stärke angeht. Ziel, Zweck und Weg sind klar. Gehen Sie diese Verpflichtung sich selbst gegenüber ein und handeln Sie!

Die Macht Ihrer physischen Präsenz

Wenn Athleten zu mir kommen und mich um Hilfe bitten bei ihrem Bestreben, bessere Wettkämpfer zu werden, dann fordere ich sie dringend auf, Filmaufnahmen jüngeren Datums von sich mitzubringen, die sie bei ihrem Sport zeigen. Es ist besonders nützlich, Filme aus der jüngsten Vergangenheit sowohl über ein schlechtes Spiel wie über eine herausragende Leistung zu besprechen. Oft können wichtige psychologische Einsichten gewonnen werden, indem man die physische Präsenz eines Athleten während einer guten Leistung der einer schlechten gegenüberstellt. Wie ein Athlet äußerlich erscheint, ist häufig ein genaues Abbild dessen, wie er oder sie sich innerlich fühlt. Wir gehen anders und halten unseren Kopf und die Schultern anders, wenn wir eine gute Leistung zeigen im Vergleich zu einer schlechten Leistung. Auch die Ausstrahlung unserer Intensität, Entschlossenheit, unseres Selbstbewußtseins und unserer Gelassenheit nimmt ein völlig anderes Erscheinungsbild an.
Ich will, daß die Sportler wissen, wie sie aussehen, wenn sie gut sind. Auch möchte ich, daß sie ein klares Bild darüber haben, wie sie aussehen, wenn es nicht so gut läuft und wenn ein Mißgeschick sie zu Fall bringt. Oft sind die Betroffenen ob des Unterschiedes recht verblüfft.

Herausragende Athleten verfügen im allgemeinen über eine sehr starke physische Präsenz. Sie strahlen körperlich Selbstvertrauen, Kraft, Ruhe und Energie aus. Häufig schüchtert diese starke physische Präsenz eines guten Sportlers dessen Gegner ein. Vielen Wettkämpfern fehlt es an einer starken und positiven physischen Ausstrahlung. Selbst wenn sie gut sind, können sie ein Gefühl vermitteln, das sich umschreiben ließe mit geringer Intensität, Gleichgültigkeit, Desinteresse, ablehnender Haltung, armseligem Selbstbild, Unsicherheit oder generellem Fehlen der inneren Kraft. Wettkampfmäßige Stärke kann man ganz wesentlich steigern, indem man die eigene physische Präsenz erhöht und verstärkt.

Wenn die physische Gegenwart eines Athleten der Verstärkung bedarf, dann fragen Sie ihn, ob er mag, was er sieht. »Mögen Sie Ihr Image, das Sie als Wettkämpfer abgeben? Vermitteln Sie physisch gesehen Eigenschaften wie Stärke, Selbstvertrauen und positive Intensität?« Um bei der Beantwortung zu helfen, zeige ich vielleicht einen Film von Topathleten, die er bewundert oder respektiert. »Läßt sich Ihre physische Präsenz positiv mit deren vergleichen?« Ausnahmslos greift sich der Angesprochene wichtige Unterschiede heraus. Ich stelle Fragen wie: »Wie teilen sie – die im Film gezeigten Athleten – ihre Stärke und ihr Selbstvertrauen mit?« Oder: »Was ist es, das Sie tun sollten, um Ihre Präsenz zu verbessern?« Schließlich erkennen sie, daß »Präsenz« eine Kombination der Art und Weise ist, wie sie ihren Kopf halten, ihre Schultern, wie sie gehen usw.

Wenn ich mit einer Gruppe von Jugendlichen arbeite, dann bitte ich die Gruppe häufig, sich untereinander dabei Hilfestellung zu geben, was erforderlich ist, sein Wettkampfimage zu verbessern. Solch ein »Input« von Gleichrangigen erweist sich häufig als nützlich und aufschlußreich. Dabei ist es sehr wichtig sicherzustellen, daß das Feedback stets positiv und konstruktiv ist.

Sobald wir ein klares Bild davon haben, was hinzukommen muß, um das Image eines Wettkämpfers zu verbessern, beginnen wir mit dem Trainieren und Einstudieren. Ich habe schon zwei ganze Tage lang daran gearbeitet, nur um die Gangart eines einzelnen zu verbessern. Was ich sehen will, ist Selbstvertrauen, Entschlossenheit, Gelassenheit – und Feuer. Für die meisten Sportarten möchte ich das Bild eines Kämpfers sehen. Am allerwenigsten wünsche ich mir, daß der Eindruck von Demut oder Höflichkeit übermittelt wird. Vielmehr will ich Kraft und Zuversicht, ja Kühnheit sehen. Die von uns benutzten Materialien sind ein Spiegel, der Film und Videoaufnahmen, die uns dabei helfen, ein starkes Image zu bilden.

Wieso ist physische Präsenz so wichtig? Die Antwort liegt in der Erkenntnis, wie stark der Zusammenhang ist zwischen unserem Geist und unserem Körper. Es ist unmöglich, das eine zu beeinflussen, ohne auch auf das andere einzuwirken. Finden Änderungen in unserem physischen Körper statt, dann werden wir auch entsprechende psychologische Änderungen feststellen können. Zusammenfassend läßt sich das folgendermaßen darstellen:

○ Wir können tatsächlich kontrollieren, wie wir innerlich fühlen, indem wir prüfen, wie wir äußerlich erscheinen.
○ Wenn Sie innere Kraft spüren wollen, dann richten Sie Ihren Blick auf Ihr äußeres Erscheinungsbild.
○ Wenn Sie sich selbstbewußt fühlen wollen, dann handeln Sie auch nach außen selbstbewußt.
○ Wenn Sie eine positive innere Stärke entwickeln wollen, dann geben Sie auch nach außen ein starkes Bild ab.

Das Prinzip ist einfach, aber die Ergebnisse sind überzeugend. Ein mental starker Athlet zu sein bedeutet, die Kontrolle zu haben über den inneren Gefühlszustand (ILZ). Um diesen Zweck zu erfüllen, sind drei primäre Strategien anzuwenden: Die erste ist, zu steuern, was man denkt; die zweite zu lenken, was man visualisiert; die dritte zu kontrollieren, wie man äußerlich wirkt, d. h. Ihre physische Präsenz. Machen Sie es sich zu einer Verpflichtung, Ihr physisches Image jedesmal zu verbessern, wenn Sie im Wettkampf antreten oder in Ihrer Disziplin trainieren. Verbessern Sie Ihre Gangart, Ihr Erscheinungsbild der Stärke und Angriffslust. Athleten werden, wenn überhaupt, selten in diesem Bereich ausgebildet; meine Erfahrung offenbart jedoch, wie wichtig es ist, mentale Kraft und Stärke aufzubauen.
Ein Grund, weshalb wir unsere negativen Emotionen nach außen hin zeigen, ist, um jeden um uns herum – einschließlich der Gegner – wissen zu lassen, daß wir in Wirklichkeit viel besser sind, als wir mit unserem Spiel zu erkennen geben. Wir wollen sie damit wissen lassen, daß wir nicht in Form sind und viel mehr können. »Wenn ich es nicht zeige, daß ich aufgeregt bin, dann würden sie glauben, daß ich immer so spiele.« Eine solche Taktik vermag vielleicht das eigene Ego oder den Stolz zu retten, aber letztlich wird sie Sie langsam zugrunde richten. In Wirklichkeit überzeugen Sie nur selten jemanden, auch nicht Ihren Gegner, und Sie enden als Gefangener Ihrer eigenen negativen Gefühlsverfassung. Sie werden sich weiterhin genauso fühlen, wie Sie sich geben – jämmerlich, aufgeregt und negativ. Die Auswirkungen auf Ihre Leistung bei solchen Empfindungen sind klar. Und noch etwas: Verhält sich ein Athlet negativ, dann steigert er damit häufig das Selbstvertrauen seiner Gegner. – Die Botschaft ist klar: Wenn keine Gefühle vorhanden sind, dann tun Sie so, »als ob« sie da wären.

Bei Widrigkeiten so tun »als ob«

Wenn Sie sich niedergeschlagen fühlen, wenn sich die Welt des Sports gegen Sie gerichtet hat, wenn Sie Ihre Selbstsicherheit verloren haben und Sie eine ablehnende Haltung verspüren, dann kämpfen Sie gegen diese Empfindungen an, indem Sie überprüfen, wie Sie nach außen wirken. Werfen Sie Ihre Schultern zurück, beschleunigen Sie Ihren Gang und erzeugen Sie dieses Selbstbewußtsein physisch. Wenn Sie dieses Selbstbewußtsein nicht spüren, dann tun Sie so, »als ob« Sie es spüren. Dieser physische Akt des »als ob« löst oft positive Veränderungen in Ihrer geistigen Verfassung aus. Sie können sich selbst täuschen, sich stark, des Erfolgs gewiß und positiv zu fühlen! Und das Gegenteil ist genauso wahr: Wenn Sie in sich ein ablehnendes Gefühl haben, nicht im Einklang mit sich sind und entsprechend Ihrem inneren Zustand handeln, dann werden Sie diese hindernden Gefühle in sich einschließen. Denken Sie daran, daß Sie nicht immer kontrollieren können, wie Sie sich fühlen, aber Sie können stets Herr Ihrer physischen Präsenz sein. Hier die abschließende Aussage: Arbeiten Sie intensiv daran, die physische Präsenz eines Klasseathleten zu entwickeln und aufrechtzuerhalten – ganz gleich, wie Sie sich fühlen!

Zusammenfassung der Prinzipien mentaler Stärke

Die innere Stärke eines Athleten wird an dessen Leistungskonsistenz gemessen. Leistungskonsistenz ist das Ergebnis emotionaler Konsistenz. Jene Sportler, die gelernt haben, wie man während eines Wettkampfs durchweg einen sehr spezifischen gefühlsbedingten Zustand auslöst, bezeichnet als der ideale Leistungszustand (ILZ), sind die besten Konkurrenten. Sie haben gelernt, mittels einer höchst ungewöhnlichen Methode auf die ständige Flut von Problemen und Krisen zu antworten, denen sie sich im Wettkampf gegenübergestellt sehen. Sie reagieren auf eine Weise, die ihnen dazu verhilft, sich entspannt zu fühlen, gelassen, voller Tatkraft, selbstsicher, und die sie das Ganze »lieben« läßt.
Wie machen sie das? Erstens haben sie gelernt, den Fluß der positiven Energie im Augenblick der Krise oder des Mißgeschicks zu erhöhen, anstatt ihn zu verringern. Zweitens haben sie gelernt, in einer ganz besonderen Art zu denken. Was Schwierigkeiten, Druck, Fehler und den Wettkampf anbelangt, haben sie die richtige Einstellung. Und drittens haben sie gelernt, wie man sich richtig konzentriert. Ihre Konzen-

trationsfähigkeit ist außergewöhnlich. Wie können wir diese gleichen Fähigkeiten erlernen? Wie können wir unsere eigene mentale Stärke verbessern? Das ist es, was das *Athletic Excellence Training* lehrt. Wir können unsere geistige Kraft und innere Stärke steigern, wenn wir uns an die folgenden AET-Prinzipien halten:

○ Vergrößern Sie Ihre Bewußtheit über jenen gefühlsmäßigen Zustand, der mit Ihren besten Leistungen in Zusammenhang steht.
○ Trainieren Sie es, diese ideale Gefühlskonstellation in sich auszulösen, und zwar innerhalb wie außerhalb des sportlichen Bereichs. Je mehr Sie bewußt üben, Ihren idealen Leistungszustand auszulösen, desto fähiger werden Sie und desto mehr sind Sie auch in der Lage, während eines Wettkampfs emotionale Kontrolle auszuüben.
○ Trainieren Sie, sich selbst im Wettkampf vorzustellen und gleichzeitig Ihren ILZ auszulösen
○ Nehmen Sie jede Gelegenheit wahr, die sich Ihnen bietet – im Training wie im Wettkampf –, zu lernen, wie man sich richtig Energie verleiht, wie man richtig denkt und wie man sich richtig konzentriert, so daß Ihr ILZ zu einer stetigen Realität wird.
○ Wohlgemerkt: Der Bezugspunkt bei allen großen Wettkämpfern ist, wie sie emotional auf Probleme und Krisen reagieren: Sie fühlen sich herausgefordert, angeregt und entschlossener – es macht ihnen ganz einfach Spaß, Probleme während des Wettstreits zu lösen.
○ Indem Sie Ihre Fähigkeiten bezüglich des Visualisierens, der Muskelentspannung, der geistigen Entspannung und der Atemkontrolle verbessern, beschleunigen Sie auch die Fortschritte hinsichtlich Ihrer mentalen Stärke.
○ Führen Sie über Ihre Bemühungen ein Tagebuch.

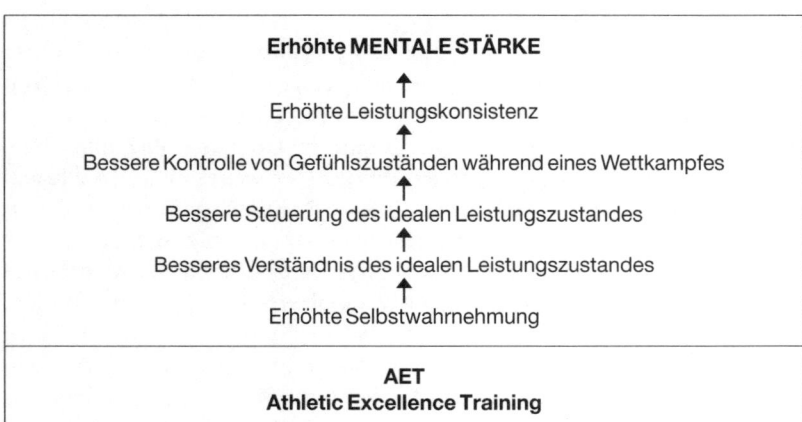

Erhöhte MENTALE STÄRKE

↑

Erhöhte Leistungskonsistenz

↑

Bessere Kontrolle von Gefühlszuständen während eines Wettkampfes

↑

Bessere Steuerung des idealen Leistungszustandes

↑

Besseres Verständnis des idealen Leistungszustandes

↑

Erhöhte Selbstwahrnehmung

AET
Athletic Excellence Training

Weiterentwicklung Ihrer Fähigkeiten

Visualisierungstraining

Lehnen Sie sich entspannt zurück, schließen Sie Ihre Augen und stellen Sie sich deutlich folgende Baseball-Szene vor: Das Ende des neunten Durchgangs naht – die letzte Möglichkeit also, um einen Punkt zu machen –, zwei Spieler sind draußen, die Männer befinden sich auf dem zweiten und dritten Mal und der Spielstand liegt bei 5:4 zu Gunsten Ihres Gegners. Um in die Endrunde zu gelangen, muß Ihr Team dieses Spiel gewinnen. Gewinnen Sie nicht, ist die Saison vorbei. Sie sind als nächster dran. Obwohl die Anspannung und die Aufregung überall zu spüren sind, sehen Sie sich selbstsicher von Ihrer Warteposition aus zum Schlagmal gehen. Die Sonne scheint warm auf Ihr Gesicht, während Sie sich mit ein paar Übungsschwüngen locker machen. Der Lärm der Fans, das vertraute Gefühl des Schlagholzes und die Aufregung des Augenblicks – all das ist sehr real.

Trotz des Drucks fühlen Sie sich sicher, hellwach und erwartungsvoll. Dies stellt eine Herausforderung für Sie dar, keine Bedrohung. Sie haben die Technik des Werfers sorgfältig studiert, und als Sie das Schlägerfeld betreten, um den ersten Ball entgegenzunehmen, können Sie eine leichte Nervosität in den Augen des Werfers erkennen. Jetzt spüren Sie, wie Sie erwartungsvoll und schlagbereit dastehen; sehen Sie, wie der Werfer den Ball abspielt; sehen Sie den herannahenden Ball. Sie hören den Ruf »Ball eins!« vom Schiedsrichter direkt hinter sich.

Sie treten zurück, machen einen weiteren Übungsschlag und dann nehmen Sie erneut Ihre Schlagposition ein. Der Wurf gilt, und Sie holen zum Schlag aus. Sie können den Schläger förmlich spüren, wie er mit dem ankommenden Ball zusammenstößt. Der Aufprall ist hart, und Sie wissen, daß der Ball gut getroffen ist – er fliegt schnurgerade über das zweite Mal. Der Läufer am dritten Laufmal erreicht das Mal – und es steht unentschieden!

Oder Tennis: Sie sind wieder völlig entspannt und vergegenwärtigen sich folgende (oder eine andere für Sie zutreffende) Szene: Es ist Ihr drittes großes Turnier in diesem Jahr, und Sie haben gute Chancen, in das Finale zu kommen. Der Spielstand: 6:2 und 4:6. Im 3. Satz steht es 5:4. Über dem Court liegt eine fast fühlbare Spannung. Ihre Fans feuern Sie an, aber auch Ihr Gegner bekommt lautstarke Unterstützung. Es ist ein faires Publikum. Es ist warm, ja heiß – Sie mögen diese Hitze. Ihr Aufschlag. Nun könnte die Entscheidung fallen. Sie waren ein-, zweimal unkonzentriert, haben aber jetzt Ihren Fokus wiedergefunden. Es steht 15:40. Ihr Gegner ist heute ausgesprochen stark. Doch Sie lassen sich nicht irritieren. Im Gegenteil: Gute Gegner fordern Sie geradezu heraus. Sie laufen zu Ihrer Bestform auf. Sie konzentrieren sich auf Ihren Schläger, auf den Ball. Er fühlt sich gut an in Ihrer Hand, und Sie sind ganz ruhig. Drei-, viermal lassen Sie den Ball aufspringen – Aufschlag – und Netz. Ein Raunen geht durch die Menschenmenge, alle sind bis aufs äußerste gespannt. Ein Balljunge huscht über den Platz, um den Ball aufzuheben. Gelassen holen Sie den Ball zum zweiten Aufschlag aus der Tasche! Und wieder Ihr Ritual – drei-, viermal springt der Ball auf dem Boden auf, dann Ihr kräftiger Aufschlag – As! Es ist Ihr siebtes in diesem Match.

Zwei Beispiele für eine Visualisierung, einer wirklich elementaren und wichtigen Übung für jeden ernsthaften Athleten. Erstellen Sie Ihr ganz persönliches Visualisierungsprogramm für Ihre Disziplin.
Verfolgt man das Leben einiger Athleten, so läßt sich die Bedeutung des Visualisierens ohne weiteres beweisen. Robert Foster zum Beispiel brach seinen eigenen Weltrekord im Gewehrschießen, obwohl es ihm über ein Jahr lang nicht möglich gewesen war, mit seinem eigenen Wettkampfgewehr zu trainieren. Wie war das möglich? Ein ganzes Jahr lang verwandte er täglich 10 Minuten darauf, um das Schießen mental zu üben. Fran Tarkenton, einer der größten Zuspieler der Nationalen Fußball-Liga aller Zeiten, schreibt viel von seinem Erfolg der Kunst des Visualisierens zu. Vor jedem Spiel vergegenwärtigte er sich jede nur mögliche Situation, die während des Spiels auftreten könnte. Jack Nicklaus erklärt, daß 50% seiner Golferfolge das Resultat seiner Visualisierungsmethode sei. Bruce Jenner, Gewinner des olympischen Zehnkampfes im Jahre 1976, glaubt, daß sein tägliches *Vorstellungstraining* jeder Disziplin, das geistige Wiederholen und Einstudieren aller Einzelheiten, wesentlich zu seinem größten Sieg beigetragen hat.
Die meisten Topathleten der Welt trainieren das Visualisieren regelmäßig und wissen sehr wohl um den Wert, der sich in ihrer Leistung niederschlägt. Was sie gelernt haben, können auch Sie lernen:

> *Die Kunst des Visualisierens ist eine der wirksamsten mentalen Trainingsstrategien, die aktiven Athleten zur Verfügung steht.*

In vieler Hinsicht sind wir vergleichbar mit bildempfindlichen Computern. Die geistigen Vorstellungen und Bilder, welche wir über uns selbst haben und darüber, was wir können und was nicht, bestimmen, wie wir reagieren sowie über unseren entsprechenden Leistungsgrad. Solche geistigen Bilder (auch Vorstellungsbilder genannt) dienen als »Blaupausen« oder Pläne, als Wegweiser für unsere Reaktionen. Programmieren Sie negative und völlig sinnlose Bilder, dann ist das genau das, was Sie bei Ihrem Auftritt bekommen werden.

Visualisieren ist nichts anderes als das systematische Trainieren, starke, positive geistige Bilder in sich hervorzurufen und zu verstärken. Man kann es auch »Programmieren von positiven Vorstellungsbildern« nennen. Das Visualisieren stellt eine außerordentlich effektive Trainingstechnik dar, um geistig-seelische Wünsche in körperliche Leistung umzuwandeln.

Ein höchst scharfsichtiger Mann namens Dr. Maxwell Maltz machte die folgende aufschlußreiche Beobachtung: Ihr Gehirn ist unfähig, zu unterscheiden zwischen dem, was wirklich geschehen ist, und dem, was Sie sich intensiv vorgestellt (visualisiert) haben. Wenn Sie sich etwas genau vorstellen, ja wirklich »sehen« können, dann ist es, als wäre es bereits geschehen. Wenn Sie ein klares und lebhaftes Bild davon haben, wie Sie im morgigen Match gut spielen, wenn Sie sich selbst sehen, wie Sie ruhig, gelassen und entspannt bleiben, wie Sie Ihr Temperament unter Kontrolle haben usw., und zwar in dem Sinne, wie Sie die Information in Ihr Zentralnervensystem einprogrammiert haben, ist es für Ihr Gehirn bereits geschehen. Das Denken alleine also ebnet den Weg, es auch zu tun!

Was genau bedeutet Visualisieren?

Visualisieren ist der Vorgang, im Geiste Bilder zu erzeugen. Während die Sprache das Denken in Worten wiedergibt, bedeutet Visualisieren *Denken in Bildern.* Es ist ganz einfach die Anwendung der Phantasie, der Vorstellungskraft – man »sieht« mit dem »geistigen Auge«. Es ist die Re-Kreation, die Wiedererschaffung eines vergangenen Erlebnisses durch geistige Vorstellungsbilder. So wie der Begriff hier angewendet wird, bedeutet es, daß wir auch die Gefühle, Sinneswahrnehmungen und Emotionen wiedererschaffen, welche diese Bilder begleiten. Visualisierung stellt demnach die geistige Rekonstruktion einer Erfahrung, eines Erlebnisses dar.

Beim Visualisieren müssen Sie *in Bildern denken,* nicht in Worten. Anstatt sich den Wortbefehl zu geben, diesen wichtigen Treffer zu erreichen, diesen Schuß oder Wurf zu machen oder dieses As zu

110

servieren, müssen Sie vielmehr *sich sehen,* wie Sie es tun. Sie schöpfen das Bild und kopieren dann die Vorstellung.

Besonders interessant dabei ist, daß Sie die Bedingungen eines Wettkampfs im Geist viel genauer simulieren können als mit physischem Training. Sie können sich Fans her»denken«, Schiedsrichter und Gegner, wenn Sie das Visualisieren praktizieren, was in einem regulären körperlichen Training unmöglich ist. Sie können *geistig* trainieren, wie Sie gegen die gleiche Person oder die gleichen Personen antreten, auf die Sie in Ihrer nächsten Begegnung stoßen werden, die Besonderheiten Ihrer Taktik einüben und alle Ihre Bewegungen trainieren.

Viele Athleten wissen sehr wohl, wie wichtig es ist, mental vorbereitet zu sein, um gut zu spielen, aber sie sind sich häufig unklar darüber, was das eigentlich bedeutet. Auf einen Wettkampf mental vorbereitet zu sein bedeutet, NIEMALS VON IRGEND ETWAS ÜBERRASCHT ZU SEIN. Ein Athlet, der von unvorhergesehenen Situationen überrumpelt wird, gerät immer wieder in Schwierigkeiten. Um einen solchen Überraschungsakt weitestgehend auszuschließen, empfiehlt es sich, geistig erfolgreiche Lösungen zu proben auf die vielen Situationen, die während eines Spiels eintreffen können. In anderen Worten: Sie haben so starke, positive Vorstellungsbilder entwickelt, wie Sie nur können, für so viele Situationen, die während eines Spiels oder Wettkampfs überhaupt auftauchen können. Das bedeutet, daß Sie Erfahrung mit dem Visualisieren sammeln sollten.

Mentales Training oder geistiges Proben wird gern im gleichen Atemzug mit dem Visualisieren genannt. Tatsächlich besteht mentales Training daraus, sich in seiner Vorstellung ein Bild von sich selbst zu machen, wie man *etwas tut* – es ist die Wiederholung einer physischen Leistung oder Bewegung im Geiste.

Innerhalb dieses Bereichs sind die wichtigsten Voraussetzungen wohl die folgenden:

1. Jeder unterscheidet sich in seiner Fähigkeit des Visualisierens. Einige können sich ein sehr klares Bild in all seinen Einzelheiten machen. Andere können nur sehr wenig »sehen« und erleben.
2. Die Fähigkeit zu visualisieren ist eine *erlernte Fertigkeit.* Je mehr Sie sie trainieren, um so besser werden Sie darin.
3. Das Visualisieren ist eine der wirkungsvollsten Techniken, die man anwenden kann, um Selbstkontrolle, Selbstvertrauen und mentale Stärke im Sport zu erlernen.
4. Die Kunst des Visualisierens verkörpert hinsichtlich des Leistungsvermögens das Bindeglied zwischen dem Geist und dem Körper. Diese Technik ist die wirkungsvollste Form der Kommunikation zwischen geistigen Vorstellungen und körperlicher Leistung.

Unter welchen Bedingungen haben Ihre Visualisierungen die stärkste Wirkung?

○ Wenn Sie sich an einem ruhigen Ort befinden, frei von jeglicher Ablenkung.
○ Wenn Ihr Gemüt und Ihre Sinne ausgeglichen sind und Ihr Körper entspannt ist.
○ Wenn Sie Gefühle, Gedanken und Wünsche oder Sehnsüchte beiseitelegen können, die keinen Bezug zu dem geistigen Vorstellungsbild haben.
○ Wenn Sie in Farbe visualieren.
○ Wenn Sie in so vielen Einzelheiten wie möglich visualieren.
○ Wenn Sie sich Ihre Sinne zunutze machen: Riechen, Tasten, Fühlen und Hören.
○ Regelmäßige Wiederholung und Übung.

Es gibt zwei höchst unterschiedliche Zugänge zum Visualisieren, und beide rufen sehr unterschiedliche Ergebnisse hervor. Eine Methode ist, in Ihrer Vorstellung *der Darsteller zu werden;* dies wird mit *subjektiver Visualisierung* bezeichnet. Hierbei führen Sie körperlich die Bewegungen in Ihrer Vorstellung aus und »fühlen« geistig das Resultat. Bei der subjektiven Visualisierung sind die gleichen Muskeln aktiviert in genau der gleichen Folge, wie dies bei einer tatsächlichen physischen Ausführung geschehen würde. Dies ist eine ausgezeichnete Methode, physische Fertigkeiten einzustudieren.

Die andere Visualisierungsmethode verlangt, daß Sie zum *Beobachter* werden. Mit dieser Methode, *objektive Visualisierung* genannt, sehen Sie sich, als betrachteten Sie einen Film von sich selbst.

Visualisierungsstrategien

1. Trainieren Sie das Visualisieren und das Sich-Vorstellen mit allen Ihren Sinnen. Versuchen Sie, durch Übung Ihre Fähigkeit zu entwikkeln und zu schärfen, klare geistige Bilder von Menschen, Plätzen und Sportereignissen zu erzeugen. Je mehr Sie üben, um so besser werden Sie.
2. Je klarer und detaillierter Ihre geistigen Vorstellungsbilder, desto bedeutender ist die Auswirkung des Visualisierens.
3. Benutzen Sie Fotos, Spiegel, Filme oder Videowiederholungen, um die Exaktheit des geistigen Bildes zu verstärken und zu verbessern – des Bildes, das Sie von sich während einer sportlichen Leistung haben.

4. Wiederholen Sie im Geiste schwierige Sequenzen oder Techniken, wie Fangen und Werfen, Schießen, Springen, Drehen, Schlagen – Aktionen, die Ihnen Schwierigkeiten bereitet haben. Wird das praktische Training einer Fertigkeit von *mentalem Training* begleitet, dann ist es einem Training, das allein physisch durchgeführt wird, weit überlegen. Das geistige Training kann dazu beitragen, daß Sie Ihre körperlichen Fertigkeiten besser erlernen und beherrschen.
5. Üben Sie, während aller nur möglichen Geschehnisse Ihrer sportlichen Auseinandersetzung *positive geistige Bilder* zu erzeugen und diese zu verstärken. Arbeiten Sie daran, die Mißerfolgsbilder auszuschließen, und ersetzen Sie sie durch Erfolgsbilder.
6. Wiederholen Sie im Geiste nützliche mentale und gefühlsmäßige Reaktionen auf schwierige Situationen, die während einer wettkampfmäßigen Begegnung auftauchen können. Anstatt entmutigt, zornig oder ängstlich zu werden, sehen Sie sich vielmehr, wie Sie selbstsicher, gelassen und positiv bleiben.
7. Arbeiten Sie täglich intensiv daran, Ihre negativen und selbstzerstörerischen Selbstbilder zu ändern und umzuformen in positive und konstruktive Bilder.
8. Erstellen Sie ein regelmäßiges Visualisierungs-Trainingsprogramm. Um wirklich gute Ergebnisse zu erhalten, sollte die Kunst des Visualisierens geübt werden, wenn Sie sehr entspannt und ruhig sind. Viele kurze Sitzungen (von etwa 5minütiger Dauer) sind bedeutend besser als eine oder zwei lange Sitzungen.

Das Visualisieren hat nichts mit Zauberei zu tun und erspart auch nicht das intensive physische Training. Es gibt keinen Ersatz für körperliches Training, aber damit gewinnt man den Kampf nur halb. Die andere Hälfte wird durch das Denken in positiven Bildern gewonnen!

Selbstmotivation

Eine systematische Annäherung

Sollten Sie Motivationsschwierigkeiten haben, dann haben Sie wahrscheinlich auch Leistungsprobleme. Motivation ist die Energie, die alles in Bewegung bringt. Selbstmotivation stellt eine wichtige und starke Quelle positiver Energie dar, und fehlt sie, dann läßt auch die Leistungsfähigkeit nach. Wichtige Komponenten wie Weiterentwicklung, Wandel und Höchstleistung erfordern Energie und Anstrengung. Ihre

Bereitwilligkeit, Frustration, Opfer, Druck, Furcht und harte Arbeit auf sich zu nehmen, steht in unmittelbarem Zusammenhang mit Ihrem motivationellen Zustand. Wenn Ihre Wünsche und Sehnsüchte auf Dauer zerstört worden sind und Sie keinen Beweggrund mehr finden können, der Sinn für Sie macht, dann sind Sie als aktiver Athlet am Ende. Das ist auch der Grund, weshalb man von den Trainern wie den Sportlern so viele Diskussionen über die Bedeutung der Motivation und Wünsche hört. Dies ist der kritischste Faktor, was die Leistungsfähigkeit angeht. Ohne diesem inneren Antrieb ist es wertlos, hart zu arbeiten, um seine unzulänglichen Einstellungen zu ändern, seine Konzentration oder das Selbstvertrauen zu verbessern oder seine körperlichen Fähigkeiten zu vervollkommnen.

Wieso verlieren Athleten ihre Motivation? Was veranlaßt Spieler, daß sie ausgelaugt sind oder ihr Interesse verlieren? Im wesentlichen geschieht dies, weil der Sport ihre grundlegenden psychologischen Bedürfnisse nicht mehr erfüllt oder nicht mehr zu erfüllen verspricht: ihre Bedürfnisse nach Anerkennung, Bestätigung, Selbstwert oder Erfolg. Tatsächlich kann genau das Gegenteil geschehen.

Spielt man wettkampfmäßig, so können diese Grundbedürfnisse in einem solchen Maße unterdrückt oder bedroht werden, daß das Risiko viel größer wird als der Lohn. Übersteigen die potentiellen Verluste die potentiellen Siege, dann begreift der Spieler allmählich, daß das Ganze keinen Sinn mehr macht. »Wieso so hart arbeiten, sich all den Unannehmlichkeiten aussetzen, meinen Kopf hinhalten und dann noch haushoch verlieren?«

Jung oder alt, Anfänger oder Superstar – wir sind alle potentielle Opfer dieser Falle. Für die jungen, sich noch entwickelnden Talente ist Druck die Kraft, die es zu neutralisieren gilt – Druck zu gewinnen, Druck seitens der Eltern, Druck von innen. Für den Sportveteran im vorgerückten Alter ist das Ausbleiben seiner Weiterentwicklung oder ein spürbarer Leistungsabfall hinderlich für die Motivation. Beim Profisportler nagen nicht genügend Gewinne, nicht genügend Geld und zuviel körperliche Schinderei an der Motivation. Und was es noch schlimmer macht: Ein Mangel an Motivation ist auch höchst ansteckend. Wenn Sie mit Menschen zu tun haben, die von der Motivationskrankheit befallen sind, dann seien Sie nicht erstaunt, wenn Sie sich selbst Schaden zufügen.

Ein allumfassendes Gegenmittel

Was tun wir, um ein hohes Maß an Selbstmotivation aufrechtzuerhalten, und was können wir tun, sie zurückzuerlangen, wenn wir sie verloren haben? Die Antwort ist alles andere als überraschend – ERFOLG. Erfolg ist ein universelles Gegenmittel. An dieser Stelle jedoch ein Wort der Warnung: Gemeint ist nicht der Erfolg mit den Augen eines anderen. Erfolg bildet nur dann die entscheidende Kraft, wenn er von dem Athleten oder der Athletin selbst als solcher verstanden wird. Solange Sie sich selbst als erfolgreich betrachten, ja sich immer mehr diesem für Sie bedeutungsvollen Ziel nähern, bleiben Sie motiviert.

Ihr Ziel ist es dann, eine Dosis des regelmäßigen Erfolgs zu programmieren. Wenn das Verhältnis von Erfolgserlebnissen und Mißerfolgserlebnissen einen bestimmten Punkt erreicht, wird ein erneutes Interesse in Ihnen erwachen. Der Risikofaktor, die Anzeichen für Ihr Wohlergehen und das Gewinnpotential haben sich geändert. Sie fangen wieder an, mehr Spaß am Sport zu finden.

Der tiefere Sinn von Erfolg

Erfolg gibt es auf vielen Ebenen. Wir kennen die großen Erfolge, wie beispielsweise in Wimbledon zu gewinnen oder den Super Bowl, und die kleinen Erfolge, wenn zum Beispiel der Eishockeyspieler im völligen Alleingang den Puck am Torhüter vorbei ins Tor schlägt oder der Basketballspieler nach zwei Freiwürfen endlich einen Punkt für seine Mannschaft verwandelt und ein Ausgleich erzielt ist. Allzuoft wird der Erfolg bei kleinen Ereignissen gedämpft durch die Mißerfolge bei den großen. Hier werden Erfolg und Gewinnen durcheinandergeworfen. Für viele ist Verlieren gleichbedeutend mit Mißerfolg und Gewinnen gleichbedeutend mit Erfolg. Welch eine tragische Fehleinschätzung! Die Auswirkungen auf die Leistung sind verheerend.

In einer Welt, in der Sieger alles bedeuten und Verlierer nichts, ist es leicht, den falschen Schluß zu ziehen und auch falsche Zusammenhänge herzustellen. Richtig ist eine Paarung von Erfolg mit Anstrengung, Vollkommenheit und Vorwärtsentwicklung, nicht mit dem Gewinnen des äußeren Wettkampfes. Ein stetiger Erfolg ist der Schlüssel zur Motivation. Es ist keine Sache von einmal-alle-sechs-Wochen; er muß konstant sein. Und große Erfolge verwirklichen sich nicht über Nacht; sie sind die natürliche Folge der Anhäufung von Hunderten kleiner Erfolge. Wie einer der herausragenden Vollprofis der National Football Liga so weise sagte: »An einem Erfolg schleicht man sich nicht heran. Man holt ihn sich Zentimeter für Zentimeter. Wir sind alle viele hundertmal gescheitert. Jeder hat seinen Preis bezahlt – manche von uns das Zweifache.«

Wieso bleibt dann jeder dabei? Was ist der Lohn? Die Antwort lautet in einem Wort HERAUSFORDERUNG! Es ist, als habe man einen Traum davon, was man tun könnte oder werden könnte, und dann bewegt man sich Tag für Tag Zentimeter für Zentimeter vorwärts, um diesen Traum zu realisieren. Jeder Schritt wird zu einem wichtigen Erfolg. Die Herausforderung, die eigenen Grenzen zu erforschen und auszudehnen, entfacht das Feuer, und der Treibstoff in Gestalt des Erfolgs hält es am Brennen. Nähme man den Treibstoff weg, würde das Feuer langsam verlöschen.

Mut zum Risiko

Da gibt es noch einen anderen Aspekt, sich Ziele zu setzen, der bislang nicht besprochen wurde. Wann immer Sie sich eigene Ziele setzen, rufen Sie damit auch Probleme, Konflikte und harte Arbeit hervor. Die Maßnahme des Zielsetzens für sich genommen ist häufig ein Konflikt, denn Sie gehen ein Risiko mit sich selbst ein, setzen Ihr Leben aufs Spiel, und das ist alles andere als bequem zu nennen.

Wenn Ihr Ziel lautet, innerhalb von fünf Jahren in Ihrer Disziplin ein Spitzenwettkämpfer zu sein, dann riskieren Sie einen Fehlschlag und schaffen sich Berge von harter Arbeit. Außerdem rufen Sie damit Probleme ins Leben, Probleme der Angst und der Anspannung, Probleme, Ihren Zorn und Ihr Temperament unter Kontrolle zu haben, positiv und optimistisch zu bleiben, mit Fehlern umzugehen, Mißerfolge zu handhaben, Probleme mit der Zeit, mit Geld und dergleichen mehr.

Das nächste Mal also, wenn Sie sich in der Spannung eines Wettkampfes wiederfinden und Ihr Ellbogen plötzlich steif wird, Ihre Hände anfangen zu zittern und Sie sogar Mühe haben zu atmen, dann treten Sie einen Schritt zurück und lächeln Sie innerlich, weil Sie es wieder geschafft haben! Sie haben Ihr Leben aufs Spiel gesetzt; Sie haben es darauf ankommen lassen. Und das ist es, was einen Sieger ausmacht –

Risiken einzugehen, Fehler zu machen, um dann endgültig den Durchbruch zu schaffen.

Höllenqual und Sinnestaumel – zwei bekannte Phänomene

Die Freude, die Erfüllung und die Befriedigung, die man erfährt, wenn man ein weiteres anspruchsvolles Ziel erreicht hat, ist kaum zu beschreiben. Es ist die Ekstase des Sports. Aber die Agonie gibt es daneben ebenso. Sie werden – und wahrscheinlich haben Sie bereits eine Erfahrung hierzu – beträchtliche Frustration, Enttäuschungen und Zweifel erleben. Die Lösung ist, zu wissen und zu verstehen, daß dies geschehen wird und einen notwendigen Teil des Prozesses darstellt. Laufen Sie also nicht davor weg; greifen Sie an, kämpfen Sie. Sammeln Sie sich erneut, und in Kürze werden Sie Ihren Durchbruch haben und dem Ziel näher sein als jemals zuvor.

Ein Garantieprogramm für den Erfolg

Das Programm, welches im folgenden vorgestellt wird, zeigt Ihnen eine schrittweise Methode, um täglich Erfolg zu erleben. Sie gewährleistet auch Ihre Selbstmotivation. Wenn Sie diesem Plan folgen, werden Sie regelmäßige Erfolge erfahren, motiviert bleiben, und Sie werden entdecken, wie gut Sie als aktiver Athlet sein können.

Schritt 1   *Träumen Sie einen Traum und stellen Sie sich vor, was Sie möglicherweise als Athlet erreichen könnten.*

Jeder Olympiasieger hatte zuerst einen Traum darüber, die Nummer eins in der Welt zu sein. Welches ist Ihr Wunschtraum? Alles nimmt seinen Anfang in einem Traum, um dann Gestalt anzunehmen. Ihr Traum könnte sein: Clubsieger zu sein, ein Weltklassespieler zu werden und vieles mehr. Er könnte auch davon handeln, das seit langer Zeit bestehende negative Bild, das Sie vielleicht von sich selbst als Athlet haben, in ein positives Bild zu verwandeln. Die einzige Bedingung hierbei ist, daß der Traum wirklich Ihr ganz persönlicher Traum sein muß – nicht der eines anderen. Ihr Wunschtraum ist eigentlich Ihr Fernziel, etwas Greifbares und Wirkliches, etwas, das es wert ist, danach zu streben.

Machen Sie sich keine Gedanken darüber, ob Ihr langfristiges Ziel, d. h. Ihr Fernziel realistisch ist. Was ist realistisch? Wer sagt denn, was realistisch ist für Sie und was nicht? Ihr Traum handelt von Ihrem Potential, d. h. Ihren Leistungsmöglichkeiten, und niemand vermag zu wissen, was das ist – noch nicht. Nicht einmal Sie selbst.

Während Sie Ihrem »Traum« Formen angedeihen lassen, sprechen Sie mit Spitzenspielern, lesen Sie deren Lebensgeschichten und lernen Sie von ihren Träumen, ihrer intensiven Arbeit und ihrer Disziplin. Nehmen Sie eine »Heldengestalt« oder gar mehrere als Vorbild, jemanden, dem Sie gleichen wollen. Vielleicht ist Ihr Held ein Superstar, ein Landesmeister oder sogar Ihr Teamkamerad. Wählen Sie jemanden aus, den Sie besonders bewundern, und ahmen Sie seine Haltung, seine Hingabe und seine Selbstsicherheit nach.

Setzen Sie Ihre ganze Vorstellungskraft ein. Sehen Sie sich, wie Sie Ihr langfristiges Ziel erreichen. Sehen Sie es hundertfach Wirklichkeit werden und erkennen Sie auch die Kraft, die in Ihrer Phantasie steckt. Ein sehr kluger Mann sagte einmal, daß, wenn es zwischen Ihrer Vorstellung und Ihrem Willen einen Konflikt gibt, Ihre Vorstellung immer gewinnt. Mit Ihrer Willenskraft können Sie ein Ziel »geschehen« machen, aber sofern Sie es nicht sehen können und in Ihrer Phantasie nicht »träumen«, wird es auch nicht Wirklichkeit. Um Ihr Ziel zu erreichen, müssen Sie es sich zuerst vor Ihrem geistigen Auge vorstellen. Der »Traum« ist also unerläßlich.

Unterschätzen Sie die Macht Ihrer Vorstellungskraft nicht, weder im positiven noch im negativen Sinne. Ein positives Phantasiebild ist das erste Glied in der Kette des Erfolgs. Dagegen stellt eine negative Vorstellung den verheerendsten Widersacher dar, dem Sie gegenüberstehen können: Sie ist die Verkörperung des programmierten Fehlschlags schlechthin. Festzuhalten an Vorstellungen von einem selbst als jemanden, der nie Erfolg hat, der nicht hat, was er braucht, oder der zusammenbricht, wenn es hart auf hart kommt — das ist mit diesen modernen, hochentwickelten Raketen vergleichbar, die auf ein ganz bestimmtes Ziel ausgerichtet sind. Eine solche negative Vorstellung ist ein vorhersehbarer Volltreffer des Versagens. Halten Sie sich also an Ihren Traum. Machen Sie ihn zur Wirklichkeit. Wenn er sich ändert, dann ändern Sie sich mit ihm, aber machen Sie ihn immer wieder zu einem positiven Traum und sehen Sie ihn ständig in Ihrer Vorstellung.

Schritt 2   *Setzen Sie mittelfristige Ziele.*

Solche mittelfristigen Ziele sind die Sprungbretter zur Verwirklichung Ihres langfristigen Zieles. Fragen Sie sich selbst: »Was muß ich während der nächsten sechs Monate bis zu mehreren Jahren erreichen, um mein primäres Ziel zu erreichen?« Diese äußerst wichtigen »Teilziele«, Ziele von anscheinend untergeordneter Bedeutung, sollten von herausfordernder, erregender und realistischer Natur sein.

Der Harvard-Psychologe David McLelland leitete ein Experiment, das die mittelfristige Zielsetzung betrifft. Er ersann den sogenannten »Success Potential Test« (Erfolgspotentialtest). Bei diesem Test wurden sechs bis zehn Leute gebeten, an einem speziellen Spiel teilzunehmen. Die Anweisungen bestanden lediglich darin, einen Ring über einen Stift zu werfen, ähnlich einem Spiel, das Kinder spielen oder das man auf Jahrmärkten findet. Jede Person erhielt fünf Würfe, weitere Regeln gab es nicht. Die Spieler konnten so nah oder so weit von den Stiften entfernt stehen, wie sie wollten. Bei diesem Experiment fand David McLelland heraus, daß die Spieler, die so nahe vor den Stiften standen, daß sie jedesmal trafen, wenig oder gar nicht motiviert waren zu gewinnen. Auch stellte er fest, daß die Spieler, die so weit entfernt standen, daß sie nicht mehr als einmal trafen, wenig oder keine Motivation verspürten, was den Erfolg anbelangte. Die größte Erfolgsmöglichkeit hatte jener Spieler, der irgendwo zwischen den beiden Extremen stand, d. h. nahe genug, um eine gute Chance zu haben, den Stift mit dem Ring zu treffen, aber weit genug entfernt, daß das Spiel noch immer eine Herausforderung für ihn darstellte. Berücksichtigen Sie diese Entdeckung, wenn Sie Ihre mittelfristigen Ziele setzen.

Es sollte Ihnen möglich sein, mit den meisten Ihrer Ziele dieser Kategorie Erfolg zu haben. Ist dies nicht der Fall, sind vielleicht Veränderungen in Ihren Trainingsbemühungen, Ihrem zeitlichen Engagement oder Ihren Zielen notwendig. Vielleicht sind Ihre Ziele unrealistisch hoch. Hüten Sie sich davor, sich schlechter zu machen, als Sie sind, aber setzen Sie sich auch keinen Fehlschlägen aus, indem Sie unmögliche Anforderungen an sich stellen. Von Zeit zu Zeit können neue mittelfristige Ziele hinzugefügt werden, und auf manche kann man verzichten; das nennt man Zielanpassung. Entscheidend ist, immer näher an die Verwirklichung eines bedeutenden Zieles zu gelangen.

Schritt 3 *Setzen Sie kurzfristige Ziele.*

Der Meister und das »Genie« in Ihnen nehmen hier Gestalt an. Dies ist das tatsächliche Kampffeld, auf dem Sie letztlich zum Gewinner oder Verlierer werden, siegen oder fehlschlagen. Dies stellt Ihr Vorhaben und Ihre Verpflichtung dar und zwar für heute und für morgen sowie für die kommenden drei bis sechs Monate. Diese kurzfristigen oder Nahziele sind Ziele, welche Sie ohne Frage erreichen können.

Hier einige Beispiele von täglichen kurzfristigen Zielen:

1. Machen Sie jeden Tag Ihr Konditionstraining, um Ihr Stehvermögen, Ihre Kraft und Ihre Beweglichkeit zu steigern. Legen Sie genau fest, welches die Übungen sind, wie viele, wie lang das gesamte Training dauern soll usw.
2. Verwenden Sie täglich eine bestimmte Zeitmenge darauf, um daran zu arbeiten, Schwächen in Ihren physischen Fähigkeiten zu beseitigen und Ihre Geschicklichkeit zu verbessern.
3. Machen Sie täglich Ihre mentalen Konditionsübungen. Auch hier gilt es, genau zu spezifizieren, wann sie stattfinden und wie lang und welcher Art die Übungen sind.
4. Geben Sie im Training wie im Wettkampf immer 100% Leistung.
5. Behalten Sie im Wettkampf wie im Training stets eine positive und konstruktive Einstellung bei.

Stellen Sie sich folgende Frage: »Sind diese kurzfristigen Ziele erreichbar?« Absolut! Sie können sich täglich erfolgreich sehen, wenn Sie es nur wollen und daran arbeiten. Der Erfolg liegt gar nicht so sehr in der Ferne; es ist ein tagtägliches Ereignis. Ein Gewinner zu sein bedeutet, Ihr Endziel aufzugliedern in einzelne Erfolgsbausteine. Es bedeutet, einen schrittweisen Erfolg zu entwerfen, jeden Tag einen neuen – denn große Taten werden auf einer Serie von kleinen Erfolgen *aufgebaut*.

Trainingsaufgabe

1. Entwickeln Sie Ihr persönliches *langfristiges Ziel* bzw. Ziele. Schreiben Sie sie auf einem Blatt Papier auf. Was würden Sie gern in Ihren kühnsten Träumen als Athlet erreichen? Die einzige Notwendigkeit hierbei ist, daß es wirklich *Ihr* Ziel sein muß – nicht das eines anderen. Es ist nicht wichtig, daß Sie dabei realistisch sind. Dies ist einfach Ihr Wunschtraum und Ihr Glaube daran, was Sie eines Tages fähig sein könnten, zuwegezubringen.

Mein(e) langfristiges(n) Ziel(e) (Ziele, die fünf oder mehr Jahre benötigen, um sie zu erreichen):

1. _____

2. _____

2. Entwickeln Sie bedeutungsvolle *mittelfristige Ziele*. Schreiben Sie sie auf ein Blatt. Diese stellen die Sprungbretter dar für die Verwirklichung Ihrer langfristigen Ziele. Mit den meisten Ihrer Ziele dieser Gruppe sollten Sie erfolgreich sein.

Mein(e) mittelfristiges(n) Ziel(e) (Ziele, die sechs Monate oder mehrere Jahre benötigen, um sie zu erreichen).

1. _____
   Ungefähres Datum, wann Sie es erreichen werden: _____

2. _____
   Ungefähres Datum, wann Sie es erreichen werden: _____

3. _____
   Ungefähres Datum, wann Sie es erreichen werden: _____

4. _____
   Ungefähres Datum, wann Sie es erreichen werden: _____

5. _____
   Ungefähres Datum, wann Sie es erreichen werden: _____

3. Entwickeln Sie Ihre persönlichen *kurzfristigen Ziele*. Schreiben Sie sie auf ein Blatt. Dies müssen Ziele sein, die Sie erreichen können und auch erreichen *werden*.

Meine kurzfristigen Ziele sind (Ihr »Arbeitsplan« für heute, morgen und für die nächsten sechs Monate):

1. _____
   Wann_____Wo_____Wie viele_____

2. _____
   Wann_____Wo_____Wie viele_____

3. _____
   Wann_____Wo_____Wie viele_____

4. _____
   Wann_____Wo_____Wie viele_____

4. Fertigen Sie sich eine Tabelle ähnlich der folgenden für Anfänger an. Sie enthält alle Ihre kurzfristigen Ziele. Dies ist Ihre Methode, Protokoll über Ihre Erfolge zu führen. Bringen Sie die Tabelle an einer gut sichtbaren Stelle an und überprüfen Sie sie täglich.

Meine kurzfristigen Ziele	1. Woche _____							2. Woche _____						
	Mo	Di	Mi	Do	Fr	Sa	So	Mo	Di	Mi	Do	Fr	Sa	So
Training (2 × wöchentlich)		√		√										
Konditionstraining (täglich)	√	√		√	√	√								
Unterricht (1 × wöchentlich)			√											
Mentale Hausaufgaben	√	√		√	√	√	√							
Spaß gehabt	√	√	√	√	√	√	√							
Anderes	√		√		√									

Die obige Tabelle wurde eine Woche lang ausgefüllt; die betreffende Person konnte 24 Erfolge verzeichnen. Dies garantiert den Erfolg, und das ist das Geheimnis der *Motivation*.

> *Wenn Sie ein Meister werden wollen, dann streben Sie nicht danach, Ihre Konkurrenz zu übertreffen, sondern eher sich selbst.*
> *Diejenigen, die konsequent sich selbst übertreffen, werden letzten Endes ihre Konkurrenten schlagen.*

Training zur Muskelentspannung

Jeder Athlet, der schon unter Druck gespielt hat oder anderweitig seine Leistung unter Beweis stellen mußte, begreift, wie verspannt und fest Muskeln werden können. Geradeso wie der Druck wächst, geraten die Muskeln in einen partiellen Zustand der Kontraktion. Verkrampfen sich Ihre Muskeln übermäßig, dann wirken Sie unbeweglich, ungeschickt und weniger gewandt. Spitzenathleten haben Erfahrung darin, die subtile Zu- und Abnahme der Muskelanspannung wahrzunehmen, um sogleich die notwendigen Veränderungen vorzunehmen.

Eine nützliche Bewußtseinsübung bezüglich der Muskulatur beinhaltet das Überwachen der einzelnen Stufen der Muskelanspannung. Solche Verspannungen begleiten viele unserer alltäglichen Aktivitäten. Diese Aktivitäten schließen das Autofahren ein, das Schreiben eines Briefes, das Aufsperren einer Tür etc. Wie angespannt sitzen Sie hinter Ihrem Steuerrad? Wie verkrampft halten Sie Ihren Füller, wenn Sie schreiben? Wie hart drücken Sie gegen die Tür etc.? Oft benutzen wir viel mehr Muskelkraft als nötig, um Aufgaben wirksam und erfolgreich zu vollenden. Das Ziel bezüglich des Muskelbewußtseins ist es, *daß Aufgabe und Anstrengung einander entsprechen.*

Das bedeutet, den Grad der Muskelanspannung stets der Aufgabe anzupassen, der man gerade nachgeht. Wenden wir zuviel Kraft auf, oder erzwingen wir bestimmte Bewegungen mit Gewalt, dann werden wir unsere Schnelligkeit und Genauigkeit verlieren. Auch eine zu frühe Erschöpfung kann eine wesentliche Folge sein.

Daß die Anstrengungen mit der Aufgabe nicht zusammenpassen, das geschieht häufig im Sport, insbesondere wenn man sich Druck ausgesetzt fühlt. Wenn Sie eine Leistung »erzwingen«, gerät das natürliche Koordinationssystem Ihres Körpers außer Kontrolle. Die Schulter blockiert den Arm, die Hüften die Beine, und der ganze Bewegungsablauf wird ruckartig und unkoordiniert. Verspannen Sie bestimmte Bereiche Ihres Körpers unangemessen, und kommt noch eine Bewegung oder ein Schlag hinzu – wie es zum Beispiel der Fall ist, wenn Sie eine Rückhand schlagen und gleichzeitig die Schultern anspannen –, werden die natürliche zeitliche Koordination des Körpers, der Rhythmus und der Fluß blockiert.

Kraft, Muskeln und Entspannung

Härter zu schlagen bedeutet im Sport nicht immer mehr Muskeln. Im allgemeinen trifft das Gegenteil zu. Schlägt man härter, ist es für

122

gewöhnlich notwendig, daß größere Muskelgruppen entspannt werden, was wiederum zur Folge hat, daß das natürliche Koordinationssystem des Körpers weicher und ruhiger arbeitet. Kraftsport ist direkt an Schnelligkeit gekoppelt. *Schnelligkeit ist Kraft.* Versucht ein Athlet, härter zu schlagen, indem er mehr Kraft anwendet, werden die Muskeln fester, was zu einer Bewegungseinschränkung führt. Wie oft haben Sie beim Golf *bewußt versucht,* den Drive länger zu schlagen, als es jemals gelungen war. Wie oft haben Sie als Tennisspieler *bewußt versucht,* den Ball mit größter Härte aufzuschlagen. Und immer mußten Sie feststellen, daß gerade wegen des maximalen Krafteinsatzes Schnelligkeit und Genauigkeit herabgesetzt waren. Ihre beste Leistung erreichen Sie, wenn Ihre Muskeln entspannt sind und wenn die Verbindungen des Körpers frei und natürlich fließen können.

Die Leistungen der Athleten im Laufen, Gewichtheben und in einer großen Anzahl anderer Sportdisziplinen wurden erheblich besser, wenn sie während der Ausführung ihren Kiefer entspannten. Ähnliche Ergebnisse konnten erreicht werden, wenn die Athleten gebeten wurden, es »nicht ganz so intensiv zu versuchen« oder mit Vierfünftel der Anstrengung anstatt mit Fünffünftel. Diese überraschende Verbesserung resultierte hauptsächlich aus der Beseitigung der übermäßigen Muskelanspannung, welche mit der Ausführung des Sports einherging. *Muskelentspannung steht in engem Zusammenhang mit einem Maximum an Kraft und Genauigkeit.*

Seine Muskelkraft mit Gewalt einsetzen zu wollen – das ist ein schlechter Kompromiß für den Verlust an Kraft und Genauigkeit. Das richtige (und schwierige) Timing und das Gleichgewicht – zwei im Sport so häufig geforderte Faktoren – gebieten ein anderes Verhalten. Das Erlebnis des »Fließens«, das normalerweise eine Spitzenleistung begleitet, geschieht fast immer in einem Zustand der scheinbaren MÜHELOSIGKEIT. Zusammenfassend kann man sagen:

- ○ Gleichgewicht, Koordination, Genauigkeit und Schnelligkeit verlangen angemessen entspannte und lockere Muskeln.
- ○ Schnelle Reaktionen können nicht erfolgreich eingeleitet werden, wenn die Muskeln angespannt und hart sind.
- ○ Es wiederholt »zu hart« zu versuchen führt zu unangemessen hoher Muskelanspannung.
- ○ Eine Bewegung »mit Gewalt« zu erzwingen und zwar in dem Bemühen, Tempo und Kraft zu erhöhen, erzeugt häufig die gegenteiligen Auswirkungen.
- ○ Entsprechen Einsatz und Aufgabe einander, dann hat dies im allgemeinen zur Folge, daß die Bewegungsausführung mühelos geschieht.

Muskelentspannungstraining

Jeder erfolgreiche Athlet kommt an den Punkt, da er das Gleichgewicht zwischen Geist und Muskelkraft, zwischen dem mentalen und dem physischen Bereich erkennt und auch respektiert. Die Psychologie hat uns gelehrt, daß es für jede Veränderung, die im geistig-seelischen Bereich geschieht, eine entsprechende physische Veränderung gibt. Der Harvard-Physiologe Edmund Jacobson verwandte einige Jahre darauf, um die Beziehung zwischen innerer Angst oder einem Gefühl innerer Unruhe und Muskelverspannung systematisch zu erforschen. Später entwickelte er ein Trainingssystem, das in den Vereinigten Staaten zum Eckpfeiler des Entspannungstrainings in der Sportpsychologie wurde.

Edmund Jacobson stellte fest, daß, wenn ein Mensch ängstlich und innerlich reizbar wird, seine Muskeln aller Wahrscheinlichkeit nach eine entsprechend vermehrte Verspannung aufweisen. Von vielleicht noch größerer Bedeutung ist seine folgende Entdeckung, nämlich daß ein Mensch lernen kann, ein sehr minimales Anwachsen und eine ebenso minimale Abnahme der Muskelanspannung voneinander zu unterscheiden. Er fand heraus, daß eine vorsätzliche Steuerung der Muskelanspannung am besten erlernt wird, wenn sich die Wahrnehmung eines Menschen dafür erhöht, darauf zu achten, wann seine Muskeln angespannt und wann sie entspannt sind. Nicht allzu überraschend ist die weitere Erkenntnis Jacobsons, daß, wenn jemand erfolgreich den Grad seiner Muskelanspannung verringert, sich im gleichen Maße auch seine Nervosität verringern würde.

Was heißt das für den Athleten? Es bedeutet zwei Dinge. Um die Muskelanspannung unter Kontrolle zu haben, muß er

1. lernen, die eigenen Gedanken unter Kontrolle zu haben;
2. lernen, zwischen einer Zu- und einer Abnahme der Muskelanspannung zu unterscheiden.

Die übermäßige Muskelanspannung eines Athleten kann sich leicht schädlich auf dessen Leistung auswirken. In Disziplinen wie Turnen, Kunstspringen, Golf und Tennis, wo Treffsicherheit und Feingefühl wichtig sind, kann sie verheerende Folgen haben. Je näher die Muskeln einem Ruhezustand sind, desto schneller und genauer wird unser Bewegungsablauf. Der geringste Grad der Muskelanspannung, der immer noch die exakte Beibehaltung von Form und Stil gestattet, ist bezeichnenderweise der beste. Richten Sie dagegen Ihre Aufmerksamkeit auf Gedanken, welche Sie aus dem Gleichgewicht bringen und Sie beunruhigen, werden Sie rasch feststellen, daß Ihre Muskeln übermäßig angespannt sind. Sie müssen lernen, Herr darüber zu sein, was Sie denken; desgleichen müssen Sie in der Lage sein, eine zunehmende oder abnehmende Muskelanspannung sofort zu erkennen. Das folgende Trainingsprogramm wird Ihnen dabei helfen, dies zu lernen.

Die Jacobson-Methode, leicht modifiziert

Das Jacobson-Training beinhaltet das wechselseitige Anspannen und Entspannen der Muskulatur mit der eigentlichen Absicht, sein BEWUSSTSEIN FÜR DEN UNTERSCHIED zu entwickeln und zu schärfen. Die Methode ist, wie Sie feststellen werden, recht einfach. Nehmen Sie sich etwa 10 Minuten Zeit und folgen Sie den nachstehenden Schritten in der vorgegebenen Reihenfolge:

1. Wählen Sie einen bequemen Stuhl, möglichst mit verstellbarer Rückenlehne.
2. Finden Sie einen ruhigen Raum.
3. Schließen Sie beide Augen, atmen Sie zweimal tief durch und fühlen Sie, wie Sie innerlich »loslassen«.
4. Strecken Sie beide Arme nach vorn und ballen Sie Ihre Hände zu Fäusten... steigern Sie langsam die Intensität der Anspannung, bis alle Muskeln in Ihren Fingern und den beiden Händen maximal angespannt sind... dann entspannen Sie... und lassen die Arme einfach hinunterfallen. Achten Sie auf den Unterschied zwischen dem Gefühl »angespannt» und »entspannt«.
5. Strecken Sie wieder beide Arme nach vorn und spannen Sie die Muskulatur Ihrer Unterarme und Ellbogen an... halten Sie die Spannung, werden Sie sich des Gefühls bewußt... nun entspannen Sie... und lassen Sie Ihre Arme einfach seitlich hinunterfallen.
6. Spannen Sie Ihre Stirnmuskeln an, indem Sie die Stirn runzeln... halten Sie die Spannung, werden Sie sich des Gefühls bewußt... nun entspannen Sie... und lassen alle Muskeln Ihrer Stirn wieder glatter und weicher werden.
7. Spannen Sie die Muskeln in Ihrem Gesicht an... schneiden Sie eine Grimasse... halten Sie die Spannung, werden Sie sich des Gefühls bewußt... und entspannen Sie.
8. Spannen Sie Ihre Halsmuskeln an... halten Sie die Spannung, werden Sie sich des Gefühls bewußt... und entspannen Sie.
9. Spannen Sie Ihre Schultermuskeln an... halten Sie die Spannung, werden Sie sich des Gefühls bewußt... und entspannen Sie.
10. Spannen Sie Ihre Rückenmuskeln an, zuerst im oberen und dann im unteren Bereich... halten Sie die Spannung, werden Sie sich des Gefühls bewußt... und entspannen Sie.

11. Spannen Sie die Muskeln Ihres Brustkorbs an... halten Sie die Spannung, werden Sie sich des Gefühls bewußt... und entspannen Sie.
12. Spannen Sie Ihre Magenmuskeln an... halten Sie die Spannung, werden Sie sich des Gefühls bewußt... und entspannen Sie.
13. Spannen Sie Ihre Bauchmuskeln an... halten Sie die Spannung, werden Sie sich des Gefühls bewußt... und entspannen Sie.
14. Spannen Sie alle Oberschenkelmuskeln an... halten Sie die Spannung, werden Sie sich des Gefühls bewußt... und entspannen Sie.
15. Spannen Sie die Muskeln vom Knie abwärts an, und zwar alle Muskeln einschließlich des Knies und der Wade... halten Sie die Spannung, werden Sie sich des Gefühls bewußt... entspannen Sie.
16. Spannen Sie die Muskeln Ihrer Füße und Zehen an... halten Sie die Spannung, werden Sie sich des Gefühls bewußt... entspannen Sie.
17. Konzentrieren Sie sich nun auf das Entspannen aller Muskeln Ihres Körpers. Nehmen Sie jeglichen Bereich wahr, der vielleicht auf irgendeine Art und Weise noch angespannt ist, und entspannen Sie die Muskeln. Behalten Sie diesen Zustand der völligen Muskelentspannung für mindestens zwei bis drei Minuten bei.
18. Öffnen Sie Ihre Augen, dehnen und strecken Sie sich und fühlen Sie sich erfrischt... und gehen Sie Ihrer normalen Tätigkeit nach.

Diese systematische Vorgehensweise der Muskelentspannung hat sich, obgleich recht einfach, als eine wirksame und nützliche Methode erwiesen. Sie hilft den Athleten dabei, ihr Bewußtsein hinsichtlich etwaiger Muskelverspannungen zu entwickeln und zu schärfen sowie zu lernen, die Auswirkungen der Anspannung auf die Muskulatur selbst zu steuern. Dieses Trainingsprogramm MUSS regelmäßig geübt werden, um die Fertigkeit der (bewußten) Muskelanspannung und -entspannung zu beherrschen.

Trainingsstrategie
1. Experimentieren Sie mit verschiedenen Graden der Muskelanspannung, während Sie Ihren Sport ausüben. Versuchen Sie, für Ihre beste Leistung die beste Zone der Anspannung herauszufinden. Üben Sie, die kritischen Bewegungen Ihrer Disziplin mit den verschiedenen Stufen der Anspannung und der Lockerheit in Ihren Händen, Armen, Beinen etc. auszuführen. Bestimmen Sie selbst, wie entspannt Sie sein müssen, um ein Maximum an Kraft, Schnelligkeit und Genauigkeit mit einem Minimum an Anstrengung zu erreichen.
2. Stellen Sie selbst fest, welche Auswirkungen es auf Ihre Leistung hat, wenn Sie bei der Ausübung Ihrer Sportart die Muskeln ungenügend anspannen, ebenso wenn Sie sie übermäßig anspannen.

3. Überprüfen Sie das Ausmaß der bestehenden Muskelanspannung, wenn Sie so alltäglichen Tätigkeiten nachgehen wie Autofahren, Schreiben, Essen oder Spazierengehen. Üben Sie, die Leistung der Aufgabe anzupassen, d. h. Ihre Muskeln entsprechend der momentanen Tätigkeit anzuspannen. Ihr Ziel ist es, das richtige »Maß« zu finden und gerade so viel Spannung anzuwenden, wie nötig ist, um Ihre Aufgabe perfekt zu erledigen.
4. Machen Sie Jacobson's Übungen eine Woche lang täglich 10 bis 15 Minuten.
5. Während der zweiten Woche des Trainings mit der Jacobson-Methode versuchen Sie, Ihre Muskeln schnell zu entspannen, ohne daß die Muskelgruppen sich vollständig kontrahieren. Gelingt Ihnen dies nicht, kehren Sie zurück zu den ursprünglichen Übungen. Wiederholen Sie sie, bis Sie Ihre Muskeln sehr rasch entspannen können, indem Sie lediglich bestimmte Dinge denken.
6. Üben Sie immer wieder, Ihre positive Energie bis auf das höchstmögliche Niveau anzuheben, während gleichzeitig Ihre Muskeln entspannt und frei bleiben.

Wohlgemerkt – Ihr Wettkampfziel ist es, die *Muskeln* zu entspannen, nicht den *Geist!* Eine hohe Leistung verlangt, daß Ihre Muskeln entspannt sind, Ihr Geist aber kristallklar und wach bleibt.

Umgang mit negativer Energie

Die Kunst, mit negativer Energie fertig zu werden

Auch der großartigste Wettkampfspieler der Welt ertappt sich gelegentlich dabei, daß er sich auf negative Kräfte stützt, um während des Spiels einen ausreichenden Energiepegel aufrechtzuerhalten. Wie alle anderen bemüht er sich darum zu vermeiden, im Verlauf der sportlichen Auseinandersetzung seinen Mut zu verlieren, ängstlich zu sein oder zu wütend oder zu aufgeregt zu werden. Der Hauptunterschied jedoch liegt in seiner erhöhten Fähigkeit, diese Energie zu handhaben und zu lenken. Spitzensportler haben im hohen Maße ihr GESCHICK ZUR ENTSPANNUNG entwickelt – eine Fertigkeit, derer sie sich bedienen, wenn sie zu erregt sind, um eine gute Leistung zu erbringen. Wie Sie bereits in einem früheren Kapitel gehört haben, ist, wenn dies geschieht, die für Sie beste Zone der Aktivierung überschritten. Die wichtigste Funktion Ihrer Fähigkeit, sich zu entspannen, ist es, Ihr

Energieniveau und Ihre Erregung zu senken, so daß Ihre Leistung nicht beeinträchtigt wird.

Ganz gleich, wie stark Sie psychisch werden, werden Sie zwangsläufig einige Wettkampfsituationen teilweise als bedrohlich empfinden. Auch wird es Ihnen nicht gelingen, negative Impulse gänzlich auszuschalten. Um ein erfolgreicher Wettkämpfer zu werden, ist es also notwendig, daß Sie Ihre Fähigkeit zur Entspannung verstärken.

Überprüfen wir zunächst einige typische Anzeichen der Übererregung:

○ Die Muskulatur hat einen zu hohen Muskeltonus.
○ Schnelle Herzfrequenz, flache und unregelmäßige Atmung, häufig begleitet von einem gehetzten und nervösen Gefühl.
○ Die Beine fühlen sich schwach und gummiartig an.
○ Schwierigkeiten mit der Konzentration und dem Fokus.
○ Alles scheint sich schneller zu bewegen, als es in Wirklichkeit der Fall ist.
○ Unfähig zu klarem und genauem Denken.
○ Die Aufmerksamkeit wird eingeengt (Tunnelblick), und es ist schwer, seinen Fokus wiederzufinden.
○ Das Gefühl großer Angst und/oder Furcht.
○ Man wird sehr schnell erschöpft.
○ Man wird in zunehmendem Maße negativ und selbstkritisch.
○ Abnehmende Kontrolle über seine Gefühlslage.

Ihre Fähigkeit, sich zu entspannen, steht in direktem Zusammenhang mit Ihren persönlichen Stimmungen, wie tief Sie Dinge fühlen und wie lange Empfindungen oder Stimmungen andauern. Auch hängt sie zusammen mit Ihrer Befähigung, von einem Gefühlszustand in einen anderen zu wechseln, ebenso mit Ihrer Fähigkeit, emotionale Reaktionen zu kontrollieren. Was immer diese verschiedenen Überlegungen für Sie bedeuten, so denken Sie daran, daß sie alle durch Lernen modifizierbar sind.

Der nächste Schritt ist, Strategien zu erlernen, um Ihre Entspannungsbemühungen zu verbessern, und zwar im sportlichen Bereich wie auch anderswo. Solche Strategien, um Ihre Erregung *während des Wettkampfs* zu verringern, beinhalten folgendes:

1. Verlangsamen Sie soweit wie möglich bewußt Ihre Atmung. Erhalten Sie einen langsamen, regelmäßigen Atemrhythmus aufrecht, wann immer die Situation es erlaubt.
2. Nehmen Sie sich mehr Zeit für alles und werden Sie bewußt langsamer.

3. Richten Sie Ihre ganze Aufmerksamkeit darauf, das Beste zu tun, dessen Sie fähig sind – nicht auf das Gewinnen oder Verlieren. Versuchen Sie, »in sich selbst« zu spielen, nicht gegen einen Widersacher.
4. Bleiben Sie in Ihren Gedanken im Hier-und-Jetzt-Kontext. Seine Aufmerksamkeit auf die Vergangenheit oder auf die Zukunft zu richten macht die Dinge schlimmer.
5. Falls die Muskeln allzu fest werden, dann kontrahieren Sie sie zuerst und entspannen sie danach. Läßt man die Arme und Hände zur Seite baumeln und schüttelt sie kräftig, so hilft dies häufig, die übermäßige Verspannung »herauszuschütteln«.
6. Rücken Sie ab mit Ihrer Aufmerksamkeit von störenden Gedanken, wann immer das möglich ist. Lenken Sie den Brennpunkt Ihres Interesses auf das geeignete Ziel. Das wird Ihnen rasch dabei helfen, sich zu entspannen.
7. Spielen Sie die Bedeutung der Ausführung oder vielmehr der Leistung in Ihren Gedanken herunter.
8. Bewahren Sie eine positive und konstruktive Haltung. Sind Sie bereits übererregt, sollten Sie im zunehmenden Maße negativ oder wütend werden, so wird sich der Zustand rasch verschlimmern.
9. Schaffen Sie das überzeugendste geistige Bild von sich selbst, dessen Sie fähig sind, wie Sie »in Ihrer besten Stunde« spielen. Rufen Sie sich das »Gefühl« so gut wie möglich ins Gedächtnis.
10. Versuchen Sie, Ihren Spaß zu haben und sich zu erfreuen. Wenn es Ihnen gelingt, für einen Augenblick zurückzutreten und im Geiste diesen Blick für die Dinge zu erlangen, werden eventuelle negative Kräfte umgehend in ihre Schranken verwiesen.

Wie Sie Ihr Können auch außerhalb des Sportplatzes verbessern

Vergessen Sie niemals, daß die Fähigkeit des Entspannens eine erlernte Fähigkeit ist. Das erfolgreiche Herabsenken der Herzfrequenz, des Blutdrucks, der Atmung, der Muskelanspannung und der (Über-)Aktivität der Hirnwellen – das alles ist Teil dieser Fähigkeit. Ihre »Entspannungsfähigkeit« üben Sie jedesmal, wenn Sie *unter Druck spielen* oder anderweitig unter Druck Ihre Leistung darstellen. Das ist in der Tat eine der besten Trainingsstrategien, um diese lebenswichtige Fähigkeit zur Entspannung zu steigern. Wie bei der Fähigkeit zur Selbstaktivierung (siehe Seite 138ff.) können Sie den Lernprozeß beschleunigen, wenn Sie auch außerhalb des Sportplatzes trainieren.

Autogenes Training zur Entspannung

Die folgenden Übungen lehren, sich zu entspannen, indem man die »Gefühlszustände« in den Brennpunkt der Aufmerksamkeit rückt, die bezeichnenderweise mit der Entspannung von Körper und Geist in Verbindung gebracht werden. Für alle autogenen Übungen gilt, daß Sie die Augen schließen, auf einem bequemen Stuhl Platz nehmen oder auf Ihrem Rücken liegen, und daß Sie die Einstellung einnehmen, es einfach »geschehen zu lassen«, anstatt es zu »erzwingen«. Nehmen Sie sich für die Übung täglich etwa 10 Minuten Zeit. Sie können die Übung am Tag zwei- oder dreimal wiederholen.

1. Tag Erwecken Sie bei dieser Übung in Ihrem ganzen Körper sehr intensive und angenehme Empfindungen der Schwere. Wiederholen Sie nun still für sich: »Meine rechte Hand und mein rechter Arm werden schwer.« Während Sie dies sagen, richten Sie Ihre Aufmerksamkeit auf das Gefühl der Schwere in Ihrer rechten Hand und Ihrem rechten Arm. Wiederholen Sie den Satz zwei- oder dreimal und sagen Sie abschließend: »Mein Arm und meine Hand sind ganz schwer.« Dann wenden Sie sich Ihrer linken Hand und Ihrem linken Arm zu. Wenn Sie Schwierigkeiten haben, das Gefühl herzustellen, dann nehmen Sie etwas Schweres auf und konzentrieren sich darauf. Kehren Sie wieder zur Übung zurück. Nachdem Sie sich auf die Schwere in Ihren Armen und Händen konzentriert haben, gehen Sie weiter zu Ihren Schultern, dem Nacken, dem Kopf, dem Brustkorb, den Beinen und den Füßen. Und denken Sie daran: *Setzen Sie keine Kraft ein!*

2. Tag Erwecken Sie bei dieser Übung in Ihrem ganzen Körper ein sehr intensives und angenehmes Gefühl der Wärme. Wiederholen Sie still: »Mein rechter Arm und meine rechte Hand werden wärmer und wärmer.« Richten Sie Ihre gesamte Aufmerksamkeit auf das Gefühl der Wärme. Sollten Sie Schwierigkeiten damit haben, dann stellen Sie sich im Geiste vor, wie Ihre Hand in warmes Wasser eintaucht oder von der heißen Sonne erwärmt wird. Sprechen Sie diesen Satz zwei- oder dreimal, danach wenden Sie sich Ihrer linken Hand und Ihrem linken Arm zu. Schließlich machen Sie weiter mit Ihrem ganzen Körper, einschließlich der Füße und der Zehen.

3. Tag In dieser Übung werden Sie einen sehr ruhigen, regelmäßigen und stabilen Herzschlag erzeugen. Wiederholen Sie still: »Mein

Herzschlag ist sehr ruhig und regelmäßig. Ich fühle mich gelassen und stabil.« Fahren Sie fort und wiederholen Sie diese Selbstsuggestion über die ganze Zeitdauer von 7 bis 10 Minuten. (Manchmal bewirkt die Konzentration auf den eigenen Herzschlag, daß er sich erhöht. Keine Sorge; entspannen Sie sich und fahren Sie mit der Übung fort. Schließlich werden Sie Erfolg damit haben.)

4. Tag Mit dieser Übung werden Sie eine sehr langsame, tiefe und regelmäßige Atmung erzeugen. Wiederholen Sie still: »Meine Atmung wird ruhig und regelmäßig. Meine Atmung ist sehr leicht und langsam.« Wiederholen Sie diese Selbstsuggestion über die gesamte Zeitdauer von 7 bis 10 Minuten.

5. Tag Sie werden in Ihrem *Magen* und *Unterleib* ein sehr angenehmes und entspanntes Gefühl erzeugen. Wiederholen Sie still: »Mein Magen fühlt sich warm, ruhig und entspannt an. Mein Magen fühlt sich warm, ruhig und entspannt an.« Wiederholen Sie diese Selbstsuggestion über die gesamte Zeitdauer von 7 bis 10 Minuten.

6. Tag Mit dieser Übung werden Sie das Gefühl der Kühle auf Ihrer Stirn erzeugen. (Vielleicht wollen Sie sich vorstellen, wie Sie, nachdem Sie ziemlich geschwitzt haben, in einer sanften, kühlen Brise stehen.) Wiederholen Sie still: »Meine Stirn ist kühl. Meine Stirn ist kühl.« Wiederholen Sie diese Selbstsuggestion über die gesamte Zeitdauer von 7 bis 10 Minuten.

7. Tag Nun werden Sie alle sechs Empfindungen erzeugen, jede für etwa zwei Minuten. Wiederholen Sie jeweils über 2 Minuten still jede der folgenden Selbstsuggestionen:
1. Ich fühle mich schwerer und schwerer.
2. Ich fühle Wärme in meinem ganzen Körper.
3. Mein Herzschlag ist regelmäßig und langsam.
4. Meine Atmung ist langsam, entspannt und ruhig.
5. Mein Bauch ist warm, entspannt und ruhig.
6. Meine Stirn ist kühl.

Zu beachten:
○ Wiederholen Sie alle Selbstsuggestionen langsam und aufmerksam – sie sollen in Ihrem Gedächtnis haften bleiben.
○ Wann immer möglich, verbinden Sie die Suggestionen mit intensiven, klaren Bildern.

Nachdem Sie dieses 7-Tage-Programm des autogenen Trainings beendet haben, sollten Sie die gesamte Folge für eine weitere Woche wiederholen. Durch das Üben dieser Techniken können Sie schnell in einen »autogenen Zustand« kommen, indem Sie einfach eine Suggestion wiederholen wie: »Meine Hände und Arme sind schwer.« Dies stellt einen wichtigen Schritt dazu dar, sich für eine sportliche Begegnung »geistige Auslöser« zu schaffen, was zu einer Verminderung der Erregung führt.

Meditation als Trainingsstrategie für mentale Stärke

Viele Spitzensportler, wie Billie Jean King, Joe Namath und Bill Walton, haben die Meditation als eine wertvolle psychologische Trainingstechnik befürwortet. Meditation steigert die Fähigkeit, sich zu entspannen und zu konzentrieren, und außerdem stellt sie eine starke Quelle der positiven Energie dar.

Über Jahrhunderte hinweg waren Mystiker der Überzeugung und berichteten davon, daß die Ausübung der Meditation zur Entfaltung des inneren Friedens, der Klarheit und der Freude führt, was auf keine andere Art und Weise erlangt werden kann. Diese innere Harmonie und der Friede, so sagen sie, zusätzlich zu der Wiederbelebung der Lebensfreude, schafft jene Art der inneren Voraussetzung, welche die *Freisetzung* des menschlichen Potentials und Talents zur Folge hat.

Gemäß den Zen-Lehren ist der Geist während der »Selbstversenkung«, der Meditation völlig wach und leuchtend klar. Er befindet sich in einem Zustand totaler Aufmerksamkeit und deutlichen Bewußtseins, verbunden mit einem aufrichtigen Gefühl der Freude. Die letzte Stufe im Zen ist die »Aufgabe des Geistes« oder die pure Spontaneität in allen Handlungen, die der Mensch tätigt. Dieser Zustand verschafft erfahrungsgemäß Einfachheit, Spontaneität und Leichtigkeit im vollen Bewußtsein des Hier und Jetzt. Mit dem Akt des Fokussierens geht alle Selbstbewußtheit verloren.

Am interessantesten bei dieser Beschreibung der Meditation ist, daß sie jener Schilderung bemerkenswert ähnelt, die Athleten über ihre Leistung abgeben, wenn diese ihren Höchststand erreicht. Der geistig-seelische Zustand scheint sehr ähnlich zu sein – wach, spontan, voll bewußt, ohne Befangenheit. Dies ist die perfekte Beschreibung eines idealen mentalen Zustandes für leistungsbezogene Aktivitäten.

Wichtige Hinweise

Die Anwendung der Meditation als eine mentale Trainingstechnik im Sport verlangt, daß Sie folgende Gedanken begreifen:

- O Meditation stellt eine Form der *Konzentrationsübung* dar. Es ist eine Art der Umschulung Ihrer Aufmerksamkeit, welche hinführt auf eine *Aufmerksamkeits-Fitness*.
- O Derjenige, der sich in Meditation übt, ist anfänglich erstaunt festzustellen, wie *gelähmt* er in seiner Aufmerksamkeit ist. Ein engagiertes Training setzt Sie in den Stand, sich aus einem Zustand der Kopflosigkeit (gelähmte Aufmerksamkeit) in einen Zustand der Wachheit und geistigen Übereinstimmung (vollständig fokussiert und bewußt, ohne sich über dieses Bewußtsein bzw. diese Befangenheit im klaren zu sein) zu bewegen.
- O Die meisten Meditationsmethoden machen sich eine geistigen Konzentrationstechnik zunutze.
- O Die geistige Verfassung, welche durch Meditation erreicht werden soll, wird mit Wachheit beschrieben, nicht mit Trägheit oder Verschlafenheit.
- O Neben der Fähigkeit, seine Aufmerksamkeit unter Kontrolle zu halten, lehren die Meditationstechniken eine tiefe Entspannung.
- O Der meditative Zustand ist am besten beschrieben als eine Kombination von hoher positiver Energie (Freude), großer mentaler Gelassenheit, Wachheit und tiefer physischer Entspannung der Muskulatur.
- O Es ist nicht nötig, sich irgendeiner philosophischen oder religiösen Glaubensrichtung zu verschreiben, damit diese Techniken wirken.

Ausgewählte Meditationstechniken

Sie sollten Ihre Meditationsübung an einem Ort durchführen, an dem Sie nicht gestört werden können. Um wirklich gute Ergebnisse zu erzielen, sollten Sie sich ruhig und in bequemer Haltung hinsetzen. Es ist schwer zu meditieren, wenn Sie müde sind; wählen Sie deshalb einen Zeitpunkt, zu dem es unwahrscheinlich ist, daß Sie einschlafen. Die ersten Übungssitzungen sollten 10 bis 15 Minuten dauern. Die besten Ergebnisse werden Sie haben, wenn Sie zweimal täglich meditieren.

1. Atmungs-Meditation

Ihr *geistiger Fokus* – oder Ihre geistige »Zielscheibe« – ist Ihr *Atem*. Wenden Sie die vertiefte Atmungsmethode an, wie sie in einem vorangegangenen Abschnitt beschrieben ist. Sagen Sie die Zahlen 1 bis 4 still zu sich selbst, während Sie langsam ausatmen. Wenn Sie die

Zahl Vier erreichen, dann fangen Sie wieder mit der Eins an. Wandert Ihre Aufmerksamkeit davon – und dies ist am Anfang ganz natürlich –, kehren Sie zurück zu eins und zählen weiter. Die Übung hat ihre größte Wirkung bei geschlossenen Augen. Wenn Sie die vier Zahlen beherrschen, können Sie stufenweise zu höheren Zahlen fortschreiten.

2. Objekt-Meditation

Ihr *geistiger Fokus* ist irgendein beliebiges *Objekt*. Schärfen Sie Ihren Geist für einen Gegenstand, den Sie mit großer Konzentration betrachten. Diese Übung kann mit offenen Augen getan werden, indem sich Ihr Blick auf das Objekt heftet, oder mit geschlossenen Augen, indem Sie sich das Objekt vorstellen. Der Zweck ist, Ihre Konzentration auf den Gegenstand aufrechtzuerhalten, solange Sie meditieren. Sollte Ihre Aufmerksamkeit abgleiten, so führen Sie sie wieder zurück zu dem Gegenstand.

3. Mantra-Meditation

Ihr *geistiger Fokus* ist irgendein beliebiges *Wort*. Das Wort »one« (eins) wird häufig als Mantra benutzt, aber Sie können natürlich ein anderes Wort hernehmen, wenn Sie dies wünschen.[1]) Wiederholen Sie Ihr Mantra-Wort im Rhythmus Ihres Atems. Sprechen Sie es stumm und langsam in Verbindung mit dem Verlauf Ihres Ausatmens. Richten Sie Ihre ganze Aufmerksamkeit auf Ihr Mantra (Ihr Wort). Wenn Sie bemerken, daß Ihre Gedanken sich verlieren, dann konzentrieren Sie sich sanft wieder auf Ihr Mantra.

4. Essens- oder Geh-Meditation

Ihr *geistiger Fokus* richtet sich entweder auf Ihre Tätigkeit des Essens oder die des Gehens. Während einer Essens-Meditation sollten Sie Ihre gesamte Aufmerksamkeit auf den Essensvorgang richten; achten Sie ausschließlich auf das Essen. Sollte Ihre Aufmerksamkeit abschweifen, dann kehren Sie mit Ihren Gedanken sanft zu Ihrer momentanen Tätigkeit zurück. Das gleiche gilt für die Geh-Meditation. Ihr volles Bewußtsein sollte auf die Tätigkeit des Gehens gerichtet sein.

Diese Art der Meditation kann für jede normale, alltägliche Aktivität geübt werden. Das Ziel ist, »völlig aufmerksam« zu werden, vollkom-

---

[1]) Bei Meditationsübungen wird hierzulande gern die Silbe »Om« verwendet. Sie rührt von der magisch-religiösen Formel »Om mani padme hum« des lamaistischen Buddhismus her.

men konzentriert zu sein, wenn Sie etwas tun. Die Fertigkeit, welche Sie auf Grund dieser Art des Übens entwickeln, steht in direktem Zusammenhang mit Ihrem Geschick, Ihre Aufmerksamkeit während eines Wettkampfs unter Kontrolle zu haben.

Meditation erfordert Geduld

Meditation ist eine Technik, welche Sie, mit Arbeit und Selbstdisziplin, zu einem besonderen Bewußtseinszustand führt. Sie enthält die unmittelbare Praktik der Elemente des idealen Leistungzustands. Sobald Sie mit Ihren Meditationsversuchen beginnen, werden Sie vielleicht erstaunt sein festzustellen, wie undiszipliniert und schwer Ihre Gedanken zu kontrollieren sind.

Die Meditation erweist sich zu Beginn als eine recht schwierige Technik, und die Erfolge stellen sich auch alles andere als rasch ein. Sie werden jedoch entdecken, daß Sie es durch Übung und Disziplin zu eindeutigen und genau umgrenzbaren Resultaten bringen werden. Wenn Sie also glauben, daß Sie es einfach nicht schaffen, dann halten Sie diese schwierige Zeit durch. BLEIBEN SIE DABEI!

Training der Atemkontrolle

Vielleicht sind Sie sich dessen nicht bewußt, dennoch spielt Ihre Atmung eine wichtige Rolle in der Kontrolle und Regulierung Ihres idealen Leistungszustands während eines Wettkampfs. Ihr Atmungsverhalten ist ein anderes, wenn Sie entspannt und gelassen sind, als wenn Sie angespannt und ängstlich sind oder eine negative Einstellung haben. Kurze, stoßartige, flache und unregelmäßige Atemzüge gehen gewöhnlich einher mit einem Zustand der hohen negativen Erregung. Die Aufrechterhaltung des Gleichgewichts zwischen Erregung und Entspannung steht in direkter Beziehung zu Ihrer Fähigkeit, Ihr Atmungsverhalten unter Kontrolle zu halten.

Diese Kontrollfähigkeit zu erlernen beginnt bei der Steigerung Ihrer Bewußtheit darüber, wie Sie atmen, wenn Sie gut spielen oder sonstwie eine gute Leistung an den Tag legen. Stellen Sie diese Art der Atmung Ihrem Atmungsverhalten gegenüber, wenn Ihre Leistung schlecht ist. Wahrscheinlich werden Sie einen bedeutenden Unterschied feststellen. Sind Sie wie die meisten Sportler, dann ist Ihre Atmung rhythmisch, tief und frei, wenn Sie sich entspannt fühlen und gut spielen.

Über das Bio-Feedback haben wir gelernt, daß sich durch das Einatmen die Muskelanspannung erhöht, während das Anhalten des Atems bewirkt, daß die Muskelanspannung anfänglich konstant bleibt und dann stufenweise zunimmt. Beim Ausatmen dagegen nimmt die Muskelanspannung ab. Dies ist auch der Grund, weshalb erfahrene Athleten instinktiv gelernt haben, in ihrer jeweiligen Disziplin ihre Atmung mit kritischen Stellen zu koordinieren, wie beispielsweise beim Abschuß des Puck im Hockey; beim Aufschlag im Tennis; beim Stoß, Treffer, Abblocken oder Werfen in den asiatischen Kampfsportarten; beim Versuch im Gewichtheben, beim Durchqueren einer schwierigen Kurve im Abfahrtsrennen; beim Korbwurf im Basketball usw. Um sicherzugehen, entwickeln viele Sportler eine Art Grunzen während der Ausführung dieser bestimmten kritischen Stelle.

Wenn Ihre biologische Alarmvorrichtung ausgelöst ist, verändert sich Ihr übliches Atmungsverhalten. Sie fangen an, in einem kritischen Moment Ihren Atem anzuhalten oder Sie atmen gar ein, wenn Sie den Ball freilassen, den Puck schlagen oder das Gewicht anheben. Diese scheinbar minimale Veränderung kann sich in einem dramatischen Leistungsabfall äußern.

Das Atmen ist eine völlig automatisch ablaufende und spontane Tätigkeit. Dennoch *können Sie bewußt in diese Automatik eingreifen und eine direkte, vorsätzliche Kontrolle über Ihre Atmung ausüben, wenn die Dinge schlecht laufen.*

Maßnahmen der Atemkontrolle während des Wettkampfs

1. Wenn Sie gut spielen und alles gut läuft, dann denken Sie nicht an Ihre Atmung oder machen Sie sich über Ihr Atmungsverhalten keinerlei Gedanken.
2. Wenn Sie sich emotional an einem Tiefpunkt befinden oder sich lustlos fühlen, dann beschleunigen Sie Ihre Atmung, bis Sie eine höhere Energie und eine größere Aktivierung in sich verspüren.
3. Wenn negative Energie in Ihnen fließt und innerlich in Ihnen alles zu rasen scheint, verlangsamen Sie Ihre Atmung. Nehmen Sie, wann immer möglich, tiefe, lange und regelmäßige Atemzüge.
4. Versuchen Sie, den Ausatmungsvorgang mit schwierigen Momenten des Spiels oder der Technikausführung zu koordinieren.
5. Wählen Sie ein Wort aus wie »leicht« oder »Kraft« oder »ja« und sprechen Sie es langsam aus, wenn Sie den kritischen Punkt der Bewegung ausführen. Dies stellt sicher, daß Sie sehr wahrscheinlich im Augenblick der Ausführung ausatmen.

Maßnahmen der Atemkontrolle außerhalb des sportlichen Bereichs

Mit entsprechender Übung können Sie eine beachtliche Geschicklichkeit darin erwerben, Ihre Atmung zu regulieren. Östlichen Techniken zufolge ist die Beherrschung und Regulierung der Atmung unbedingt erforderlich, um eine angemessene Kontrolle über seinen Körper zu erlernen und jene Art des Köperbewußtseins zu erlangen, das letzten Endes zur Selbstverwirklichung führt.

Im folgenden wird eine Atemtechnik empfohlen, die sich im Sportbereich als äußerst wirkungsvoll erwiesen hat:

Schritt 1   *Atmen Sie langsam, kontinuierlich und tief durch Ihre Nase ein, dabei zählen Sie bis vier. Seien Sie ganz locker und entspannt. Lassen Sie den gleichmäßigen Fluß der einströmenden Luft Ihre Körpermitte füllen und ausdehnen, einschließlich des Unterleibs, ebenso den mittleren und oberen Brustraum. Ihr Magen und Ihr Bauch sollten sich während des Einatmens ganz nach außen weiten. Üben Sie das einige Male, ungefähr bis viermal.*

Schritt 2   *Halten Sie für einen Augenblick inne, bevor Sie ausatmen.*

Schritt 3   *Atmen Sie langsam und kontinuierlich durch den Mund aus. Während Sie dies tun, ist ein deutlicher Ton zu hören – etwa wie ahhhhhhhhhhh. Dieser Ton sollte auch klar, ununterbrochen und lang sein. Der Ausatmungsvorgang sollte ungefähr so lange dauern, als zählten Sie bis zehn. Üben Sie dies einige Male, dabei geben Sie stets den Laut ahhhhhhhhhhh von sich; erst dann sollten Sie alle drei Übungsschritte nacheinander machen.*

Ihre normale Atemfrequenz liegt bei ungefähr 14 bis 16 Atemzüge pro Minute. Mit dieser Technik reduzieren Sie diese auf vier und manchmal drei Atemzüge, und dabei fühlen Sie sich sehr wohl. Wenn Sie unter Druck stehen, können Sie sich beruhigen und Ihre innere Erregung mittels drei oder vier tiefer, ausgedehnter Atemzüge auf ein erträgliches Maß zurückbringen.

Zusammenfassung

Von welcher Bedeutung die richtige Atmung für eine hochqualifizierte Leistung ist, kann gar nicht genügend betont werden. Die Atmung ist normalerweise ein automatischer und reflexartiger Vorgang; Zorn, Furcht oder Nervosität können diesen natürlichen Rhythmus und Fluß jedoch stören. Wenn dies geschieht, können Sie zwei Dinge tun: Erstens, erkennen Sie, daß sich Ihr normales Atmungsverhalten verändert hat. Zweitens, begreifen Sie, daß Sie den Vorgang Ihrer Atmung kontrollieren und lenken können, sobald die Situation es erforderlich macht.

Wenn Sie eine derartige Atmungskontrolle auch außerhalb des Sportbereichs trainieren, wird dies ganz wesentlich Ihre Bemühungen unterstützen, Ihre Atmung auch beim Sport zu kontrollieren und zu regulieren. Die Atemtechnik, die in diesem Kapitel vorgestellt wurde, ist eine solche Trainingsübung. Es liegt nahe, daß diese Übung nicht während des Spiels bzw. Wettkampfs zu praktizieren ist, aber die Erfolge dieses Trainings werden sich selbstverständlich einstellen, während Sie Ihren Sport ausüben.

Beginnen Sie Ihre Trainingsarbeit, indem Sie Ihre Atmung während des Wettkampfs oder des Trainings beobachten und es sich klarmachen, wie sie sich unter Druck verändert. Werden Sie sich dessen bewußt, wie Sie atmen, wenn Sie eine außergewöhnlich gute Leistung erbringen. Halten Sie im entscheidenden Moment Ihren Atem immer an, atmen Sie ein, oder atmen Sie aus? Wenn Sie sich nicht sicher sind, dann experimentieren Sie ein wenig und finden Sie es heraus.

Wohlgemerkt: Wenn Sie gut spielen und alles gut läuft, dann verschwenden Sie keinen Gedanken an Ihre Atmung – lassen Sie es ganz von allein geschehen.

Aktivierungstraining

Die Kunst, sich selbst anzuspornen

Nicht mit genügend Aktivität erfüllt zu sein und auf einem niedrigen Energieniveau zu arbeiten stellt manchmal ein Problem für die Athleten dar. Ein Mittel dagegen ist eine Fertigkeit, die AKTIVIERUNG genannt wird. Lassen Sie uns im folgenden kurz einige typische Anzeichen von sog. Unteraktivierung, verbunden mit einer schlechten Leistung, betrachten:

○ Das Gefühl, als hätten Sie nicht viel Energie oder Spritzigkeit.
○ Das Gefühl, langsam zu sein – wie eine Maschine, die bei kaltem Motor startet.
○ Schlechte Konzentration – leicht abzulenken.
○ Geringe Geduld und ein »Es-ist-mir-eigentlich-egal-«Gefühl.
○ Auffälliges Fehlen von Enthusiasmus und Begeisterung.
○ Schwach ausgeprägter Sinn für das richtige Timing oder die Antizipation – häufig *verspätetes* Timing.
○ Körperliches Erscheinungsbild von Langeweile und Faulheit.
○ Ein Gefühl der Hilflosigkeit («nichts, was ich anpacke, klappt«).

Je rascher Sie während der sportlichen Auseinandersetzung Ihren abgesunkenen Energiepegel erkennen können, um so besser sind Ihre Möglichkeiten, darauf zu reagieren, bevor es zu spät ist. Wenn Sie erst einmal festgestellt haben, daß Sie nicht von ausreichender Tatkraft erfüllt sind, um gut zu sein, dann erweisen sich folgende Strategien *während des Wettkampfs als* nützlich:

1. Steigern Sie Ihre Atemfrequenz. Nehmen Sie kurze, schnelle Atemzüge, bis Sie spüren, daß der Grad Ihrer Aktivität anwächst.
2. Hüpfen Sie auf Ihren Zehenspitzen auf und ab. Bringen Sie Ihren Körper soviel wie möglich auf Trab, um die Zirkulation zu verbessern und die Herzfrequenz, den Blutdruck etc. zu erhöhen.
3. »Denken« Sie herausfordernde Gedanken und Absichten. Wohlgemerkt, bestimmte Gedanken zu haben kann eine enorme innere Kraft erzeugen. Sie sollten sich mit Gedanken identifizieren, die für Sie starke Auslöser von Gefühlen und Energie darstellen. Es können Gedanken des Stolzes sein, der eigenen vortrefflichen Leistung, des Siegesrausches, der »Kampfansagen« an die eigene Person oder dergleichen.
4. Lassen Sie im Geiste ganz schnell Ihre wichtigsten Ziele als Sportler Revue passieren. Wieso sind Sie hier und spielen? Das allein vermag Ihren Energiepegel genügend anzuheben, um Ihre Leistung deutlich zu verbessern.
5. Sprechen Sie laut Sätze zu sich wie: »Ich schaffe es«; »Mit Schwung hinein!«; »Ich kann und ich werde gut spielen«; »Mein Energieniveau steigt«.
6. Kontrahieren und dehnen Sie Ihre Muskeln abwechselnd.
7. Rufen Sie im Geiste das stärkste Image hervor, dessen Sie fähig sind, und zwar von sich, wie Sie spielen, als sei es Ihre »Sternstunde«. Fangen Sie »das Gefühl« ein.
8. Obwohl Sie nicht das Gefühl haben, als seien Sie voller Tatkraft oder eingestimmt, tun Sie so, »als ob« Sie es wären. Indem Sie einfach so

tun, »als ob« Sie sich wirklich so fühlen, können Sie das innerlich wahrgenommene Gefühl als Ausdruck der Aktivierung verändern.
9. Geben Sie immer Ihr Bestes, ganz gleich, wie energiereich Sie sich fühlen. Manchmal wollen sich die rechten energieerzeugenden Gefühle einfach nicht einstellen. Wenn dies geschieht, sind es Schneid und Entschlossenheit, die Sie durchbringen.

Zuerst die Hausaufgaben, dann die Leistungsumsetzung

Sie können die Möglichkeit der viel zu geringen Aktivierung während der sportlichen Aktivität verringern, wenn Sie daran arbeiten, die Dinge in den Griff zu bekommen, *bevor* Sie den Wettkampf antreten. Wenn Sie das richtige Gefühl aufbringen, dann kann sich auch die richtige Energie in Ihnen entwickeln. Die richtigen Gefühle rufen automatisch die geeignete Aktivierung hervor. Für die meisten Athleten bedeutet die richtige Einstimmung auf ein Spiel das gleiche, wie die richtigen Gefühle zu bekommen. Diese »Sieggefühle« stellen Ihre beste Absicherung dar, und zwar nicht nur gegen das Problem der Unteraktivierung, sondern ebenso gegen andere Leistungsschwierigkeiten.

Zentrieren und dynamische Energie

Überlieferungen aus vergangenen Epochen

Erforscht man die reichhaltige Geschichte der asiatischen Kampfsportarten, so kann man viel über die phantastischen Konsequenzen der physischen Anspannung und die Methoden, sie zu lenken, erfahren. Der legendäre japanische Samuraikrieger mußte darauf vorbereitet sein, dem Tod täglich ins Antlitz zu blicken. Wie gelang es ihm, Angst und Spannung im Gefecht zu überwinden? Sein nacktes Überleben war eng gebunden an seine Fähigkeit, Furcht, Befangenheit und Selbstzweifel zu bezwingen. Das Edikt lautete ganz einfach: Entwickle eine angemessene geistige Kontrolle und Haltung – oder stirb.
Die Auswirkungen einer übermäßigen Anspannung wurden sehr wohl erkannt. Furcht und Anspannung waren es, die das Geschick des Kriegers ernsthaft untergruben, kraftvoll und exakt zu reagieren, schränkten sie ihn doch in seinem Gleichgewicht, seiner Wahrnehmung und seiner Urteilskraft ein.

Lehrer waren ständig auf der Suche nach neuen Lehrmethoden und danach, die notwendige geistige Disposition und Kontrolle zu entwickeln, die als weit bedeutender eingestuft wurden als physische Techniken und Fertigkeiten. Als die wirklich wichtigste Grundlage im erfolgreichen Kampf wurde die innere Selbstkontrolle betrachtet, welche den Krieger befähigte, eine absolute Ruhe sowie Klarheit und innere Balance aufrechtzuerhalten. Die Geschichte der fernöstlichen Kampfsportarten offenbart die überwältigende Bedeutung des *Mentalen Trainings* und die engagierte Suche von Lehrern nach neuen Methoden, um diese geistigen Fertigkeiten zu lehren.

Zwei Konzepte, welche sich mit dem Erlernen zweckmäßiger mentaler Kontrolle befassen, erschienen über die Jahrhunderte hinweg immer wieder und erlangten schließlich eine nahezu universelle Anerkennung als Eckpfeiler der wahren Meisterhaftigkeit. Es sind die Konzepte »Mitte« und »Dynamische Energie«.

Die eigene Mitte finden

Philosophisch betrachtet ist der Mensch als Ganzes als eine perfekte Balance des Physischen, Mentalen und Spirituellen anzusehen. Unsere Welt stellt sich uns jedoch als verwirrend, chaotisch und kompliziert dar. Um Erfüllung zu finden, braucht der Mensch eine grundlegende Harmonie mit sich selbst und der Welt. Diese Harmonie stellt ein Gleichgewicht dar – ein Gleichgewicht, das Gelassenheit, Offenheit, Erfüllung und Klarheit mit sich bringt.

Dieser entscheidende Punkt der Balance und der Harmonie wird mit »Mitte« oder »Zentrum« bezeichnet. Der Gedanke der Mitte, gewöhnlich mit dem japanischen Wort »Hara« bezeichnet, kann für aktive Sportler sehr hilfreich sein.

Dieses Zentriertsein ist vergleichbar mit dem westlichen Verständnis vom »Schwerpunkt« oder »Gleichgewichtspunkt« eines Menschen. Es ist jener Punkt, wo man bezüglich seines Gewichts und seiner Größe das Maximum an Gleichgewicht erreicht. Im östlichen Gedankengut kommt diesem »Gleichgewichtspunkt« eine etwas andere Bedeutung zu, und man denkt dabei nicht nur an einen Punkt, mit dem das maximale körperliche Gleichgewicht zu erlangen ist. Vielmehr stellt er ein wesentliches Trainingskonzept dar, durch welches vollkommene Balance, Harmonie und eine Einheit von Geist und Körper realisiert werden können. *Zentriert zu sein, in seiner Mitte zu ruhen, ist die Grundvoraussetzung dafür, die gesamte Bandbreite Ihrer Möglichkeiten und geistigen Fähigkeiten freizusetzen und miteinander in Einklang zu bringen.*

Diese Stelle oder dieser Punkt maximaler Koordination befindet sich im unteren Bauchbereich, ungefähr 5 Zentimeter unterhalb Ihres Nabels. Sich diesen bestimmten »Punkt« also zu erhalten heißt, einen neuen Bezugspunkt zu entwickeln. Ist man angespannt, ängstlich, unsicher, unbeweglich und emotional, so ist dies das Gegenteil von *zentriert sein* oder davon, sich in *seiner Mitte zu befinden.*

Zentriert zu sein bewirkt Gleichgewicht und Stabilität, innere Sicherheit und Bereitschaft, entspannte Geschmeidigkeit, höchste Bewußtheit, völlige Konzentration sowie Klarheit der Wahrnehmung. Der Verlust der Mitte während des Kampfes bedeutete für einen Samurai den Tod. Die Aufrechterhaltung dieses besonderen Punkts unterhalb des Nabels war gleichbedeutend mit dem eigentlichen Kampf um Leben und Tod.

Hatte man seine Mitte erst einmal verloren, führten innere Unruhe, Furcht und Anspannung unverzüglich zu einer Starrheit der Muskulatur, zum Verlust der Schnelligkeit und Behendigkeit, zur Beeinträchtigung des Sehvermögens, zum Verlust der Konzentration und letztendlich zum Mißerfolg!

War der Krieger hingegen fähig, seine ganze Aufmerksamkeit auf *diesen Punkt* zu richten und völlig zentriert zu sein, so stand ihm damit eine konkrete Methode zur Verfügung, seine Gefühle der Furcht, Anspannung und inneren Beklemmung zu besiegen. Dieses Verfahren wurde zu einem Medium dafür, positiv und selbstsicher zu reagieren, auch wenn man sich dem entscheidenden Kampf gegenübergestellt sah – dem Kampf um Leben und Tod.

Die führenden Methoden, um die Fertigkeiten des sich Zentrierens und der Konzentration zu erlangen, waren die Meditation und ein systematisches Atemtraining. In den meditativen Übungen lag der Kern der Aufmerksamkeit in der Erhaltung dieses bestimmten Punktes im Unterbauch. Um während unruhiger Zeiten wie beispielsweise einem Kampf seine Konzentration auf die Mitte aufrechterhalten zu können, mußte man auch seine Atmung mit Erfolg regulieren können.

Dynamische Energie

Der fernöstlichen Tradition und den asiatischen Kampfsportarten zufolge ist eine wichtige Konsequenz des Zentriertseins, daß hierdurch eine neue Quelle der dynamischen Energie verfügbar wird. Diese konzentrierte Energie – von den Japanern »Ki« genannt – stellt eine gewaltige Kraft zur Verwirklichung des menschlichen Potentials dar. Sie verkörpert mehr als die bloße physische Energie, die erforderlich ist, um das Muskelsystem zu aktivieren.

Ki setzt den Menschen in den Stand, über sich selbst hinauszuwachsen und die Grenzen des Alltagslebens zu überschreiten. Es ist die dynamische Energie, die zu Genialität, persönlicher Exzellenz und Erfüllung führt. Die zentralisierte Energie des Ki ermöglicht die uneingeschränkte Realisierung der menschlichen Kräfte und Potentiale. Diese Energie ist in allen Menschen vorhanden, doch man begegnet ihr lediglich in desintegrierter, sporadisch auftretender und zersplitterter Form.

Ist man zentriert und hat man seine Mitte gefunden, dann wird diese Energie im Brennpunkt vereinigt, in Einklang gebracht und konzentriert, indem sie zu einer dynamischen positiven Kraft umgewandelt wird. Die Konzepte der Mitte (Hara) und der Energie (Ki) sind daher inhaltlich miteinander verbunden. Keine Mitte – kein Ki. Alten Lehren zufolge gründen sich die Techniken darüber, wie man diese Energie lernt freizusetzen, auf Meditation, Konzentration und Atemübungen.

Altüberlieferte Techniken – bis heute modern

Oscar Ratti und Adela Westbrook, bekannte Autoren von »Secrets of the Samurai« (Das Geheimnis der Samurai), haben die Trainingsverfahren sorgfältig geprüft, welche im alten Japan angewendet wurden, um mehrere asiatische Kampfsportarten zu beherrschen, einschließlich Bogenschießen, Schwertkampf, Ringen, Jiu-Jitsu, Judo, Karate und Aikido. In allen Fällen umfaßt der Erwerb der Technik nicht nur das Erlernen einer Reihe elementarer physischer Fertigkeiten, sondern – was viel wichtiger ist – das Erfassen und Erlernen der richtigen geistigen Haltung und der geistigen Kontrolle, welche mit jenen physischen Fertigkeiten einhergehen.

In der Kunst des Bogenschießens war es üblich, sich in Meditation und dem »Zentrieren« zu üben, weil dieses Training den Krieger befähigte, ruhig und voll konzentriert zu bleiben, sogar im Kampf. Auch die Bauchatmung und die Meditation wurden im feudalen Japan für wichtige Übungen gehalten, um die Kunst des Schwertkampfs zu beherrschen. Genauso wie der Körper trainiert werden mußte, so mußte der Geist geübt werden.

Wird der Geist von den Kampfereignissen abgelenkt, ist alles verloren. Es gilt den Geist zu trainieren, so daß er alles sieht und sich durch nichts ablenken läßt. Oberstes Gebot ist es, ein konzentriertes und volles Bewußtsein beizubehalten, begleitet von einer unerschütterlichen Gelassenheit. Auch damals befreiten die geistigen Übungen und das Training den Krieger von den verheerendsten Hindernissen für sein eigenes Überleben – nämlich den lähmenden Folgen von Spannung und Furcht.

Was das Ringen und alle Formen des unbewaffneten Kampfes angeht, so wird die mentale Ausbildung übereinstimmend als schwierig erachtet. Die historische Botschaft ist daher klar: Die Meditation und methodische Atemübungen sind von großem Wert, was das Bezwingen der Auswirkungen von Spannung und Furcht angeht, ebenso dafür, um sich eine positive Quelle der dynamischen Energie zu erschließen.

Der Athlet von heute sieht sich mit einer ähnlichen, wenngleich weniger dramatischen Zwangslage konfrontiert. Er steht vor der Herausforderung, Auswirkungen von Spannungszuständen zu kontrollieren. Und er sieht sich ähnlichen Problemen der Konzentration, der Angst vor dem Versagen und der Unsicherheit gegenübergestellt. Sollte die *entscheidende* Prüfung über die Wirksamkeit einer Technik im Kampf um Leben und Tod liegen, dann können wir von jenen feudalen Kriegern lernen. Ihre strenge Befolgung der geistigen Konditionierung und der Trainingstechniken liefert ein überzeugendes Bild.

Das Konzept vom Zentrieren (Hara) und der konzentrierten Kraft und Energie (Ki) kann für den modernen Athleten von großer Bedeutung sein. Die Meditation und systematische Atemübungen sind Methoden, welche den Athleten bei seinem Streben nach einer herausragenden Leistung wesentlich unterstützen können. Und diese »Exzellenz«, die »Herausgehobenheit« erreicht er durch die *Bezwingung des eigenen Ich*.

Das Leistungstief

Ursachen und Abhilfemaßnahmen

»Während der vergangenen fünf Monate habe ich so gut gespielt, und dann, ganz plötzlich, fiel alles in sich zusammen. Irgendwie kriege ich im Moment meine Füße nicht mehr auf den Boden.«

»Die Verletzung ist jetzt überstanden, aber offenbar finde ich nicht zu meiner alten Form zurück. Physisch bin ich 100 Prozent in Ordnung, aber bestimmt spiele ich nicht so. Ich finde einfach nicht heraus, was los ist.«

»Ich denke, daß ich meinen Höhepunkt erreicht habe. In einem Jahr habe ich keinerlei Verbesserung erkennen können.«

»Ich arbeite härter denn je, investiere mehr Zeit als jemals zuvor, aber es gibt absolut keinen Fortschritt.«

»Ich bin drauf und dran, alles aufzugeben. Ich hab' es satt, so schlecht zu spielen!«

Kommen Ihnen einige dieser Aussagen bekannt vor? Jeder ernsthafte Athlet hat wahrscheinlich schon einmal ähnliches von sich gegeben. Die Erfahrung von Höhen und Tiefen in der eigenen Leistung scheint unvermeidlich zu sein. Die Frage ist nur »wieso?« »Wieso ist es möglich, daß ich für eine Zeitlang so gut spiele und dann plötzlich ohne ersichtlichem Grund damit aufhöre? Läuft da irgend etwas in meinem Kopf falsch? Ich fühle mich in keiner Weise anders. Was verursacht diese Leistungstiefs, die von einer oder zwei Wochen bis hin zu mehreren Monaten anhalten können? Kann man irgend etwas dagegen tun?«

Die anfänglichen Gründe für solche Schwächeperioden lassen sich in folgende fünf Begriffsklassen aufteilen:

1. Unvorhergesehene Veränderungen in den physischen Fähigkeiten.
2. Natürliches Lernplateau.
3. Körperliche Veränderungen.
4. Mentale Veränderungen.
5. Erhöhte Bewußtheit.

Unvorhergesehene Veränderungen in den physischen Fähigkeiten

Ist Ihnen bekannt, daß Ihr allgemeines Leistungsniveau wahrscheinlich unmittelbar nach einer Veränderung oder Modifikation in Ihrer Form oder Technik abfällt? Dieses Vorkommnis ist besonders verbreitet, wenn das neu Erlernte größere Veränderungen in den vorhandenen Gewohnheiten mit sich bringt. Von dieser Tatsache sind die Athleten oft erschüttert, hatten sie doch eine sofortige Verbesserung erwartet.

Was geschieht hier? Das neue Lernen errichtet ein Netz gegeneinandergerichteter Reaktionen, was häufig in einer ineffizienten Mischung alter mit neuen Reaktionen endet. Die ursprüngliche Veränderung der Form oder der Technik mag sich zu diesem Zeitpunkt großartig anfühlen, aber unter Druck werden die älteren und dominanteren Gewohnheiten wieder zum Vorschein kommen. Sie rufen oft eine undurchführbare und unkontrollierbare Mischung aus alt und neu hervor. Spitzenathleten sträuben sich dagegen, während der Wettkampfsaison, die wichtig für sie ist, wesentliche Modifikationen in der Form oder der Technik einzuführen. *Neues Lernen hat häufig den Effekt, daß eine vorübergehende Leistungsschwäche erzeugt wird.*

In solchen Fällen sollte sich jedoch die Leistung durch ein regelmäßiges drillähnliches Training stetig verbessern. Eine Unterbrechung der Wettkämpfe während dieser kritischen Phase des Neulernens erhöht im allgemeinen das Lerntempo und verringert die Frustration.

Eine Verbesserung Ihrer Form und Technik versetzt Sie gewöhnlich in die Lage, schon bald ein höheres Leistungsniveau zu erreichen

Natürliches Lernplateau

Leider folgt die Beherrschung der komplexen physischen Fähigkeiten selten einem gleichförmigen Muster. Es treten wiederholt Perioden ein, in denen kein merklicher Fortschritt ersichtlich ist, trotz gewissenhaftem Training und harter Arbeit. Diese oft quälenden Zeiten des Lernens werden mit PLATEAU[1]) bezeichnet und scheinen keinem kalkulierbaren Muster zu folgen. Man nimmt an, daß der notwendige Lernprozeß während dieser Zeit stattfindet, jedoch nicht unmittelbar in der Leistung wahrnehmbar ist. Plateaus können auch als eine notwendige Inkubations- oder Reifeperiode für das neue Lernen betrachtet werden. Sie scheinen ein zwangsläufiges Nebenprodukt des Erlernens feinster Sensomotorik zu sein. Hierbei gilt es zu berücksichtigen, daß Lernplateaus anfänglich zu solchen Leistungstiefs beitragen können.

Körperliche Veränderungen

Wie bereits in einem früheren Kapitel besprochen, spielt das Vorkommen physischer Zyklen bezüglich des Gesamtleistungsniveaus eine Rolle. Obgleich diese physischen Tiefs im allgemeinen nicht zu lang anhaltenden Leistungsschwächen führen, können sie doch – in Verbindung mit anderen Einflüssen wie einem Sinken des Selbstvertrauens – Faktoren darstellen, die dazu beitragen.
Körperverletzungen der einen oder anderen Art werden gern mit dem Einbruch eines Leistungstiefs in Verbindung gebracht. Die plötzliche Schwächeperiode hat anfänglich eine physische Ursache; dauert sie jedoch an, nachdem die Verletzung geheilt ist, wurde aus der Ursache ein psychologisches Problem.
Andere physische Faktoren, wie ein fortgesetzter Erschöpfungszustand, Gesundheitsprobleme und eine schlechte Ernährung, stehen mit anhaltenden Leistungsschwierigkeiten in Zusammenhang.

Mentale Veränderungen

Wie Sie vielleicht erwartet haben, sind nachhaltige Leistungsschwächen oft von psychologischer Natur. Eine Körperverletzung oder ein natürliches Lernplateau mag wohl den ersten Leistungsabfall ausgelöst haben, aber das hartnäckige Andauern einer solchen Schwächeperiode kann durchaus geistig-seelischen Faktoren zuzuschreiben sein. Geringes Selbstbewußtsein, negative Einstellungen, erhöhte Anspannung und Erregung tragen dazu bei, was gewöhnlich mit »Negativspirale« bezeichnet wird. In Fällen wie diesen ist ein völliges Umdenken notwendig. Sobald neue Perspektiven, neue Einstellungen und neue Erwar-

---

[1]) *Plateau* (Hochebene): Zeitweiliger Stillstand der Leistung auf einem bestimmten Niveau.

tungen zum Leben erweckt werden, scheint die Leistungsschwäche zu verschwinden.

Erhöhte Bewußtheit

Genauso wie die Einführung eines neuen Lernens im körperlichen Bereich in vorübergehenden Leistungseinbrüchen resultieren kann, können neue Erkenntnisse, ein neues Lernen im mentalen Bereich einen ähnlichen Effekt haben. Allerdings sind die Unterbrechungen viel seltener und im allgemeinen von beträchtlich kürzerer Dauer. Sobald Sie Ihre Wahrnehmung über das Ausmaß Ihrer Muskelanspannung, den Energiezustand, das Atmungsverhalten, die negativen Einstellungen etc. erhöhen, verändern sich auch Ihre herkömmlichen mentalen Reaktionen. Auf Grund dieses Umstandes kann es sein, daß Sie es kurzzeitig schwierig finden, spontan und automatisch zu handeln. Viele Athleten erleben keine solchen Leistungseinbrüche und sind in der Lage, das Neuerlernte beinahe unmittelbar in ihr Spiel zu integrieren. Geschehen solche Einbrüche und führen sie zu einer ernsthaften Leistungsschwäche, dann ist dies anderen beeinflussenden Faktoren zuzuschreiben.

Trainingsstrategien, um Leistungstiefs auszuschalten

Prüfen Sie einmal aufmerksam Ihren körperlichen Gesundheitszustand. Ist Ihr (physischer) Körper zu einem *Maximum an Leistung* imstande? Achten Sie auf Verletzungen jeglicher Art, anhaltende Erkältungen oder Infektionen etc. Befinden Sie sich in ärztlicher Behandlung oder nehmen Sie neue Arzneimittel? Sind in Ihren Eß-, Schlaf- oder Trinkgewohnheiten irgendwelche wesentlichen Veränderungen eingetreten? Welcher Art sind die Veränderungen, die Anlaß geben, daß die Leistungsschwäche mit *physischen Faktoren* in Verbindung gebracht wird? Werden wichtige physische Ursachen festgestellt, dann gilt es, sich mit diesen zuerst zu befassen. Solange Sie nicht körperlich gesund sind, kann ein Maximum an Leistung *nicht eintreten,* ganz gleich, wie stark Sie im mentalen Bereich sind.

Sollten physische Faktoren bezüglich Ihrer momentanen Schwächeperiode keine größere Rolle spielen, dann ist anzunehmen, daß sie auf *mentale Faktoren* zurückzuführen ist. Der erste Ausbruch des Leistungstiefs wurde eventuell mit Verletzungen oder einem schlechten Gesundheitszustand in Verbindung gebracht; gelten diese Gründe jedoch nicht mehr, dann sind die primären Schwierigkeiten nun psychologischer Natur. Wenn weitgehend psychologische oder geistig-seelische Faktoren für das Tief verantwortlich sind, empfiehlt es sich, diese Schritte zu befolgen:

Schritt 1 Anerkennen und akzeptieren Sie die Tatsache, daß Ihre Krise das Ergebnis Ihrer gegenwärtigen Einstellungen, Überzeugungen, Gedankenformen und dem Ausmaß Ihres Selbstvertrauens ist. Schwächeperioden haben zur Folge, sich einschneidend auf Ihr Erregungspotential auszuwirken, die Frustrationstoleranz zu senken und Empfindungen der Wertlosigkeit und Schuld zu verstärken. In diesem Fall ist es wichtig, daß Sie sich zu einer psychologischen Erneuerung bekennen.

Schritt 2 Unterbrechen Sie, falls möglich, Ihren normalen Trainingsplan, auch wenn es nur für ein oder zwei Tage ist. Das kann sehr nützlich sein, um endlich die »Negativspirale« zu durchbrechen.

Schritt 3 Machen Sie jeden Tag einen bewußten Versuch, Spaß bei Ihrem Sport zu haben und Ihre Begeisterung und den Reiz, den Sie am Spiel empfinden, zu erneuern. Überprüfen Sie Ihre persönlichen Ziele. Um das Tief zu durchbrechen, brauchen Sie ein neu belebtes Gefühl der Motivation, das sich in hohe positive Energie umwandelt.

Schritt 4 Steigern Sie Ihre physischen Voraussetzungen. Denken Sie daran: physisch stärker bedeutet mental stärker.

Schritt 5 Verwenden Sie zweimal täglich 10−15 Minuten dafür, Einstellungen, Überzeugungen und Gedanken neu zu formen. Beginnen Sie jede Sitzung mit 5−7 Minuten der Entspannung, gefolgt von der Praktik des Visualisierens und dem Training, geistige Bilder zu schöpfen. Stellen Sie sich vor, wie Sie zu neuen, aufregenden Leistungshöhen aufbrechen. »Sehen« und »fühlen« Sie, wie Ihr Selbstvertrauen wächst. Programmieren Sie Ihre innere Welt des Erlebens neu, und zwar so deutlich und realistisch wie nur möglich. Wiederholen Sie mehrere Male zu sich selbst: »Ich schaffe den Durchbruch; ich schaffe den Durchbruch.« Üben Sie, dieses »Siegesgefühl« wiederzuerlangen.

Schritt 6 Versuchen Sie nicht, etwas zu erzwingen. Nehmen Sie den Druck heraus. Lassen Sie den Durchbruch von allein geschehen. Und es wird geschehen, wenn die inneren Voraussetzungen stimmen.

148

Vorbereitung auf den großen Tag

Gebote und Verbote

Wenn Sie gut spielen oder im Wettkampf ein gutes Resultat erzielen werden und die nächsten zwei Spiele gewinnen, dann schaffen Sie zum erstenmal die Entscheidungsspiele. Die ganze Saison läuft schließlich auf diese letzten zwei Begegnungen während der folgenden beiden Wochen hinaus. Sie wollen diese Entscheidungsspiele mehr als alles andere erreichen, und Sie spüren den anwachsenden Druck in sich. Was können Sie tun, daß Ihre Topform in wichtigen Wettbewerben wie diesen garantiert ist? Wie sollten Sie sich vorbereiten?

Gebot
Behalten Sie Ihr regelmäßiges körperliches Trainingsprogramm bei. Laufen Sie, hüpfen Sie Seil, absolvieren Sie Ihre Schnelligkeits- und Beweglichkeitsübungen und was immer sonst Sie für gewöhnlich tun. Denken Sie daran, daß es die Beziehung zwischen körperlicher Kraft und Ausdauer sowie mentaler Kraft und Ausdauer wirklich gibt. Halten Sie sich an Ihren Essens-, Schlafens-, Trink-, Trainings- und Spielrhythmus, der sich für Sie in der Vergangenheit als der beste erwiesen hat. Üben Sie sich vor wichtigen Sportereignissen im Training in Selbstdisziplin. Selbstdisziplin ist ein ausgezeichneter Baumeister des Selbstvertrauens.

Verbot
Ändern Sie das Programm Ihres Körpertrainings, das sich für Sie in der Vergangenheit als am besten erwiesen hat, nicht wesentlich. Sollten Sie an diesem Punkt Ihr Training erheblich erweitern und Elemente hinzufügen wie Laufen oder Gewichtheben, würde dies wahrscheinlich Ihre Bemühungen beeinträchtigen, in dem für Sie bedeutenden Wettkampf gut zu sein. Dies ist nicht die Zeit für ein *Übertraining*. Sie wollen in guter physischer Form bleiben; wesentliche Veränderungen in Ihren Gewohnheiten zum jetzigen Zeitpunkt würden aber sehr wahrscheinlich zu Muskelentzündungen, Steifheit und vielleicht sogar zu Verletzungen führen. Durchbrechen Sie, wenn irgend möglich, vor wichtigen Ereignissen auf keinen Fall Ihr Trainingsprogramm.

Gebot
Wenden Sie jeden Tag ein wenig Zeit dafür auf, um sich im Geiste vorzustellen und diese Bilder auch einzustudieren, wie Sie in dem großen Wettkampf auftreten wollen. Es mögen lediglich ein paar Minu-

ten täglich sein, aber diese mentale Einstimmung stellt einen besonders wichtigen Teil der Vorbereitung auf den großen Tag dar.

Verbot

Warten Sie nicht bis zum letzten Tag vor dem großen Ereignis, um alle Ihre mentalen Vorbereitungen zu treffen. Kein Einpauken von Informationen in letzter Minute! Eine solche Verfahrensweise führt im allgemeinen zu einem konfusen Spiel. Zuviel Information in letzter Minute überlastet den Regelkreis. Bereiten Sie sich also mental jeden Tag ein wenig vor.

Gebot

Bereiten Sie sich geistig wie auch körperlich auf alles vor, was während der entscheidenden Begegnung passieren könnte. Denken Sie an die Maxime: Sei niemals von irgend etwas überrascht! Ein Athlet, der sich überraschen läßt, gerät in Schwierigkeiten. Das heißt nicht, daß Sie schlimme Dinge erwarten sollen; es bedeutet ganz einfach, daß Sie vorbereitet sind für den Fall, daß sie eintreten. In anderen Worten: Sie geraten nicht in Panik und können intelligent reagieren.

Verbot

Machen Sie während dieser Zeit keine Anstalten, größere Veränderungen in Ihren physischen Geschicklichkeiten vorzunehmen. Nehmen Sie das, was Sie haben. Größere Veränderungen in Schlagtechniken, im Werfen etc. einzuführen hieße wahrscheinlich, daß Sie Ihr bestehendes Können, Ihre Fähigkeiten zu diesem Zeitpunkt zerrissen oder unterbrächen. Um auf Ihrem höchsten Niveau zu spielen, müssen Sie in der Lage sein, die Automatik anzuschalten, und dies ist mit neu erworbenen physischen Fertigkeiten im allgemeinen nicht möglich.

Gebot

Unternehmen Sie alles, was in Ihrer Macht steht, um für den Wettkampf an physischer, emotionaler und intellektueller Höhe zu gewinnen. Meiden Sie Dinge, bei denen es im Bereich der Wahrscheinlichkeit liegt, daß sie Sie besonders müde, deprimiert, traurig, aufgeregt oder negativ gestimmt machen.

Verbot

Lassen Sie sich nicht in Aktivitäten, Ereignisse oder Situationen verwikkeln, die voraussichtlich zu persönlichen Schwierigkeiten oder größeren Konflikten führen. Größere Konflikte innerhalb Ihres persönlichen Lebens zehren häufig physisch wie emotional an Ihren Kräften. Solche Konflikte sind oft für einen gefühlsmäßig »falschen« und lahmen Wett-

150

kampf verantwortlich. Dies ist ganz besonders am Tage der sportlichen Auseinandersetzung zu berücksichtigen. Meiden Sie Streits, Horrorfilme, Katastrophenmeldungen, Beziehungen, die Sie durcheinanderbringen, etc. All das untergräbt den positiven Energiefluß und führt gern zu vorzeitiger Übermüdung und zu Überdruß. Es dürfte unmöglich sein, während des Wettkampfs hellwach und aufmerksam zu bleiben sowie positiv, voller Spannkraft und konzentriert, wenn Sie emotional verausgabt sind.

Gebot

Fangen Sie damit an, innerliche Triebkraft zu entwickeln, einen Impuls zu errichten, und zwar während wie auch außerhalb des Trainings. Anders ausgedrückt: Lassen Sie positive Energie fließen. Versuchen Sie bei jeder Chance, die sich Ihnen bietet, Eigenschaften zu stimulieren wie vermehrten Teamgeist, Bestimmtheit, Begeisterung, Eifer und Selbstvertrauen. Setzen Sie eine Lawine positiver Energie für sich selbst und die Mannschaft in Bewegung.

Verbot

Werden Sie nicht bange, wenn Sie ängstlich oder unruhig sind. Es ist völlig natürlich und normal, nervös zu sein. Sich darüber zu ängstigen, weil man sich ängstigt, macht die Situation nur noch schlimmer. Ein bißchen Nervosität vor dem Spiel ist unvermeidbar und lediglich ein Anzeichen dafür, daß Sie innerlich wirklich darauf eingestimmt sind, im bevorstehenden Wettkampf gut zu sein. Die gleiche generelle Einstellung sollte man sich zueigen machen, was den Schlaf anbelangt. Machen Sie sich keine Gedanken darüber, wenn Sie die Nacht vor dem großen Ereignis nicht schlafen. Untersuchungen beweisen, daß eine schlaflose Nacht vor einem Wettkampf für gewöhnlich der Leistung nicht schadet – *solange Sie sich darüber keine Sorgen machen!*

Gebot

Kleiden Sie sich so, daß Sie gewinnen. Wenn Ihre blauen Socken die »Gewinnsocken« sind, dann tragen Sie sie. Wenn Sie Ihren rechten Schuh zuerst anziehen müssen, um Glück zu haben, dann tun Sie's! Ausschlaggebend ist, daß Sie das tun sollten, was immer Ihnen dabei hilft, dieses »Siegesgefühl« zu erlangen. Aberglaube oder nicht – wenn es nützt, dann tun Sie es. Diese sog. *Kleidungsrituale* sind wichtig!

Verbot

Essen Sie zwei Stunden vor dem Wettkampf nichts Festes oder Kräftiges. Vor einem Wettkampf sollten Sie *strikt* Ihre für Sie besten Eß- und Trinkgewohnheiten befolgen.

Gebot

Am allerwichtigsten ist: Haben Sie Spaß und genießen Sie den lang erwarteten Wettkampf. Das wird Ihnen helfen, sich während der sportlichen Begegnung Energie zu verschaffen und auch entspannt und locker zu bleiben. Wiederholen Sie während der Woche die Denkgewohnheiten, die für Ihren Wettkampf von Bedeutung sind. Sie beinhalten folgendes:

○ Ich gebe 100% meiner Leistungskraft, ganz gleich, was geschieht.
○ Ich bleibe positiv und optimistisch.
○ Ich bleibe während des Wettkampfs gelassen, entspannt und zuversichtlich.
○ Ich bin gut.

Üben Sie täglich zu visualisieren, wie Sie es sich vorstellen, daß Sie Ihre Leistung erzielen, und wie Sie wollen, daß die Mannschaft am Tage des großen Ereignisses spielt. Sehen Sie es zuerst im Geiste geschehen!

Aufbau von Harmonie in der Mannschaft

Teamgeist setzt sich zusammen aus gegenseitigem Respekt, guter Kommunikation, Geschlossenheit, Vertrauen, Anerkennung und wechselseitiger Unterstützung. Alles mögliche kann geschehen, was dazu führt, den Teamgeist zu untergraben. Manchmal kann sich ein Spieler von seinen Mannschaftskameraden ausgeschlossen oder zurückgewiesen fühlen. Vielleicht entwickelt er gegenüber dem Trainer Gefühle des Grolls oder Zorns für etwas, das er gesagt oder getan hat. Gelegentlich empfinden Spieler eine gewisse Isolation gegenüber anderen im Team und haben das Gefühl, nicht geschätzt oder unerwünscht zu sein, oder sie kommen mit bestimmten Mannschaftskameraden nicht so recht aus. Kommen Dinge wie diese vor, dann fällt im allgemeinen das Leistungsniveau – und zwar das des Teams ebenso wie das des individuellen Sportlers. Daher ist es sehr wichtig, daß Sie die Beziehung zwischen Höchstleistung und Mannschaftsharmonie begreifen und die nötigen Schritte unternehmen, um eine echte Eintracht innerhalb der Mannschaft zu gewährleisten.

Genauso wie jeder Athlet hat jedes Team einen idealen Leistungszustand. Die Verwirklichung des ILZ einer Mannschaft steht in direktem Bezug zu der Qualität der Interaktion zwischen den Mitgliedern. Eine Untersuchung über Athleten, die an Olympischen Spielen teilgenommen hatten, hat einen starken Zusammenhang zwischen Mannschaftseintracht und Mannschaftsleistung dargelegt. Wie wir bereits gesehen haben, verkörpert Teamgeist eine starke Quelle positiver Energie, und wenn er vorhanden ist, scheint jeder Sportler zu vollem Leben erweckt zu sein. Sportler stellen fest, daß Teamgeist ihnen nicht nur das Gefühl verleiht, hochmotiviert und voller Tatkraft zu sein, sondern daß er auch den Druck von ihnen nimmt. Die Spieler fühlen sich entspannter, geben mehr von sich selbst und spielen überzeugter, wenn eine Atmosphäre der Mannschaftseintracht und des Zusammengehörigkeitsgefühls herrscht.

Es klingt merkwürdig, doch die erfolgreichsten Trainer können davon berichten, daß das Leistungspotential einer Mannschaft als Einheit viel größer ist als die Addition der Könnensstufen eines jeden einzelnen Athleten. Haben Sie jemals in einer Mannschaft gespielt, in der Sie, obwohl man sich darüber einig war, daß es da nicht sehr viel an Talent gab, einige ziemlich erstaunliche Dinge zuwege gebracht haben? Wenn das geschieht – und dies ist oft der Fall –, dann ist eines gewiß: Hier waren Teamgeist und Einigkeit vorhanden. Die Präsenz von Teamgeist lockt die Leute aus ihrer Reserve und verleiht ihnen das Gefühl, als seien sie Teil von etwas, das viel größer ist als sie selbst. Ebenso ermutigt es die Spieler, Risiken einzugehen und ihre normalen Grenzen zu überschreiten. Teamgeist ruft Eigenschaften hervor wie Inspiration, Selbstvertrauen und Intensität. Kurz gesagt: Teamgeist ist offenbar die Voraussetzung, daß sich der ideale Leistungszustand jedes einzelnen leicht und wie von selbst verwirklicht.

Mißgeschick und Widrigkeiten – die wahre Prüfung

Der schnellste Weg, um die Intensität der Mannschaftssolidarität zu bestimmen, ist, wenn man beobachtet, was in widrigen Situationen passiert. Gewöhnlich geschieht eines von zwei Dingen: Entweder ziehen sich die Athleten in sich selbst zurück oder sie wenden sich der Gruppe zu, um mit dem erhöhten Druck fertig zu werden. Ist die Bereitschaft zur gegenseitigen Unterstützung in der Mannschaft nicht ausreichend entwickelt, so sind ganz typische Strategien die, daß sich die Spieler in die selbstgewählte Isolation begeben oder in Zweier- oder Dreiergruppen absplittern.

Das heißt also, daß Widrigkeiten die Mannschaftsmitglieder eher auseinanderreißen, als daß sie sie enger zusammenbinden würden. Der Grund hierfür: Es fehlt an gegenseitigem Vertrauen und entsprechendem Rückhalt. Oft spielen Mannschaftsmitglieder dann für sich; sie versuchen, die Situation ganz allein umzukehren. Die natürliche Folge ist, daß sich Spieler plötzlich ertappen, wie sie höchst emotional und negativ werden und rasch kritisieren. Es entwickelt sich ein starker Abwehrmechanismus, und um Kritik zu vermeiden, spielen einzelne Mannschaftsmitglieder so, daß sie keine Fehler begehen. Das Teamspiel wird bestenfalls zaghaft und uninspiriert, schlimmstenfalls konfus und desorientiert.

Erweist sich die gegenseitige Unterstützung jedoch als stark genug, dann ziehen die Sportler bei Widrigkeiten instinktiv an einem Strang. Sie finden die Sicherheit, die sie brauchen, indem sie sich mehr der Gruppe zuwenden, anstatt sich von ihr abzuwenden. Die Spieler erleben eine Krise eher als eine Bedrohung für die Mannschaft und weniger als eine, die sich gegen sie persönlich richtet. Der gegenseitige Halt und die gegenseitige Ermunterung werden unwillkürlich größer, sobald sich die Krise verstärkt. Sie haben einen starken Drang, gegenseitige Kritik oder eine ablehnende Haltung zu vermeiden. In scharfem Kontrast zu der Rückzugsstrategie wird der Feind klar als von außen kommend betrachtet – nicht von innen.

Was es beim Aufbau einer Mannschaft zu beachten gilt

Das Zusammentreffen als Team steht in direkter Beziehung mit drei grundlegenden Faktoren. Der erste ist die *Zeit.* Die Schaffung eines stabilen Systems gegenseitiger Unterstützung ist ein sehr komplizierter Prozeß und benötigt deshalb Zeit. Je mehr Zeit den einzelnen Personen zur Verfügung steht, die sie miteinander verbringen, um so größer ist die Wahrscheinlichkeit, daß sich auf ganz natürliche Weise ein stabiler gegenseitiger Halt entwickelt. Das geschieht nicht über Nacht. Der Prozeß kann beschleunigt werden, indem bestimmte Dinge getan werden; doch es gibt keinen angemessenen Ersatz für miteinander verbrachte Zeit.

Der zweite Faktor, der in Betracht gezogen werden muß, ist die *Anzahl der Veränderungen,* auf die sich jede Person einzustellen hat. Veränderungen rufen Instabilität ins Leben, und Instabilität erzeugt Mißtrauen, Argwohn und Verwirrung. Je mehr neue Gesichter, neue Positionen, neue Methoden, neue Trainer, neue Stile etc., um so mehr zieht sich der Aufbauprozeß des Teams in die Länge.

Der dritte wichtige Faktor bezüglich des Aufbauprozesses der Mannschaft ist die *Interaktion* der beteiligten Personen. Manche Menschen sind offener und vertrauensvoller als andere. Einige fühlen sich rasch kritisiert und gehen in die Defensive, während andere es nicht tun. Die Wechselwirkung der Individualität des Trainers mit der seiner Schütz-

154

linge und der Athleten untereinander ist von grundlegender Bedeutung. Unglücklicherweise wirken Argwohn, Abwehrhaltung und negatives Verhalten innerhalb der Mannschaft höchst ansteckend, besonders in den frühen Stadien des Teamaufbaus. Sportler ebenso wie Trainer müssen während dieser Zeit doppelt hart arbeiten, um solche negativen Strömungen auszuschalten. Ist die negative Energie erst einmal in Gang gekommen, dann ist es hart, sie wieder abzustellen.

Positiver Druck seitens Gleichaltriger und Gleichgesinnter – ein gutes Zeichen

Wenn ich festzustellen versuche, wie es mit der Entwicklung der Geschlossenheit innerhalb der Mannschaft steht, dann schaue ich mir immer einen Faktor an: *Druck der Gleichgesinnten.* Es ist der wirklich einzige und beste Indikator überhaupt, den ich bis jetzt gefunden habe. Eine schlechte Ausprägung der gegenseitigen Unterstützung zwingt Spieler in die Situation, daß sie keine Fehler machen wollen, weil sie die Kritik ihrer Mannschaftskameraden, Trainer oder Fans fürchten. Andererseits bringt eine starke Ausprägung der Unterstützung eine völlig andere Art von Ansporn mit sich, etwa dergestalt: »Ich will meine Kameraden auf keinen Fall im Stich lassen.« Diese Form des Drucks seitens der Kameraden hat eine besonders positive Auswirkung auf die Leistung. Teamkameraden spielen schließlich mehr *füreinander* als für sich selbst und nicht mehr, um Kritik oder Strafe zu vermeiden.
Wenn diese Art des Gruppendrucks vorhanden ist, dann kann man sicher sein, daß die Mannschaftsregeln, die Mannschaftsdisziplin und der Trainingsplan eingehalten werden und die Sportler im Spiel bzw. Wettkampf wie im Training 100 Prozent geben. Positiver Gruppendruck ist unendlich viel stärker und konstruktiver als Druck, der von Trainern, Eltern oder Fans entwickelt wird.

Strategien, um Teamharmonie zu errichten

1. *Lernen Sie Ihre Teamkameraden kennen.*
   Je mehr Sie über einen Menschen wissen, um so leichter ist es, seine Besonderheiten zu akzeptieren. Es ist leicht, sich kritisch und negativ über einen Menschen zu äußern, den Sie nicht verstehen. Nehmen Sie sich Zeit und hören Sie dem Menschen zu, mit dem Sie Schwierigkeiten haben. Versuchen Sie, mit seinen Augen zu sehen. Wenn Ihnen das gelingt, dann werden sich Ihre Gefühle diesem Menschen gegenüber fast immer verbessern.

2. *Geben Sie an Ihre Teamkameraden ein positives Feedback, wann immer sich die Möglichkeit hierzu bietet.*
Einfache Aussagen wie: »Guter Fang«, »Prima Versuch«, »Großartige Arbeit«, »Super« oder »Ich wußte, daß du es schaffst« tragen dazu bei, ein starkes, positives Verhältnis aufzubauen. Seien Sie verbal positiv zu Ihren Mannschaftsgefährten, stärken Sie sie mit Worten und Taten, und vermeiden Sie ein kritisches, negatives Feedback. In anderen Worten: Machen Sie es sich zur Gewohnheit, Dinge zu Ihren Teamkameraden zu sagen, die sie aufbauen, und vermeiden Sie Äußerungen, die sie demütigen. Das trifft vor allem bei einem Mißgeschick zu. Denken Sie daran, daß jeder dazu neigt, sich in sich zurückzuziehen und sich zunächst zu schützen, wenn die Dinge schwierig werden. Wenn Sie Teil der Mannschaft sind, dann bedeutet diese Strategie vorübergehende Schwierigkeiten für Sie selbst und für alle anderen. Arbeiten Sie bei widrigen Situationen ganz besonders intensiv daran, unterstützend, positiv und konstruktiv mit Ihrem Team vorzugehen. Helfen Sie den anderen, so helfen Sie sich schließlich selbst.

3. *Geben Sie 100 Prozent Leistung im Training und arbeiten Sie intensiv an Ihren schwachen Seiten.*
Hart zu arbeiten, um selbst besser zu werden, und vollen Einsatz zu geben – dies sind starke Eigenschaften, um eine Mannschaft zusammenzuschweißen. Wenn Sie einsatzfreudig und engagiert sind, dann ermutigen Sie andere durch Ihr Beispiel, es Ihnen gleichzutun. Unterschätzen Sie nie die Macht Ihrer Vorbildfunktion im Errichten des Teamgeistes.

4. *Eine negative ebenso wie eine positive Haltung sind übertragbar.*
Lassen Sie sich nicht dazu verleiten zu glauben, daß sich Ihre negative Einstellung nicht auf Ihre Mannschaft auswirkt. Eine negative Haltung kann sich wie eine Krankheit über ein Team ausbreiten. Achten Sie sorgfältig darauf, was Sie denken und sagen. Setzen Sie eine Art Epidemie der Begeisterung und der positiven Spannung innerhalb Ihres Teams in Gang, indem Sie sich selbst optimistisch und positiv zeigen.

5. *Beenden Sie Konflikte, die Sie mit Teamkameraden oder Trainern haben, so schnell wie möglich.*
Lassen Sie Konflikte in sich gar nicht erst aufsteigen. Unternehmen Sie Schritte, um sie zu lösen. Sprechen Sie Ihre Kritik offen aus oder klären Sie den Konflikt mit der Person, die verantwortlich für die Lösung der Situation ist. Meckern oder beschweren Sie sich nicht

anderen gegenüber, indem Sie Ihren Gefühlen freien Lauf lassen – das verbreitet nur negative Energie. Wenn Sie auf einen Konflikt verantwortungsvoll und sofort reagieren, dann hat dies auf Ihre innere Verfassung und Ihre Leistung nur geringe Auswirkung. Aber je länger diese Konflikte andauern, desto mehr gefährden Sie Ihre innere Verfassung und somit auch Ihre Leistung.

6. *Bringen Sie Ihre Einstellung und Ihre Stimmung in Ordnung, bevor Sie mit dem Training oder dem Spiel beginnen.*
   Wenn Sie erst einmal am Ort des Geschehens eingetroffen sind, ist es oft zu spät, um Ihre Einstellung anzupassen. Der wirkliche Profi kommt mit der richtigen Gemütsverfassung an, bereit, sein Bestes im Wettkampf zu geben.

7. *Seien Sie kein Großmaul oder Angeber.*
   Keiner von beiden macht sich Freunde im Team. Stilles Selbstvertrauen, Lauterkeit und die Fähigkeit hinzuhören – diese Eigenschaften dienen Ihnen viel mehr. Teamgeist wird von den Spielern im allgemeinen als ein Gefühl der Nähe zwischen den Mannschaftsmitgliedern und der Geschlossenheit erlebt. Ein wichtiger Schritt, um sich einander nahe zu fühlen, ist der, daß Sie Ihre Fassaden abbauen und den anderen erlauben zu erfahren, wer und was Sie sind.

8. *Springen Sie über Ihren Schatten und helfen Sie Ihren Teamkameraden, wann immer Sie können.*
   Gemeinsam voneinander abhängig zu sein spornt den Teamgeist an. Wenn Sie jemandem helfen, dann fühlt sich der Betroffene Ihnen gegenüber näher und ist aufgeschlossener.

9. *Tragen Sie die volle Verantwortung für sich selbst.*
   Gewöhnen Sie es sich nicht an, für eine schwache Leistung anderen die Schuld zu geben. Es ist wirklich nutzlos, den Trainer oder die Teamkameraden verantwortlich zu machen für Dinge, die für Sie nicht gut laufen. Handeln Sie innerhalb positiver und konstruktiver Bahnen, um notwendige Veränderungen herbeizurufen. Schuldzuschreibungen führen einzig und allein dazu, die Bemühungen um die angestrebte Harmonie innerhalb der Mannschaft zu vereiteln.

10. *Geben Sie sich selbst den nötigen Anstoß.*
    Verlassen Sie sich nicht darauf, daß andere Sie aus dem Verborgenen heraus antreiben. Selbststarter sind äußerst wertvolle Mannschaftsmitglieder. Oft sind sie die Auslöser für einen positiven Impuls. Seien Sie ein Vorbild an positiver Energie.

11. *Kommunizieren Sie klar, ehrlich und offen mit Ihrem Trainer.*
Um wirkliche Teamharmonie zu erreichen, muß die Kommunikation zwischen Ihnen und Ihrem Trainer funktionieren. Je besser Sie einander verstehen, desto besser sind Ihre Chancen, daß Sie gut sind.

12. *Denken Sie daran, Spaß zu haben!*
Zu lachen, ein wenig aus sich herausgehen zu können – das überwindet häufig die Barrieren und hilft den Menschen, sich zu entspannen und sich einander näher zu fühlen. Denken Sie daran: Solange Sie an etwas Freude haben, sind auch Sie gut – Ihre Leistung wird es Ihnen beweisen!

Einschätzung und Überprüfung der mentalen Stärken und Schwächen

Darstellung Ihrer mentalen Fertigkeiten

Eine Steigerung Ihrer Bewußtheit über Ihre mentalen Stärken und Schwächen ist wesentlich, um Veränderungen schneller festzustellen. Je mehr Sie sich und Ihre Grenzen kennen und verstehen, desto besser ist Ihr geistiges Rüstzeug, um sich mit Ihrer Leistung durchweg im oberen Bereich dieser Grenzen zu bewegen. Erhöht man sein Selbstverständnis und seine Selbstbewußtheit, so trägt dies dazu bei, den Lernprozeß zu beschleunigen.

Um Ihnen dabei zu helfen, Ihr Verständnis für die Dimension der mentalen Stärke zu schärfen und zwar, wie diese in Beziehung steht zu Ihrem Profil der Stärken und Schwächen, möchte ich gern sieben gesonderte Bereiche der mentalen Fertigkeit untersuchen. Obwohl die Bandbreite der mentalen Fertigkeiten viel weitreichender sein könnte, haben sich die sieben im folgenden aufgeführten Bereiche durchweg als die wichtigsten und elementarsten erwiesen.

Selbstvertrauen

Der Grad Ihres Selbstvertrauens liefert die beste Vorhersage für den Wettkampferfolg. Die Gefühle und Vorstellungen, welche Sie darüber haben, was Sie können und was nicht, bestimmen sehr stark das Ergebnis. In vieler Hinsicht ist es eine besondere Fertigkeit, ein hohes Maß an Selbstvertrauen aufrechtzuerhalten. Spitzenathleten wissen sehr wohl, daß bestimmte Aktivitäten, Menschen, Gedanken und Vorstellungsbilder ihr Selbstvertrauen schnell untergraben.

Selbstvertrauen oder Selbstsicherheit ist ein Gefühl und das Wissen, das sagt, daß Sie es können, daß Sie eine gute Leistung bringen und erfolgreich sein können. Der Schlüssel zum Selbstvertrauen und Glauben an sich selbst liegt im Erkennen des Erfolgs. Nichts kann das Selbstvertrauen rascher untergraben als die Anhäufung wahrgenommener Fehlschläge. Wenn Sie Ihr Selbstvertrauen verloren haben, wird Ihr Leistungsergebnis, ungeachtet Ihres physischen Talents und Könnens, dramatisch beeinträchtigt werden.

Negative Energie

Um im Wettkampf Erfolg zu haben, ist es unbedingt erforderlich, negative Emotionen wie Furcht, Ärger, Frustration, Neid, Unmut, Zorn und Gereiztheit unter Kontrolle zu haben. Gelassen, entspannt und fokussiert zu bleiben – diese Eigenschaften stehen in direkter Beziehung zu Ihrer Fähigkeit, negative Energie auf einem Minimum zu halten. Die Kontrolle der negativen Energie ist mit der Befähigung verknüpft, schwierige Situationen eher als eine Herausforderung zu begreifen denn als bedrohliche oder entmutigende Probleme. Schürt man seine Leistung mit negativen Emotionen, so erzeugt dies bezeichnenderweise Inkonsistenz, übermäßige Muskelanspannung und schlechte Konzentration. Dies trifft besonders zu bei Sportdisziplinen, wo es auf feinmotorische Geschicklichkeit ankommt, wie Golf und Tennis.

Aufmerksamkeitssteuerung

Die Fähigkeit, eine permanente Konzentration auf die bevorstehende Aufgabe aufrechtzuerhalten, ist für eine gute Leistung von solch zentraler Bedeutung, daß dies gar nicht genügend betont werden kann. Die Aufmerksamkeitskontrolle ist nichts anderes als die Fähigkeit, sich auf das einzustellen, was wichtig ist, und auszublenden, was unwichtig ist. Das Ziel ist eine auf einen Punkt zulaufende Konzentration und zwar so vollständig, daß das eigene Ich im Hinblick des Fokussierens total aufgegeben wird. Je mehr ein Sportler eintauchen kann in die relevanten Aspekte eines Wettkampfs, um so tiefer ist die Konzentration und um so größer die Aufgabe des eigenen Ich.

Übereinstimmend berichten Athleten, daß sie das Wissen um sich selbst, das Selbst-Bewußtsein verlieren, wenn sie sich gut konzentrieren. Dieser Verlust der Bewußtheit über die eigene Person wird ironischerweise durch Ablenkung erreicht; die Aufmerksamkeit wird vom »Ich« abgelenkt, indem man selbst gänzlich zum ersehnten Objekt des Fokus wird. Die Fähigkeit, diese Art der Konzentration zu erreichen, ist erlernt und steht in direkter Verbindung mit der Fähigkeit eines Athleten, den positiven und negativen Energiefluß zu lenken.

Visualisierung und Vorstellungssteuerung

Erfolgreiche Athleten verfügen ausnahmslos über eine gut entwickelte Kontrollfähigkeit des Visualisierens und des Vorstellens. Sie sind eher imstande, in Bildern zu denken als in Worten, und sie sind in der Lage, bewußt ihre geistigen Bilder und Vorstellungen in eine positive und konstruktive Richtung zu lenken. Um im Sport eine gute Leistung zu bringen, ist es notwendig, daß ein Athlet von einer höchst rationalen, logischen und überlegten Denkweise umschaltet auf eine eher spontane, ungebundene und instinktive Denkweise. Visualisieren und Vor-

stellungstraining – und zwar vor wie während des Wettkampfes –
tragen dazu bei, diesen Wechsel zu erleichtern.

Das Visualisieren ist eine der mächtigsten mentalen Trainingsstrategien,
die bislang entdeckt wurden, um vorgestellte Wünsche in physische
Leistung umzusetzen. Der Schlüssel liegt in der Tatsache, daß das
zentrale Nervensystem unfähig ist, zwischen einer tief eingewurzelten
Visualisierung und einem tatsächlichen physischen Ereignis zu unterscheiden. Folglich ist die Auswirkung um so wirkungsvoller, je intensiver, ausführlicher und real die vergegenwärtigten Bilder sind. Die
Fähigkeit, eher in Bildern zu denken als in Worten, den geistigen
Bilderfluß bewußt in eine positive Richtung zu lenken sowie klar und in
allen Einzelheiten zu visualisieren, verbessert sich mit dem Üben. Dies
ist im Bereich der sportlichen Leistungsfähigkeit eine ganz entscheidende mentale Fertigkeit.

Motivationsstärke

Ein hohes Maß der Selbstmotivation aufrechtzuerhalten ist eine große
Kunst. Sich bedeutungsvolle Ziele zu setzen, eine gleichbleibende
Nahrung des täglichen Erfolgs zu programmieren und mit einem Mißer-
folg richtig umzugehen – all das sind entscheidende Komponenten der
Motivation. Auch sie sind alle erlernt. Ich kann die Bedeutung der
Selbstmotivation im Sport nicht genügend betonen. Motivation ist
ENERGIE, und Selbstmotivation ist eine der wichtigsten Quellen der
positiven Energie, die einem Athleten zur Verfügung stehen.

Die Bereitschaft, sich unbeirrt an Trainingspläne zu halten und
Schmerz, Unannehmlichkeiten und Selbstaufopferung zu erdulden –
Elemente, die alle mit einer persönlichen Vorwärtsentwicklung in
Zusammenhang stehen –, ist eng an die Selbstmotivation eines Sportlers
geknüpft. Ungeachtet des Grades seiner physischen Fähigkeit oder
seines Talents bedeutet geringe Selbstmotivation Schwierigkeiten für
den Athleten. Von den sieben Punkten nimmt die Selbstmotivation den
bedeutendsten Platz ein.

Positive Energie

Erworben ist auch die Fähigkeit, den Fluß positiver Energie aufrechtzuerhalten und zu steuern. Im wesentlichen ist es die Eigenschaft, seine
Energie aus solchen Quellen wie Spaß, Freude, Zielstrebigkeit,
Bestimmtheit und Teamgeist zu gewinnen. Positive Energie macht
Höchstleistung möglich. Es ist die Energiequelle, die den Athleten
ermächtigt, eine hohe innere Aktivierung zu erreichen, während zur
gleichen Zeit Gelassenheit, geringe Muskelanspannung sowie Konzentration erlebt werden. Positive Energie steht in enger Beziehung zu
Faktoren der Motivation und Einstellungsentwicklung.

Einstellungskontrolle

Die Kontrolle der persönlichen Einstellung spiegelt schlicht die Denkgewohnheiten eines Menschen wider. Die richtige Einstellung führt zu emotionaler Kontrolle, innerem Gleichgewicht und einem positiven Energiefluß. Spitzenathleten sind disziplinierte Denker. Eine bestimmte Konstellation von Verhaltensweisen charakterisiert den erfolgreichen Wettkämpfer. Dieser Bereich reflektiert das Ausmaß, bis zu welchem Ihre persönliche Einstellung mit jener von erfolgreichen, hochrangigen Sportlern übereinstimmt.

Der psychologische Leistungstest

Um Ihnen zu helfen, eine klarere Vorstellung hinsichtlich Ihrer mentalen Stärken und Schwächen – bezogen auf die sieben vorher besprochenen Faktoren – zu bekommen, kreuzen Sie bitte in der folgenden Liste in jeder Zeile eine der fünf möglichen Antworten an. Machen Sie in jeder Zeile nur ein Kreuz. Sie können zwischen den Antworten »fast immer«, »oft«, »manchmal«, »selten« und »fast nie« wählen. Entscheiden Sie sich für eine Antwort auf jeder Skala, die am ehesten mit Ihrer Auslegung übereinstimmt, bezogen auf Ihre sportliche Tätigkeit. Ihre Antwort entspricht ganz einfach einer persönlichen Einschätzung.

Seien Sie mit sich so offen und ehrlich, wie Sie nur können, und antworten Sie auf jede Frage so, wie es in diesem Augenblick und in diesem Zusammenhang auf Sie zutrifft.

Psychologischer Leistungstest

Ich sehe mich im Wettkampf eher als Verlierer denn als Gewinner.

	1	2	3	4	5
1	fast immer	oft	manchmal	selten	fast nie

Ich werde während des Wettkampfs wütend und frustriert.

	1	2	3	4	5
2	fast immer	oft	manchmal	selten	fast nie

Ich lasse mich während des Wettkampfs ablenken und verliere meine Konzentration.

3

1	2	3	4	5
fast immer	oft	manchmal	selten	fast nie

Vor einem Wettkampf stelle ich mir vor, wie hervorragend ich bin.

4

5	4	3	2	1
fast immer	oft	manchmal	selten	fast nie

Ich bin höchst motiviert, mein Bestes zu geben.

5

5	4	3	2	1
fast immer	oft	manchmal	selten	fast nie

Ich bin in der Lage, während des Wettkampfs starke positive Gefühle fließen zu lassen.

6

5	4	3	2	1
fast immer	oft	manchmal	selten	fast nie

Ich denke positiv während des Wettkampfs.

7

5	4	3	2	1
fast immer	oft	manchmal	selten	fast nie

Ich glaube an mich als Wettkämpfer.

8

5	4	3	2	1
fast immer	oft	manchmal	selten	fast nie

Ich werde im Wettkampf nervös oder ängstlich.

9

1	2	3	4	5
fast immer	oft	manchmal	selten	fast nie

Ich habe das Gefühl, als rasen meine Gedanken in kritischen Augenblicken des Wettkampfs 180 km pro Stunde.

10

1	2	3	4	5
fast immer	oft	manchmal	selten	fast nie

Ich übe meine physischen Fertigkeiten mental.

11

5	4	3	2	1
fast immer	oft	manchmal	selten	fast nie

Die Ziele, die ich mir selbst als Wettkämpfer gesetzt habe, spornen mich zu hartem Training an.

12

5	4	3	2	1
fast immer	oft	manchmal	selten	fast nie

Ich kann mich am Wettkampf erfreuen, auch wenn ich mich einer Menge schwieriger Probleme gegenübergestellt sehe.

13

5	4	3	2	1
fast immer	oft	manchmal	selten	fast nie

Meine Selbstgespräche während des Wettkampfs sind negativ.

14

1	2	3	4	5
fast immer	oft	manchmal	selten	fast nie

Ich verliere sehr schnell mein Selbstvertrauen.

15

1	2	3	4	5
fast immer	oft	manchmal	selten	fast nie

Fehler lassen mich negativ fühlen und denken.

16

1	2	3	4	5
fast immer	oft	manchmal	selten	fast nie

Ich kann störende Emotionen rasch erklären und meinen Fokus zurückgewinnen.

17

5	4	3	2	1
fast immer	oft	manchmal	selten	fast nie

Über meine Disziplin in Bildern zu denken fällt mir leicht.

18

5	4	3	2	1
fast immer	oft	manchmal	selten	fast nie

Ich muß nicht angetrieben werden, um hart zu spielen oder zu trainieren. Ich bin mein eigener bester Antreiber.

19

5	4	3	2	1
fast immer	oft	manchmal	selten	fast nie

Ich neige dazu, die Lust zu verlieren, wenn sich die Dinge während des Wettkampfs gegen mich wenden.

20

1	2	3	4	5
fast immer	oft	manchmal	selten	fast nie

Ich gebe 100% während eines Wettkampfs, ganz gleich, was geschieht.

21

5	4	3	2	1
fast immer	oft	manchmal	selten	fast nie

Ich bin imstande, Leistung bis an die obere Grenze meines Talents und meiner Fertigkeiten zu erbringen.

22

5	4	3	2	1
fast immer	oft	manchmal	selten	fast nie

Meine Muskeln werden während des Wettkampfs übermäßig angespannt.

23

1	2	3	4	5
fast immer	oft	manchmal	selten	fast nie

Ich werde leicht benommen während des Wettkampfs.

24

1	2	3	4	5
fast immer	oft	manchmal	selten	fast nie

Vor dem Wettkampf stelle ich mir vor, wie ich mich durch unangenehme Situationen hindurcharbeite.

25

5	4	3	2	1
fast immer	oft	manchmal	selten	fast nie

Ich bin bereit, alles zu geben, um mein ganzes Potential auszuschöpfen.

26

5	4	3	2	1
fast immer	oft	manchmal	selten	fast nie

Ich trainiere mit hoher positiver Energie.

5	4	3	2	1
fast immer	oft	manchmal	selten	fast nie

27

Ich kann negative Stimmungen in positive umwandeln, indem ich mein Denken kontrolliere.

5	4	3	2	1
fast immer	oft	manchmal	selten	fast nie

28

Ich bin ein starker mentaler Wettkämpfer.

5	4	3	2	1
fast immer	oft	manchmal	selten	fast nie

29

Unkontrollierbare Ereignisse wie Wind, mogelnde Gegner und schlechte Kampfrichter bringen mich ziemlich aus der Fassung.

1	2	3	4	5
fast immer	oft	manchmal	selten	fast nie

30

Ich entdecke mich dabei, wie ich während des Wettkampfs über vergangene Fehler oder verpaßte Gelegenheiten nachdenke.

1	2	3	4	5
fast immer	oft	manchmal	selten	fast nie

31

Ich benutze während des Wettkampfs Vorstellungsbilder, die mir helfen, besser zu sein.

5	4	3	2	1
fast immer	oft	manchmal	selten	fast nie

32

Ich langweile mich und fühle mich wie ausgebrannt.

1	2	3	4	5
fast immer	oft	manchmal	selten	fast nie

33

In schwierigen Situationen fühle ich mich herausgefordert und inspiriert.

5	4	3	2	1
fast immer	oft	manchmal	selten	fast nie

34

Meine Trainer würden sagen, daß ich eine gute Einstellung habe.

35

5	4	3	2	1
fast immer	oft	manchmal	selten	fast nie

Ich verhalte mich gegenüber der Umwelt wie ein selbstbewußter Kämpfer.

36

5	4	3	2	1
fast immer	oft	manchmal	selten	fast nie

Ich kann gelassen bleiben während des Wettkampfs, auch wenn mich Probleme verwirren.

37

5	4	3	2	1
fast immer	oft	manchmal	selten	fast nie

Meine Konzentration läßt sich leicht unterbrechen.

38

1	2	3	4	5
fast immer	oft	manchmal	selten	fast nie

Wenn ich mir vorstelle, wie ich mich während des Wettkampfs verhalte, kann ich alles klar sehen und fühlen.

39

5	4	3	2	1
fast immer	oft	manchmal	selten	fast nie

Ich wache morgens auf und freue mich riesig auf den Wettkampf und das Training.

40

5	4	3	2	1
fast immer	oft	manchmal	selten	fast nie

Diesen Sport zu treiben gibt mir ein echtes Gefühl der Freude und der Erfüllung.

41

5	4	3	2	1
fast immer	oft	manchmal	selten	fast nie

Ich kann aus einer Krise eine Chance für mich machen.

42

5	4	3	2	1
fast immer	oft	manchmal	selten	fast nie

Errechnung des Punktwertes

Wenn Sie nochmals zurückblättern, dann sehen Sie neben jedem Kreuz, das Sie angebracht haben, eine Zahl. Zum Beispiel:

Frage

X	5
fast immer	

Übertragen Sie nun diese Ziffer in die folgende Tabelle und zwar jeweils neben die Zahl des Fragenkatalogs. Nachdem Sie das für alle 42 Fragen getan haben, addieren Sie alle sieben Spalten einzeln. Bilden Sie die Summe für jede Spalte und zeichnen Sie ein persönliches Profil Ihrer mentalen Stärken und Schwächen.

Alle Bereiche, in denen Sie weniger als 20 Punkte haben, bedürfen Ihrer besonderen Aufmerksamkeit. Sollte dies der Fall sein, dann überprüfen Sie alle Trainingsmaßnahmen, die zu diesem speziellen Bereich der Schwäche gehören.

Auswertung   26–30 Punkte: hervorragend
              20–25 Punkte: verbesserungswürdig
              6–19 Punkte: bedarf besonderer
                           Aufmerksamkeit

Erstellung des Profils

Selbst-vertrauen	Negative Energie	Aufmerksam-keits-steuerung	Visualisierung u. Vorstellungs-steuerung	Motivations-stärke	Postitive Energie	Einstellungs-kontrolle
1._____	2._____	3._____	4._____	5._____	6._____	7._____
8._____	9._____	10._____	11._____	12._____	13._____	14._____
15._____	16._____	17._____	18._____	19._____	20._____	21._____
22._____	23._____	24._____	25._____	26._____	27._____	28._____
29._____	30._____	31._____	32._____	33._____	34._____	35._____
36._____	37._____	38._____	39._____	40._____	41._____	42._____
Summe: _____	_____	_____	_____	_____	_____	_____

Übertragen Sie die jeweilige Spaltensumme in das folgende Profil auf der gegenüberliegenden Seite.

Persönliches Leistungsprofil

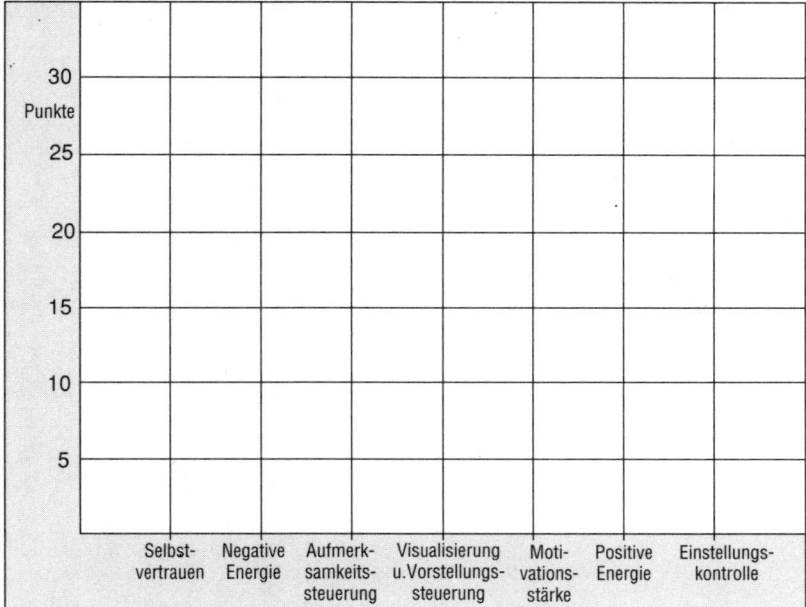

An Ihrem Leistungsprofil ist nichts Heiliges oder Absolutes. Es ist ein weiteres Instrument, das Sie anwenden können, um Ihre Einsicht als Wettkämpfer dafür zu vertiefen, was Sie aus psychologischer Sicht gut oder schlecht machen. Je mehr Informationen Sie über Ihre Stärken und Schwächen haben, desto besser.

Der Sinn einer jeden Frage ist völlig klar, und deshalb ist eine Verzerrung des endgültigen Bildes sehr wohl möglich. Meine Erfahrung zeigt jedoch, daß die befragten Athleten mit ihren Antworten eher offen und ehrlich sind, weil sie ernsthaftes Interesse daran haben, Unzulänglichkeiten zu verbessern. Der Zeitpunkt, zu welchem Sie diesen Leistungstest machen, ist ebenfalls von Bedeutung. Sollten Sie deprimiert sein oder gerade eine besonders schwere Niederlage erlitten haben, wird das Ergebnis unverhältnismäßig niedrig ausfallen. Vermeiden Sie es also, wenn möglich, diesen Test während eines solchen Zeitraums zu erstellen. Wenn Sie darangehen, die Ergebnisse Ihres Profils genau zu untersuchen, dann richten Sie besonderes Augenmerk auf alle jene Merkmale, die Sie mit einer Eins oder Zwei markiert haben. Dies wird Ihnen helfen, spezifische Problembereiche zu erkennen. Wiederholen Sie diese Bestandsaufnahme hin und wieder. Stellen Sie beispielsweise alle sechs Monate fest, ob sich Änderungen einstellen. Sie werden angenehm überrascht sein!

Muster-Profil 1

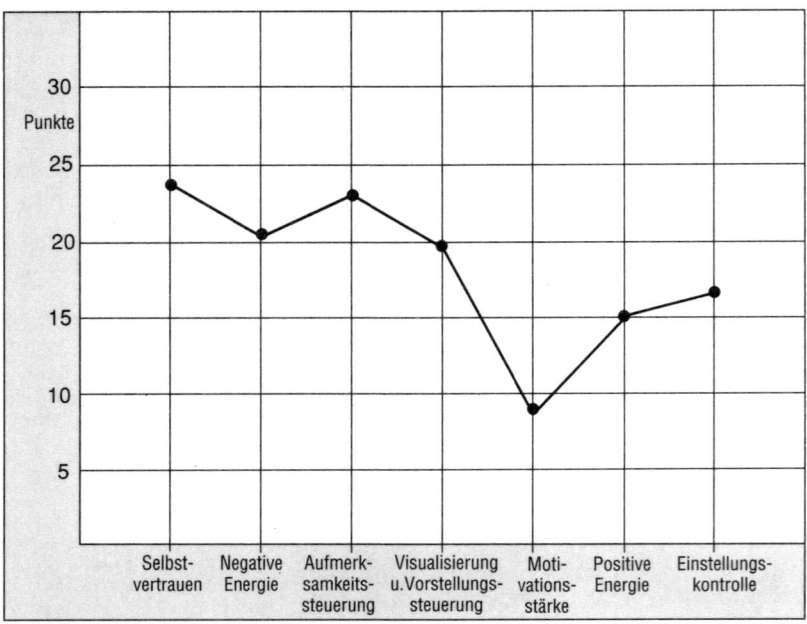

Muster-Profil 2

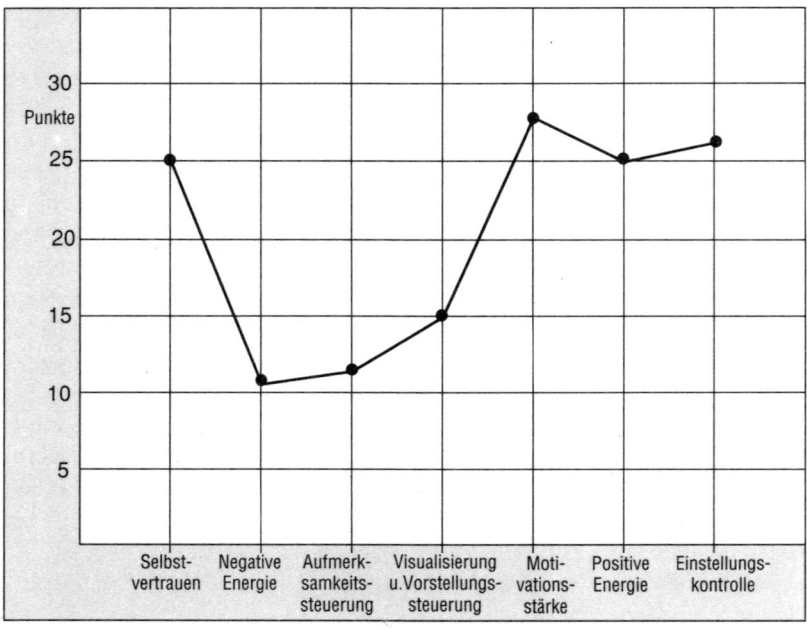

Muster-Profil 3

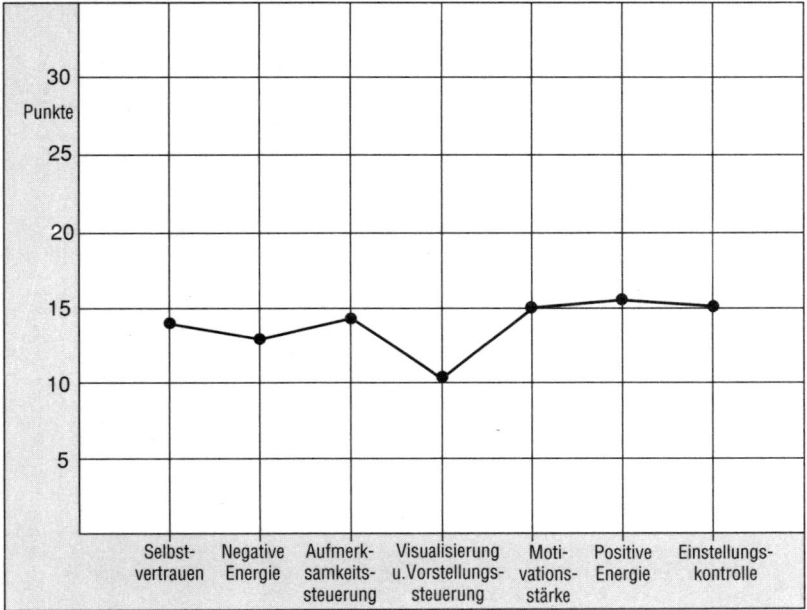

Muster-Profil 1 spiegelt ein sehr ernsthaftes Motivationsproblem wider. Bevor hier keine Änderung stattfindet, ist nur wenig machbar. Die anderen Bereiche hinsichtlich der mentalen Fertigkeiten des Athleten sind zufriedenstellend. Wird nichts getan, das die Selbstmotivation korrigiert, wird der Athlet mit hoher Wahrscheinlichkeit aufgeben oder weiterhin für seine Trainer ein Disziplin- oder Verhaltensproblem darstellen.

Muster-Profil 2 ist das typische Profil eines jungen Athleten, der gerade mit dem wettkampfmäßigen Sport beginnt. Das Profil weist auf einen Zustand beträchtlicher innerer Konflikte hin. Geschieht nichts, wodurch dieser Athlet erfolgreich mit Druck umzugehen lernt, werden seine Motivation und sein Selbstvertrauen bald sinken. Sportler mit einem Profil wie diesem zeigen selten eine gute Leistung im Wettkampf. Solange sich ihre Kontrollfähigkeit über die eigene negative Energie nicht bessert, ist es praktisch unmöglich, in außergewöhnlichen Situationen entspannt, gelassen und konzentriert zu bleiben.

Obgleich *Muster-Profil 3* wenig Konflikt aufweist, beschränken sich gute Leistungsergebnisse und eine entsprechende Vorwärtsentwicklung auf ein Minimum. Bevor eine deutliche Leistungsverbesserung zu erwarten ist, muß der Athlet sein Engagement erhöhen. Aller Wahrscheinlichkeit nach hat dieser Athlet in seinen eigenen Augen beträchtliche Fehlschläge erlebt; deshalb gibt er sich mit der Leistung zufrieden, denn Selbstzufriedenheit birgt kein Risiko. Solange sich aber der Energieeinsatz nicht wesentlich erhöht, wird sich nur wenig ändern.

Muster-Profil 4

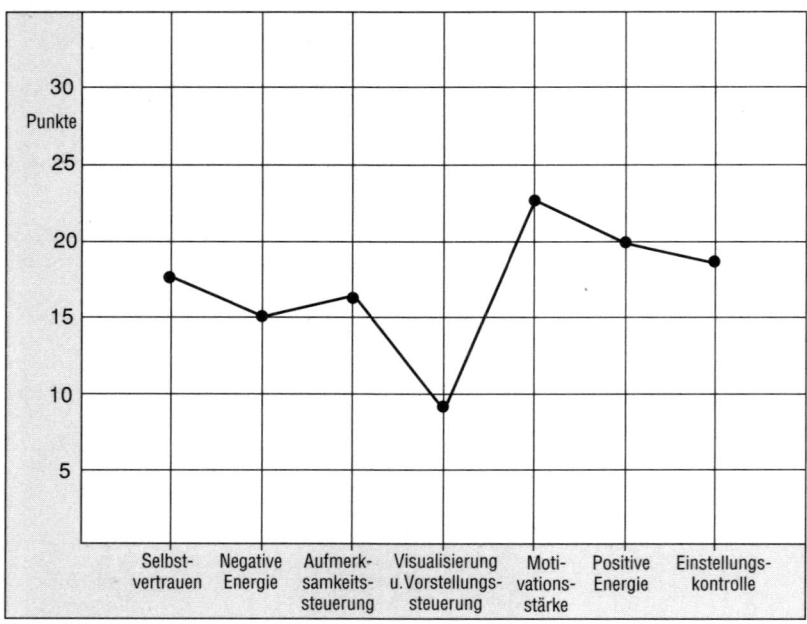

Muster-Profil 5

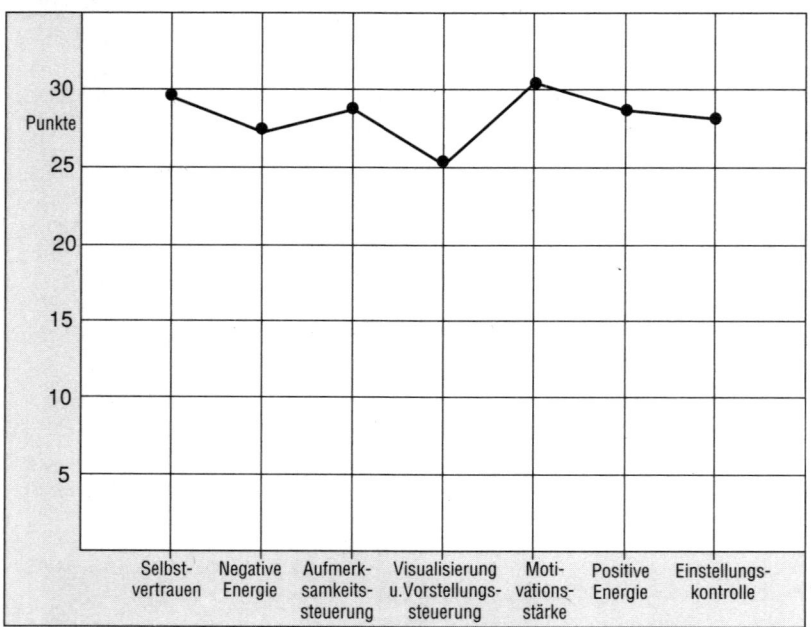

172

*Auch **Muster-Profil 4** stellt wieder ein ziemlich typisches Profil dar. Viele Sportler sind sich der Bedeutung der Visualisierungs- und Vorstellungsfertigkeiten nicht bewußt, und deshalb trainieren sie sie selten. Eine Vervollkommnung in diesen beiden Fertigkeiten der Visualisierung und der Vorstellungsfähigkeit erhöht das Selbstvertrauen sowie die Kontrollfähigkeit über die negative Energie und die Aufmerksamkeit.*

***Muster-Profil 5** ist das Profil eines Könners. Das hohe Niveau, das seine Fertigkeiten in allen kritischen Bereichen aufweist, gibt ein eindrucksvolles Bild von mentaler Stärke. Höchst erfolgreiche Sportler weisen ein derartiges Profil auf. Ein Profil von solcher Stärke zu erreichen ist nur durch harte Arbeit, Disziplin und Leistung möglich. Für einige ist der Weg leichter als für andere, aber niemand erreicht diesen Fertigkeitsgrad ohne fortwährenden angestrengten Einsatz – NIEMAND!*

Strategien, um Mängel zu überwinden – eine abschließende Zusammenfassung

Geringes Selbstvertrauen

Steigern Sie Ihre physische Kraft und Ausdauer.
Beginnen Sie mit einem strengen Programm für Ihre Körperkondition, das darauf angelegt ist, Kraft und Ausdauer zu steigern. Wenn Sie physisch stärker und besser in Form sind, werden Sie eine merkliche Steigerung des Selbstbildes und des Selbstvertrauens erleben.

Arbeiten Sie intensiv, um weitere mentale Mängel zu verbessern.
Wenn Sie Ihre Fähigkeit steigern, während eines Wettkampfes ruhig, entspannt und völlig konzentriert zu bleiben, wird auch Ihr Selbstvertrauen stetig steigen. Wenn Sie Ihre mentalen Fertigkeiten in diesen Bereichen verbessern, werden Sie *aufrichtig glauben,* daß Sie jene Selbstkontrolle besitzen, die notwendig ist, um eine gute Leistung zu bringen.

Setzen Sie sich realistische Ziele.
Was Sie brauchen, ist Erfolg! Genauso wie das Zielsetzen dazu beiträgt, die Motivation anzuregen, so erlangt man dadurch auch das Selbstvertrauen wieder. Eine ständige Prise des Erfolgs ist nicht nur der einzig wirklich wichtige Faktor, um selbstmotiviert zu bleiben, Erfolg ist auch der wichtigste Bestandteil des Selbstvertrauens.

Denken Sie positiv und erzeugen Sie innere Begeisterung.
Was Sie von sich selbst glauben, ist unmittelbar davon beeinflußt, *was Sie denken.* Pessimistische, negative Gedanken und Vorstellungen höh-

len Ihre Bemühungen aus, ein hohes Selbstvertrauen aufzubauen. »Wir sind, was wir denken.« Wenn Sie bei sich selbst eine negative Einstellung und Selbsterniedrigung programmieren, dann wird Ihr Selbstvertrauen dies widerspiegeln.

Wiederholen Sie für sich ständig positive Affirmationen.
Horchen Sie einmal darauf, was Sie den ganzen Tag lang zu sich selbst sagen. Allzu oft dient der Dialog, den wir mit uns haben, lediglich dazu, unser Selbstvertrauen zu untergraben. Bemerkungen wie: »Du wirst es nie schaffen«; »Es wird dir den Atem nehmen;; »Dummkopf« und »Es hat keinen Zweck« sind allgemein üblich. Fangen Sie an, Dinge zu sagen wie: »Ich schaffe es«; »Ich werde stärker«; »Mein Selbstvertrauen wächst« und »Ich bin ein Gewinner«. Diese Autosuggestionen können das Selbstvertrauen beträchtlich steigern.

Steigern Sie Ihre Selbstdisziplin.
Wenn Sie eine größere Selbstdisziplin in Ihrem Trainingsprogramm an den Tag legen, werden oft beträchtliche Verbesserungen im Niveau des Selbstvertrauens erzielt. Auch hier gilt: Selbstdisziplin liefert den offensichtlichen Beweis, daß »ich kontrolliert bin«.

Machen Sie Gebrauch von positiver Visualisierung.
»Sehen ist glauben.« Wenn Sie es in Ihrer Vorstellung geschehen sehen, dann glauben Sie auch. Trainieren Sie es, sich zu sehen, wie Sie erfolgreich sind und wie Sie Ihre Ziele erreichen. Je mehr Sie üben, desto höher ist das Selbstvertrauen.

Schauen Sie sich immer wieder Filme an, die Sie bei Ihren besten Leistungen zeigen.
Schauen Sie sich, falls verfügbar, Filme von früheren sportlichen Ereignissen an, die bemerkenswert waren. Dies allein kann zu einer unvermuteten und oftmals einschneidenden Steigerung des Selbstvertrauens führen.

Tun Sie so »als ob«.
Auch wenn Sie kein Selbstvertrauen besitzen, tun Sie so ,»als ob« Sie es hätten. Wenn Sie sich erst einmal so verhalten, als hätten Sie Selbstvertrauen, kommen die Empfindungen oft von ganz allein.

Trainieren Sie außerhalb des Sportplatzes.
Üben Sie das Auslösen dieses Gefühls des Selbstvertrauens zu Hause. Es ist nichts weiter als eine Art des Empfindens, und mit entsprechendem Training werden Sie es unter Kontrolle bekommen.

174

Geringe Kontrolle über negative Energie

Steigern Sie Ihre Bewußtheit.
Der erste Schritt, um seine Kontrolle zu verbessern, ist, daß Sie Ihr Bewußtsein dafür steigern, was mit Ihnen geschieht, wenn Sie unter Druck stehen. Wann, wo, wie und weshalb wird während eines Wettkampfs negative Energie ausgelöst? Welche Situationen, Gedankenmuster und Wahrnehmungen führen zu einer Bedrohung? Wann und wo verspannen sich Ihre Muskeln übermäßig und werden fest? Unter welchen Umständen verlieren Sie aller Wahrscheinlichkeit nach jene äußerst wichtige Gelassenheit und den so entscheidenden Fokus?

Atemkontrolltraining.
Die Kontrolle und Regulierung Ihrer Atmung ist von grundlegender Bedeutung, um das Energieniveau unter Kontrolle zu haben. Für die Schaffung eines besonderen emotionalen Gleichgewichts kann es sehr nützlich sein, wenn Sie tiefe und anhaltende Atemzüge machen, bewußt die gesamte Atemfrequenz verlangsamen und den Ausatmungsvorgang mit kritischen Momenten der Handlungsausführung eines Bewegungsablaufs oder eines Spielzugs koordinieren. Es ist zu empfehlen, die Atemkontrolle im Wettkampf wie auch außerhalb zu üben.

Muskelentspannungstraining.
Das systematische Anspannen und Entspannen verschiedener Muskelgruppen hat sich als eine recht nützliche Technik erwiesen, um eine übermäßige Muskelverspannung zu reduzieren.

Autogenes Training.
Diese Technik des Entspannungstrainings richtet sich auf die assoziative Macht bestimmter Wörter, um eine Reaktion der Entspannung und die Wirkung der Autosuggestion hervorzurufen. Ein wiederholtes Aufsagen von Sätzen wie: »Ich fühle mich immer schwerer« und »Meine Hände werden immer wärmer« kann eine tiefe Entspannung hervorrufen. Die Kraft von Worten, die Wirkung der Autosuggestion und der Effekt der eigenen Vorstellung wird ausdrücklich betont. Autogenes Training spielt für Athleten in europäischen und vor allem in osteuropäischen Ländern eine zentrale Rolle innerhalb des mentalen Trainings.

Meditationstraining.
Meditation kann einen tiefen Entspannungszustand erzeugen und den Fluß negativer Energie vermindern. Eine beachtliche Anzahl von Athleten hat berichtet, daß sich mehrere Meditationstechniken als wirksame Strategien erwiesen haben, um Gefühle der Anspannung und der Angst

zu reduzieren. Eine verbreitete Technik ist das Wiederholen eines vorgegebenen Worts in Verbindung mit dem Ausatmen. Andere Techniken beinhalten die Konzentration auf den Atmungsvorgang oder daß man mit seiner Aufmerksamkeit auf einem bestimmten Gegenstand verweilt. Jede Technik kann angewandt werden, vorausgesetzt, sie führt zu dem gewünschten Effekt der Entspannung und Ruhe.

Training der Gedankenkontrolle.
Um ein hohes Maß der Selbstkontrolle über den negativen Energiefluß zu erlangen, *müssen* Sie kontrollieren, was Sie denken. Sich auf behindernde und negative Gedanken zu konzentrieren, erzeugt einen völlig anderen Aktivierungszustand, als wenn man positive und konstruktive Gedanken in den Brennpunkt der Aufmerksamkeit stellt. Es untergräbt lediglich all Ihr Bemühen, wenn Sie Ihren Blick auf das Gewinnen oder Verlieren, auf verpaßte Gelegenheiten und auf Selbstverdammung richten.

Visualisierung und Vorstellungstraining.
Das Visualisieren und Vorstellen von angenehmen und entspannenden Szenen vermindert im allgemeinen die negative Energie und ist daher als Entspannungstechnik anzuwenden. Das geistige Wiederholen erwünschter physischer und gefühlsmäßiger Reaktionen auf spannungserzeugende Situationen kann sehr nützlich sein.

Strategien der Gegenkonditionierung.
Anspannung und Angstreaktionen können von verschiedenen Aspekten des Wettkampfs abhängig sein. Reaktionen dieser Art können verbunden sein mit solchen Dingen wie der Persönlichkeit des Gegners, dem Ort, der Menschenmenge, dem Wind oder einem speziellen Aspekt des Spiels, wie dem Rückhandschlag beim Tennis oder einem kurzen Putt im Golf. Strategien, um diese Konditionierung zu ändern, schließen das Aufrechterhalten einer äußerst entspannten Reaktion mit ein, während man gleichzeitig ein geistiges Bild der angsterzeugenden Situation entwirft. Tatsächlich reagieren Sie entgegen Ihrer Konditionierung mit Entspannung auf eine Situation, die ursprünglich Angst und Anspannung hervorrief.

Selbsthypnose.
Athleten berichten häufig darüber, daß die Kombination von Entspannung, Autosuggestion und Einbildungskraft eine wirkungsvolle Methode darstelle, etwaigen negativen Energiefluß unter Kontrolle zu halten, insbesondere wenn er sich in einer übermäßigen Muskelanspannung und in Angst äußert.

Körperliches Training.

Athleten, die während der frühen Phasen ihrer Leistung mit übermäßiger Muskelanspannung und Angst zu kämpfen haben, stellen häufig fest, daß ein leichtes Training kurz vor dem Wettkampf, wie Joggen oder Radfahren, sehr nützlich sein kann.

Erzeugen Sie Drucksituationen während des Trainings.

Je mehr Sie Bedingungen des Drucks simulieren können, die sich während eines Wettkampfes in der Tat einstellen, desto mehr Möglichkeiten haben Sie zu lernen, sich so zu verhalten, als gäbe es keinen Druck. In Drucksituationen zu trainieren ist eine der effektivsten Strategien, die es gibt, um seine Fähigkeiten der Entspannung, des Gelassenseins und der Energiekontrolle während eines Wettkampfs zu steigern.

Geringe Aufmerksamkeitssteuerung

Verbessern Sie Ihre Fähigkeit, ruhig und gelassen zu werden.

Ihre Fähigkeit, sich angemessen auf die bevorstehende Aufgabe zu konzentrieren, hängt davon ab, wie erfolgreich Sie mit negativer Energie umgehen. Deshalb können jene Techniken, die Ihnen dabei helfen, Angst und Anspannung effektiver zu handhaben, sehr nützlich im Hinblick auf eine Verbesserung Ihrer Kontrollfähigkeit bezüglich Ihrer Aufmerksamkeit und Konzentration sein. Eine übermäßige negative Erregung führt gewöhnlich zu einer dramatischen Einengung der Aufmerksamkeit. Die Wahrnehmung bleibt an unpassenden und unwichtigen Aspekten des Wettkampfs hängen, wodurch bei Beobachtern der Eindruck entsteht, Sie seien blind für das Naheliegende. Es kann sogar den Anschein haben, als seien Sie »high«, stünden also unter Drogen, oder befänden sich außerhalb der Wirklichkeit und wüßten gar nicht, was um Sie herum geschieht. Sobald diese Negativaktivierung sinkt, verändert sich auch dieses Verhaltensmuster rasch.

Meditationstraining.

Viele Meditationspraktiken dienen außer dem Training der Entspannung auch dem der Konzentration. Konzentration ist nichts weiter, als die Aufmerksamkeit auf ein bestimmtes Ziel zu richten und sie dort zu belassen, um sich auf das einzustellen, was wichtig und was unwichtig ist. Eine Vielfalt von Meditationstechniken enthält diese Kraft.

Schulung des Zeitbewußtseins.

Gut zu sein erfordert einen »Hier-und-Jetzt«-Fokus. Es ist sehr nützlich, Ihr Bewußtsein dafür zu schärfen, ob Sie sich im Kontext des »Hier und

Jetzt« befinden und ob Ihr Fokus zukunfts- oder vergangenheitsorientiert ist. Ein beständiges Konzentrieren auf vergangene oder künftige Ereignisse während eines Wettkampfs behindert die Leistung.

Wege, um seine Mitte einzunehmen.
Die Kunst, sich auf seine Mitte zu konzentrieren, rührt von asiatischen Kampfsportarten her. Das Zentrieren ist verbunden mit dem Errichten eines Zustandes perfekten Gleichgewichts und zwar geistig wie auch körperlich.
Um zentriert zu sein, muß sich der Brennpunkt Ihrer Aufmerksamkeit auf das richten, was relevant ist, müssen Sie sich im »Hier-und-Jetzt«-Kontext finden, und Sie müssen physisch angemessen entspannt, aber geistig konzentriert und hellwach sein. Seine Mitte einzunehmen erfordert eine perfekte körperliche Balance. Kurz vor der Ausführung eines schwierigen Details im Spiel, in der Technik o. ä. haben Athleten es als eine nützliche Konzentrationstechnik empfunden, innezuhalten, um die eigene Mitte einzunehmen.

Lassen Sie positive Energie fließen.
Jede Methode, die den Fluß positiver Energie anzuregen vermag, führt automatisch zu erhöhter Aufmerksamkeit. Wenn Sie voller Energie sind und Spaß haben, dann sind Sie automatisch darauf »eingestimmt«, was wichtig ist.

Konzentrieren Sie sich während des Trainings.
Falls Sie während des Wettkampfs Konzentrationsschwierigkeiten haben, dann sollten Sie sich bemühen, Ihre Konzentrationsfähigkeit während des Trainings zu verbessern. Arbeiten Sie besonders intensiv während Ihrer Übungen, um einen fortwährenden Fokus darauf beizubehalten, was von Bedeutung ist, und sich dem gegenüber abzublocken, was unwichtig ist. Sie üben, während Sie trainieren – geistig und körperlich.

Geringe Visualisierungs- und Vorstellungsfähigkeiten

Üben Sie mit allen fünf Sinnen das Visualisieren und das Sich-Vorstellen.
Entwickeln und schärfen Sie DURCH ÜBEN Ihre Fähigkeit, klare geistige Bilder von Orten, Ereignissen und Menschen zu erzeugen. Je mehr Sie trainieren, um so besser werden Sie. Bemühen Sie sich, täglich mindestens drei bis vier Minuten lang das Visualisieren zu üben. Mehrere kurze Übungssitzungen sind wesentlich wirkungsvoller als eine oder zwei lange.

Klar und deutlich zu visualisieren setzt innere Gelassenheit und Ruhe voraus.
Um die Kunst des Visualisierens zu beherrschen, müssen Sie zeitweilig Ihr rationales, logisches, analytisches Ich ausschalten. Das Visualisieren ist von Natur aus fern jeglicher Logik und spielt sich in einer eindeutig anderen Region des Gehirns ab als das rationale und logische Denken. Wird man innerlich gelassen und ruhig, so hilft dies, diese neurologische Verlagerung herbeizuführen.

Machen Sie Gebrauch von Fotos, Spiegeln oder Filmen.
Diese und andere Medien oder Materialien tragen dazu bei, Ihre Fähigkeit, sich als hervorragenden Sportler zu visualisieren, zu stärken und zu verbessern.

Sehen Sie sich entsprechend bearbeitete Filme an.
Das regelmäßige Betrachten von Filmen, in denen Fehler – welcher Art auch immer – herausgeschnitten worden sind, haben eine starke Wirkung darauf, positive und technisch fehlerfreie visuelle Bilder aufzubauen und zu verstärken. Solcherart bearbeitete Filme sollten Sie sich betrachten, nachdem Sie sich entspannt haben, um ein wirklich gutes Ergebnis zu erzielen. Wichtig dabei ist, daß Sie keine Analyse des Films vornehmen oder gar eine Studie anstellen – nehmen Sie ihn einfach in sich auf.

Spielen Sie geistig im voraus verschiedene Möglichkeiten durch.
Gewöhnen Sie sich an, regelmäßig geistige Bilder durchzugehen, wie Sie spielen und während eines Wettkampfs reagieren wollen. Dies ist besonders wichtig bei Situationen, die Ihnen in der Vergangenheit Schwierigkeiten bereitet haben. Nehmen Sie sich eine bestimmte Zeit vor, in der Sie regelmäßig mentales Training betreiben und geistig solche Situationen durchgehen.

Geringe Selbstmotivation

Setzen Sie sich bedeutungsvolle langfristige Ziele.
Sie müssen eine Begründung finden, für die sich all die Anstrengung und der Kampf lohnen. Was ist Ihr Traum als Athlet? Alles beginnt hier, an diesem Punkt.

Setzen Sie sich realistische mittelfristige Ziele.
Dies sind die Sprungbretter zum letztlichen Erfolg. Sie müssen realistisch, herausfordernd und anregend sein.

Setzen Sie sich täglich kurzfristige Ziele.
Der Schlüssel zur Selbstmotivation liegt im erkennbaren Erfolg. Erfolg kann man täglich erleben, wenn man jeden Tag kurzfristige Ziele richtig setzt.

Schreiben Sie Ihre Ziele auf und setzen Sie sich eine Frist, wann Sie sie erreichen wollen.
Auf die Bedeutung dieses Schritts kann nicht genügend Nachdruck gelegt werden. Sofern Sie sie nicht auf ein Blatt Papier notieren, ist die Wahrscheinlichkeit, die Ziele zu erreichen, außerordentlich gering.

Führen Sie täglich ein Protokoll über Ihre Erfolge.
Zeichnen Sie in Form einer Tabelle oder eines Profils täglich Ihren Fortschritt auf. Das hält Sie in Bewegung.

Tun Sie sich mit höchst motivierten Sportlern zusammen.
Motivation ist sehr ansteckend und zwar im positiven wie im negativen Sinne. Wenn möglich, dann schließen Sie sich mit solchen Menschen zusammen, die Ihnen helfen, was Motivation angeht, und nicht mit solchen, die Sie verletzen.

Betrachten Sie alles als Spaß!
Haben Sie Spaß an der Sache. Das sollte an oberster Stelle in der Bedeutung stehen. Sobald Sie Erfolg haben, werden sich Motivationsschwierigkeiten plötzlich in Luft auflösen.

Geringe positive Energie

Freude – Spaß – Begeisterung.
Energie in ihrer reinsten Form ist FREUDE. Sie kommt, wenn Sie anfangen, in die richtige Richtung zu denken und zu visualisieren. Es heißt nicht, daß mit dem Wettkampfsport die Energie abreißt, die man mit Freude, Vergnügen und Wünschen assoziiert. Zu oft geschieht dies, aber das kann man revidieren. Die Art, wie Sie Situationen und Ereignisse in Ihrem Kopf auslegen und betrachten – das macht viel aus. Ein positiver Energiefluß kann in das Spiel zurückgelenkt werden, indem der Druck herausgenommen wird und indem man Dinge als Herausforderung betrachtet, nicht als Bedrohung.

Steigern Sie Ihre Bewußtheit.
Noch einmal: Bewußtheit ist der Schlüssel zu erhöhter Kontrolle, zur Körper»beherrschung«. Sie müssen lernen zu erkennen, wann

(positive) Energie fließt und wann nicht, und welche Auswirkungen sie auf Ihre Leistung hat.

Trainieren Sie, den Energiefluß auszulösen, und zwar auf dem Sportplatz wie auch anderswo.
Bestimmte Gedanken und Vorstellungsbilder können zu starken Auslösern positiver Energie werden. Finden Sie heraus, welche die Ihren sind, und üben Sie sie oft. Ihre »beste Stunde« als Athlet ist häufig ein solch starkes, einflußreiches Bild.

Tun Sie, was immer möglich ist, um ein gutes Gefühl zu haben.
Je besser Ihr Gefühl über sich selbst ist, desto wahrscheinlicher ist es, daß Ihnen für Ihren Sport positive Energie zur Verfügung steht. Vermehrte Selbstdisziplin, bessere Nutzung der Zeit und gesunde persönliche Beziehungen sind mögliche Beispiele.

Hohe physische Fitness.
Richtiges Trainieren und richtige Ernährung verwandeln sich in mehr physische Energie, und das bedeutet mehr mentale Energie. Mangelhafte körperliche Fitness und mangelhafte Ernährung machen alle Ihre Anstrengungen zunichte, ein hohes Maß an positiver Energie aufrechtzuerhalten.

Geringe Kontrollfähigkeit über die persönliche Einstellung

Erkennen Sie positive und negative Haltungen.
Machen Sie eine Liste über jene Einstellungen, mit denen Sie sich als Athlet selbst weh tun (z.B. »Das schaffe ich nie«), und jene, die Sie fördern (z.B. »Ich schaffe es«). Versuchen Sie, ganz genau zu bestimmen, wie Ihre negativen Einstellungen Sie in Schwierigkeiten bringen.

Wiederholen Sie vor sich selbst jene Einstellungen, die Sie sich anzueignen wünschen.
Einstellungen sind nichts anderes als Denkgewohnheiten. Je mehr Sie in einer bestimmten Art und Weise denken, desto wahrscheinlicher ist es, daß daraus eine Gewohnheit wird. Man nennt dies auch »positive Affirmation« (Selbstbekräftigung). Den ganzen Tag hinweg wiederholen Sie vor sich immer und immer wieder jene Einstellungen und Denkweisen, die Sie gern entwickeln wollen. Vielleicht enthalten sie Aussagen wie: »Ich bin ein positiver Mensch«, »Ich gebe immer 100 Prozent von mir«, »Ich schaffe es« und »Ich habe mich in der Kontrolle«.

Sagen Sie »halt«.
Jedesmal, wenn ein negativer Gedanke oder eine negative Einstellung in Ihnen hochsteigt, sagen Sie »halt« zu sich selbst und ersetzen den Gedanken sofort durch einen positiven.

Lesen und hören Sie, kopieren Sie Vorbilder.
Lesen Sie alles, was für Sie erreichbar ist, das sich auf eine positive Denkweise bezieht. Untermauern Sie die rechte Denkweise ständig, indem Sie alle Bücher über positives Denken lesen und alle Berichte und Artikel, die sich mit dieser Thematik beschäftigen. Lesen Sie die Biographien Ihrer sportlichen Vorbilder. Studieren Sie deren Kämpfe und Triumphe.
Wann immer es Ihnen möglich ist, hören Sie sich Tonkassetten an, die von positivem Denken und von Motivation handeln. Es gibt viele ausgezeichnete Kassetten auf dem Markt.
Nehmen Sie sich ein Beispiel an der Einstellung von Topathleten. Sprechen Sie mit erfolgreichen Sportlern, wann immer Sie eine Chance hierzu bekommen, und fragen Sie sie nach deren Einstellungen. Sie werden erstaunt sein, wie rasch Sie wie ein Spitzenathlet denken, wenn Sie wie ein Spitzenathlet handeln.

Führen Sie Tagebuch.
Ein solches Tagebuch stellt ein nicht hoch genug einzuschätzendes Instrument dar! Machen Sie tägliche Aufzeichnungen über Ihre Einstellungen. Arbeiten Sie intensiv daran, um erfolgreich zu werden.

Weitere Methoden der Selbstbeobachtung

Der Beste zu werden, der Sie sein können – das erfordert eine besondere Balance des Geistigen mit dem Physischen. Die Verbindung zwischen unserem physischen Körper und unseren emotionalen Gefühlszuständen ist derart eng, daß sie kaum voneinander zu trennen sind. Oft gelingt es uns, daß wir unsere Emotionen kontrollieren, indem wir unseren physischen Körper unter Kontrolle haben, und umgekehrt können wir häufig unseren physischen Körper kontrollieren, indem wir unseren emotionalen Zustand unter Kontrolle haben, wie z.B. Wut, Angst, Freude.
Im folgenden sind elf Trainingsbereiche aufgeführt, die sich mit physischen Leistungsfaktoren befassen. Jeder Bereich stellt eine Methode

dar, auf direkte Weise mit seinem Körper zu arbeiten, um eine bessere mentale und emotionale Kontrollfähigkeit zu erlangen.

Augen

Wenn Sie visuell konzentriert sind, d.h. wenn sich Ihr Blick mit aller Aufmerksamkeit auf etwas richtet, dann ist die Wahrscheinlichkeit größer, auch geistig und emotional konzentrierter zu sein. Je mehr Sie Ihren Blick während des Wettkampfs umherschweifen lassen, um so unwahrscheinlicher ist es, daß Sie sich gut konzentrieren. Achten Sie darauf, wie kontrolliert Ihr Blick ist, wenn Ihre Leistung wirklich gut ist. Trainieren Sie, während des Wettkampfs zielgerichtet zu bleiben. Beim Tennis zum Beispiel sollten die Spieler zwischen den Punkten ihren Blick auf einen von drei Orten heften: auf den Ball, auf die Saiten ihres Schlägers oder auf den Boden. Jede Sportart hat andere Voraussetzungen, aber das Prinzip ist das gleiche: Halten Sie Ihren Blick zu jeder Zeit unter Kontrolle.

Rituale

Je mehr Sie zu Ritualen neigen, desto besser. Rituale während eines Wettkampfs dienen dazu, die Konzentration zu vertiefen, Muskelentspannung zu fördern und Ihnen dabei zu helfen, natürlicher und ungezwungener zu werden. Häufig sind jene Sportler, die bekannt sind für ihre rituellen Handlungen, auch jene, die etwaigem Druck am besten standhalten. Rituale tragen dazu bei, daß Sie während des Spiels im Rhythmus bleiben und der Versuchung widerstehen, einfach draufloszustürmen, wenn Sie nervös oder wütend werden. Prüfen Sie Ihre körperlichen Rituale. Sind es jedesmal die gleichen, wenn Sie sich hochschrauben, um einen Freiwurf zu landen, wenn Sie einen Einwurf machen oder einen 1-m-Putt ausführen? Überzeugen Sie sich davon, daß Ihre Rituale klar sind, und – was am wichtigsten ist – folgen Sie ihnen, wenn Sie unter Druck stehen und die Schwierigkeiten zunehmen.

Optimales Tempo

Alle großen Wettkämpfer haben gelernt, eine besondere »Gangart«, ihr persönliches »Gewinntempo« während des Wettkampfs beizubehalten. Sie sind imstande, für ihre eigene Bestleistung ein optimales Tempo anzusetzen und es auch aufrechtzuerhalten, ungeachtet des Punktestandes oder der bestehenden Verhältnisse. Weniger erfolgreiche Wettkampfspieler stellen fest, daß sich ihr Tempo ständig ändert, was häufig ihren momentanen emotionalen Zustand reflektiert: Wenn sie dabei sind zu gewinnen und sich emotional stark fühlen, dann ist ihr Tempo ausgezeichnet; sind sie nervös oder verärgert, dann werden sie zu schnell; sind sie auf dem Wege des Verlierens und fühlen sich elend, dann schleppen sich ihre Schritte so dahin. Schulen Sie sich darin, Ihr bestes Tempo zu erkennen, und halten Sie sich zu jeder Zeit daran, insbesondere unter widrigen Umständen.

Atmung

Wie bereits auf Seite 135 ff. eingehend besprochen, stellt die Atmung das Fenster zu Ihren Emotionen dar. Sobald wir verschiedene Gefühlszustände durchleben (Zorn, Angst, Langeweile, Traurigkeit, Erregung, Freude), verändert sich unser Atmungsverhalten. Eine wirkungsvolle Methode, um Gefühlszustände unter Kontrolle zu halten, ist einfach, die eigene Atmung zu kontrollieren. Überwachen Sie während des Wettkampfs Ihre Atmung und überzeugen Sie sich, daß Sie den richtigen Atmungsrhythmus aufrechterhalten. Sie sollten wissen, wie Sie atmen, wenn Sie großartig spielen und Ihr ILZ fließt. Auch hier gilt: Am meisten brauchen Sie diese Fähigkeit, wenn die Dinge schwierig werden.

Vermitteln Sie eine starke positive Kraft

Eine der besten Methoden, um während des Wettkampfs großen Eifer und ein starkes Leistungsvermögen zu verspüren, ist, diese Intensität mit Ihrem physischen Körper nach außen zu vermitteln. Wenn man Ihnen äußerlich die Energie anmerkt, die in Ihnen steckt, dann werden Sie sich auch innerlich voller Energie und Tatkraft fühlen. Sie können diese Leidenschaftlichkeit mit Ihren Füßen, Augen, dem Gesicht, dem Kopf und den Schultern ausdrücken. Wenn Sie dieses Gefühl haben wollen, es aber den Anschein hat, als gelänge es nicht, dann TÄUSCHEN SIE ES VOR! Oft ist das das auslösende Moment!

Vermitteln Sie Entspanntheit und Gelassenheit

Jeder große Wettkämpfer stellt sich bildhaft vor, wie er in einer Krisensituation entspannt und gelassen ist. Wenn Sie den Eindruck machen, als seien Sie außer sich und verkrampft, dann sind Sie es wahrscheinlich auch. Arbeiten Sie daran, nach außen entspannter und ruhiger zu wirken. Vermitteln Sie ein Bild, als läge kein Druck auf Ihnen und als hätten Sie sich vollkommen in der Hand. Wenn es Ihnen gelingt, die anderen um Sie herum glauben zu machen, daß Sie ruhig und gelassen sind, dann sind Sie auf dem besten Wege, es auch zu sein.

Der Umgang mit Fehlern

Selbst wenn Ihre Leistungen außergewöhnlich gut sind, machen Sie dennoch Fehler! Es ist selten, daß wir eine perfekte Leistung zu Protokoll geben können. Sind wir jedoch gut, so reagieren wir auf Fehler ganz anders, als wenn wir schlecht sind. Läuft alles gut, dann machen wir weiter, als sei nichts geschehen. Wir fahren einfach fort mit dem, was wir tun, und lassen uns durch den Fehler emotional nicht aufhalten. Sind wir hingegen schlecht, dann reagieren wir mit negativen Emotionen. Ihre Aufgabe ist es also, mit Fehlern während des Wettkampfs in der Weise umzugehen, wie Sie es tun, wenn Sie gut sind.

Vermitteln Sie das Bild eines überzeugten Kämpfers

Wenn sich alles gegen Sie richtet, wenn Sie sich schwach fühlen, Ihnen jegliches Selbstvertrauen fehlt oder wenn Sie sich wie ein Versager fühlen – TÄUSCHEN SIE! Vermitteln Sie das Image eines Champions, ganz gleich, wie Ihnen zumute ist. Geben Sie sich den Anschein eines selbstbewußten Kämpfers, und bald werden Sie sich auch wie ein solcher fühlen. Sie müssen Ihren Kopf, Ihre Schultern und Ihren Gang schulen, um Selbstsicherheit auszustrahlen.

Negative »Selbstgespräche«

Je mehr negative Selbstgespräche Sie während eines Wettkampfs in Gang setzen, desto weniger ist es wahrscheinlich, daß Sie eine gute Leistung erbringen. Negative Selbstgespräche setzen Ihre negativen Emotionen in Gang und erzeugen negative Energie. Sie können nicht immer einen negativen Gedanken, der Ihnen in den Sinn kommt, stoppen, aber Ihren negativen Selbstgesprächen können Sie immer Einhalt gebieten. *Halten Sie Ihre Selbstgespräche auf einem Minimum* während des Wettkampfs; wenn es wirklich vorkommt, dann machen Sie es kurz und wandeln Sie das »Gespräch« um in ein positives.

Vermitteln Sie eine positive Einstellung

Wenn Sie Schwierigkeiten haben, Ihre negative Denkweise unter Kontrolle zu halten, dann arbeiten Sie mit Ihrem physischen Körper. Geben Sie sich das äußere Bild von jemandem, der eine positive und begeisterte Denkweise hat. Nehmen Sie das Aussehen eines positiv Denkenden an, ganz gleich, was geschieht.

Vermitteln Sie das Gefühl von: »Ich liebe den Kampf«

Wenn Sie sich nur vorstellen können, daß Sie etwas lediglich lieben, wenn Sie gewinnen, dann haben Sie einen weiten Weg vor sich. Trainieren Sie, jederzeit das Bild »Ich liebe den Kampf« zu vermitteln, vor allem in einer Krise.

Die folgende Form der Selbstbeobachtung nach einem Wettkampf sollte dazu verwendet werden, Ihre fortschreitende Entwicklung über einen gewissen Zeitraum hinweg aufzuzeichnen. Füllen Sie die Übersicht nach einem Wettkampf aus, sobald Sie wieder klarsehen.

Selbstkontrolle nach dem Wettkampf (kritische physische Leistungsfaktoren)				
Während des Wettkampfs	ausgezeichnet			schlecht
1. Augen kontrolliert	1 2 3 4 5			
2. Rituale	1 2 3 4 5			
3. Optimales Tempo	1 2 3 4 5			
4. Atmung	1 2 3 4 5			
5. Starke positive Kraft vermittelt	1 2 3 4 5			
6. Entspanntheit und Gelassenheit vermittelt	1 2 3 4 5			
7. Fehlerbewältigung	1 2 3 4 5			
8. Überzeugtes Kämpfer-Image vermittelt	1 2 3 4 5			
9. Negative Selbstgespräche	1 2 3 4 5			
10. Positive Einstellung vermittelt	1 2 3 4 5			
11. Projizierung: »Ich liebe den Kampf«	1 2 3 4 5			

Erkennen Sie, was Ihre Gefühlswelt beeinträchtigt

Wir haben eine harte Schule hinter uns, um zu lernen, daß die Herrschaft über den idealen Leistungszustand während eines Wettkampfs von einer Menge scheinbar beziehungsloser Faktoren beeinflußt werden kann. Die Tabelle auf der gegenüberliegenden Seite listet solche Faktoren auf. Tragen Sie in dieser Tabelle ein, wieviel Zeit Sie täglich aufwenden für Ihr mentales Training, Ihr Körpertraining, für Stretching, Ausdauer- und Schnelligkeitstraining. Kontrollieren Sie diese Aktivitäten und ermitteln Sie, in welcher Weise sie Ihren Stimmungsumschwung, Ihr Selbstvertrauen, Ihre ILZ-Kontrolle usw. beeinflussen. Untersuchungen zeigen, daß diese und weitere Faktoren wie das Schlafverhalten (8 bis 9 Stunden sind im allgemeinen das Optimum), die Ernährung sowie die Anzahl der Mahlzeiten (4 bis 6 kleine Mahlzeiten sind im allgemeinen am besten) und die Zuckermenge (je weniger, desto besser) die Kontrolle über die Stimmung dramatisch beeinträchtigen können. Ihre Aufgabe ist es, dies herauszufinden. Stellen Sie fest, ob Sie sich selbstsicherer fühlen, wenn Sie mehr Gewicht auf Ihr Ziel legen oder wenn Sie den Tag besser organisieren. Wenn Sie Student sind, prüfen Sie, wie die Arbeiten, die Sie zu Hause zu erledigen haben, Sie in Ihrer Stimmung beeinflussen. Stufen Sie sich bei jedem der Faktoren, die in der Übersicht aufgelistet sind, zwischen A und F ein.

Muster

Tageskontrollkarte
(zur Überprüfung der Stimmungslage)

	Mo	Di	Mi	Do	Fr	Sa	So
Datum							
Mentales Training (Zeit)							
Körpertraining (Zeit)							
Stretching (ja/nein)							
Ausdauertraining (Zeit)							
Krafttraining (Zeit)							
Schnelligkeitstraining (Zeit)							
Schlafdauer (insg.)							
Wann zu Bett/wann aufgestanden							
Ernährung (A–F)							
Anzahl der Mahlzeiten							
Zucker – wie oft							
Körpergewicht (1 × pro Woche)							
Wie gut organisiert (A–F)							
Wieviel Wasser (Anzahl in Gläsern)							
Gesamtzeit für Hausarbeit							
Stimmungslage (A–F)							
– außerhalb des Sportplatzes (A–F)							
– während des Wettkampfs (A–F)							
Positive Intensität (A–F)							
Positive Einstellung (A–F)							
Überzeugtes Kämpfer-Image (A–F)							
Fehlerbewältigung (A–F)							
Konzentration (A–F)							
Selbstvertrauen (A–F)							
Motivation (A–F)							
Spaß gehabt (A–F)							
ILZ-Kontrolle (A–F)							
Wie gut ich gespielt habe (A–F)							

Andere Dinge, die sich heute auf meine Stimmung ausgewirkt haben:

1. _____

2. _____

3. _____

Ihr Ziel ist die Feinabstimmung Ihrer Gefühlswelt. Eine effektive Steuerung des persönlichen Idealzustandes ist für viele Athleten so gut wie unmöglich, sobald der ideale Schlafrhythmus nicht eingehalten wird, die Ernährung schlecht ist oder wenn sich auf Grund einer übermäßigen Zuckeraufnahme der Blutzuckerspiegel ernsthaft verändert hat. Machen Sie sich die Übersicht zunutze, um Ihre Stimmungen besser zu verstehen. Schauen Sie sich Ihre Verhaltensweisen und Gewohnheiten über einen Zeitraum von 6 bis 8 Wochen an. Wenn Sie einmal wissen, was zu was führt, stellen Sie Ihr persönliches Trainingssystem auf und BLEIBEN SIE DABEI!

Die Formel für mentale Stärke

Mentale Stärke bedarf der Kontrolle, aber während eines Wettkampfs geschehen viele Dinge, die außerhalb unserer Kontrolle liegen. Wir haben keine Gewalt über den Wind, über mogelnde Gegner, schlechte Schiedsrichter, den Zustand des Platzes, die Reaktion der Fans usw. Die Frage ist: »Wie können wir uns kontrollieren, wenn wir fortwährend von Dingen konfrontiert werden, die außerhalb unserer Macht liegen?« Die Antwort liegt im Kern der *Athletic Excellence* Trainingsmethode. Es geschehen viele Dinge, die außerhalb unserer Kontrolle liegen, aber letztlich bleiben wir beherrscht, indem wir unsere EMOTIONALE REAKTION AUF DIESE EREIGNISSE KONTROLLIEREN. Ich habe keine Macht über den Wind, aber ich kann meine emotionale Reaktion auf den Wind unter Kontrolle halten, und wenn ich dies tue, beherrsche ich in gewisser Weise den Wind.

Beständiger Erfolg im Wettkampfsport verlangt, daß Sie das kontrollieren, wozu Sie in der Lage sind, und Ihre emotionalen Reaktionen auf jene Dinge steuern, die Sie nicht direkt kontrollieren können.

Gewinnen ist eines jener Ereignisse, die Sie nicht direkt in der Hand haben. Jedoch haben Sie direkten Einfluß auf solche Dinge, die das Siegen möglich machen: Leistung, innere Einstellung, Kampf, Entschlossenheit. Indem Sie sich darin schulen, diese Eigenschaften zu kontrollieren, ebenso wie Ihre emotionalen Reaktionen auf unkontrollierbare Ereignisse, *kontrollieren Sie die Situation, anstatt daß die Situation Sie kontrolliert!* Darin liegt der Schlüssel, ein Sieger zu werden.

Folgende »Glaubensformel« zur mentalen Stärke gründet sich auf die Kontrollfähigkeit. Laut meiner Erfahrung ist dies eine Formel, die den Erfolg garantiert, wenn Sie im Anschluß an einen Wettkampf die folgenden vier Punkte durchweg mit einem Ja beantworten können:

1. *Ich habe während des Wettbewerbs 100 Prozent meiner besten Leistung gegeben, ungeachtet des Ausgangs.*
Mit anderen Worten: Sie haben gefühlsmäßig nicht auf Nummer Sicher gespielt. Sie haben sich alle Mühe gegeben, bis zum Ende. In gar keinem Fall können Sie sagen: »Ich hätte besser sein können, wenn ich mich nur mehr angestrengt hätte.« Sie haben Ihre ganze Kraft eingesetzt und auch das Risiko auf sich genommen zu verlieren, indem Sie sich wirklich bis zum absolut Äußersten angestrengt haben.

2. *Während des Wettkampfs waren meine Energie und meine Einstellung stets positiv und, was am wichtigsten ist, auch während Krisen und widrigen Situationen.*
Sie wurden nicht negativ oder verbittert, als sich die Probleme auftürmten. Wenn Ihre Einstellung die war, sich herausgefordert zu fühlen, inspiriert und entschlossener als Reaktion auf die Probleme, dann sind Sie auf dem besten Weg, sehr rasch die mentale Stärke eines Topathleten zu entwickeln.

3. *Während des Wettkampfs vermittelte ich das Bild einer widerstandsfähigen und starken physischen Präsenz, vor allem in Krisensituationen.*
Sie sahen aus wie ein Sieger, ungeachtet des Spielstands. Den ganzen Wettstreit hindurch gaben Sie das Bild eines selbstsicheren Kämpfers. Sie sahen so aus, wie Sie sich fühlen wollten.

4. *Ich brachte keine Rechtfertigungen vor!*
Sie haben niemals ein Problem für eine Rechtfertigung oder Entschuldigung verwendet. Sie fühlten sich voll verantwortlich.

Wie gesagt: Wenn Sie – ungeachtet des Wettkampfergebnisses – diese vier Erklärungen nach einem Wettkampf mit einem Ja beantworten können, dann waren Sie ein Erfolg. Dann gewinnen Sie auch zweifellos den Kampf um die innere Stärke.

Ein Kreis schließt sich

»Nach Hause« zu kommen, sich wohl zu fühlen im Sport – das ist das Beste, was Sie erreichen können. Der Preis, den Sie zu entrichten haben, um Vollkommenheit und ein hohes Leistungsniveau im Wettkampfsport zu erlangen, ist hoch. Die Zeit, das Geld, die persönlichen Opfer und die Enttäuschungen sind eine starke Herausforderung an den Willen. Die persönlichen Rückschläge, Mißerfolge und Enttäuschungen stellen die größten Hindernisse dar. Viel zu viele Athleten treffen jedes Jahr die Entscheidung, »daß der Preis den Lohn nicht wert ist«. Die Enttäuschungen, das Blut, der Schweiß und die Tränen – all das kann nur im entferntesten ausgeglichen werden.
Ein Teil des Einsatzes ist unvermeidbar und wahrscheinlich sogar notwendig. Selten fesselt etwas *leicht* unsere Phantasie und unser Interesse über einen längeren Zeitraum hinweg. Es ist die Herausforderung, die uns fesselt, und die Herausforderung, die uns besiegt. Es ist die Beherrschung von etwas, das manchmal den Bereich des *Unmöglichen* zu erreichen scheint. Jeder neue Spieler dieser Spiele wird bald erkennen: »Es bedeutet mehr, bei diesem verrückten Sport mitzuspielen, als die physischen Fertigkeiten zu erlernen.« Genau diese Botschaft wird weiterhin im Kopf eines jeden engagierten Athleten widerhallen, solange er oder sie nach Meisterhaftigkeit strebt.
Die Herausforderung ist immer die gleiche. Es ist eine interessante Selbstentdeckung, wenn Sie erkennen, daß Sie als aktiver Athlet nie »ankommen«. Sie befinden sich immer »im Transit«, im Übergang. Stets reisen Sie zu einem Punkt, der sich jenseits dessen befindet, wo Sie gerade stehen. Sobald es uns klarer wird, daß die Beherrschung des Wettkampfsports ein (fortwährender) Prozeß ist und kein (fertiges) Produkt, desto früher können wir mit diesem Prozeß »fließen«.
Was hat es mit diesem »Prozeß« auf sich? Es bedeutet, etwas zu haben... und dann zu verlieren. Es ist Kampf. Es ist Entdeckung. Es ist Fehlschlag und Niederlage, und es ist Sieg. Es geht in alle Richtungen *vorwärts:* rückwärts, seitwärts und kopfüber. In einem Wort, der Prozeß ist TRANSFORMATION – eine ständige Veränderung und Wandlung.
Die Beherrschung des Wettkampfsports ist ein Prozeß der Transformation, des Wechsels, der fortwährenden Wiedergeburt. Die einzigen Verlierer sind jene, die den PROZESS bekämpfen. Der Kampf in der Wiedergeburt ist die Transformation. Kämpfen Sie nicht dagegen an. Werden Sie Teil davon. Ihre Erfüllung und Vollkommenheit stehen in einem proportionalen Verhältnis zu Ihrem Erfolg, wenn Sie *mit* dem Prozeß gehen und nicht gegen ihn. Nur dann ist der Einsatz richtig. Der Preis ist der Prozeß und das Produkt ist die *Selbsttransformation.*

Nirgendwo befindet sich die Verbindung von Körper und Geist in einem empfindlicheren Gleichgewicht als auf dem Schauplatz des aktiven Sports. Gelassenheit, positive Energie, Freude, Selbstvertrauen, Konzentration und eine positive Einstellung sind wozu da? Die Antwort lautet Transformation: Transformation, die zu KONTROLLE führt – Kontrolle über die Verbindung von Körper und Geist. Diese Kontrolle erlaubt es uns, uns über unsere normalen Grenzen auszudehnen, unsere Freiheitsgrade zu vergrößern und unser menschliches Potential über unsere Vorstellung hinaus zu erweitern.

Nur dieser Wandel vermag uns an den äußersten Rand unserer Möglichkeiten zu bringen, zu unseren eigenen *Grenzen*. In Ihrem Streben, Ihr persönlich höchstes Ziel zu erreichen, werden Sie eines Tages erkennen, daß es nicht *Ihr Ziel* ist, Ihren Gegner zu besiegen oder die Welt, wie sie Ihnen erscheint, sondern eher der Sieg über sich selbst. Der Gegner und die Herausforderung der äußeren Welt sind lediglich Medien, um sich in Richtung dieser letzten Grenzen auszuweiten. Sie verkörpern schlicht einen Teil dieses Transformationsprozesses. Und um »heimzukommen«, das Ziel zu erreichen – das macht es den Einsatz wert. T. S. Eliot hat es vielleicht am besten eingefangen mit den folgenden Worten:

> *»Wir werden nicht ablassen von unserer Erforschung, und das Ende unseres Forschens wird sein, daß wir am Anfang ankommen und daß wir den Ort zum erstenmal kennen.«*

Viel Glück auf Ihrer Reise...

> *»Auf der Suche nach dem ›Klang‹ des Sports kann man rasch das Toben der Menschenmengen hören, das Krachen des Kricket- oder Baseballschlägers und das Sausen der Rennläufer. Hört man jedoch ein bißchen intensiver und ein bißchen länger hin, dann hört man plötzlich die Stille. Da ist Stille im Sportler, in der Spannung, die über der Menschenmenge liegt, in der Furcht des Jägers und in der Schönheit der Skihänge. Der Mensch lernt bald, daß Stille einen wesentlichen Teil unseres Lebens ausmacht und daß sie zweifellos im Sport vorherrschend ist. Stille ist nicht einfach die Abwesenheit von Tönen. Eher ist es die Präsenz. Es ist die Präsenz der Dimension Zeit. Eine Realisation des Augenblicks und der Situation.«*

Aus HOWARD SLUSHER
»Man, Sport and Existence« (S. 168). Philadelphia 1967

Literaturverzeichnis

Gallwey, Timothy: *The Inner Game of Tennis.* Random House, New York 1974. (*Tennis und Psyche. Das innere Spiel.* 3. Aufl. Wila, München 1986)

Garfield, Charles A: *Peak Performance.* Jeremy P. Tarcher, Inc., 1984. (*Erfolg aus Passion.* Moderne Industrie, Landsberg 1987)

Gauron, Eugene: *Mental Training for Peak Performance.* Sport Science Association, 1984.

Herrigel, Eugen: *Zen in the Art of Archery.* Pantheon, New York 1953. (*Zen in der Kunst des Bogenschießens.* 21. Aufl. O. W. Barth/Scherz, München 1983)

Kauss, David: *Peak Performance.* Prentice-Hall, New Jersey 1980.

Klavora, Peter, and Daniel, Juri: *Coach, Athlete, and the Sport Psychologist.* Human Kinetics, Illinois 1979.

Leonard, George: *The Ultimate Athlete.* Viking, New York 1975.

Maltz, Maxwell: *Psychocybernetics.* Simon and Schuster, New York 1960. (*Erfolg kommt nicht von ungefähr. Psychokybernetik.* 4. Aufl. Econ, Düsseldorf 1970)

McCluggage, Denise: *The Centered Skier.* Warner Books, New York 1977.

Murphy, Michael, and White, Thea: *The Psychic Side of Sports.* Addison-Wesley, MA 1978.

Nideffer, Robert M: *The Inner Athlete.* Crowell, New York 1976.

Oates, Bob: *The Winner's Edge.* Mayflower Books, New York 1980.

Orlick, Terry: *In Pursuit of Excellence.* Human Kinetics, Illinois 1980.

Ostrander, Sheila, and Schroeder, Lynn: *Superlearning.* Delta, New York 1979. (*Leichter lernen ohne Stress. Superlearning.* Scherz, München 1981)

Tohei, Koichi: *Ki in Daily Life.* Ki No Kenkyukai H. Q., Tokyo 1980. (*Ki im täglichen Leben.* Kristkeitz,Weidenthal 1980)